Introdution to
Data Processing

데이터 처리 입문

한근식 | 지음

도서출판 그린

머리말

우리는 일상생활에서 데이터에 둘러싸여 있으며 그 속에서 생활하고 있다. 사람이 움직이는 것이 아니라 개인의 주민등록 번호, 개인의 자동차번호, 컴퓨터의 패스워드, 은행의 계좌번호, 학생들의 학번, 사업체의 사업자 번호, 직장인의 경우 사번이 움직이는 곳에 살고 있다. 이러한 생활 속에서 우리 주변에 항상 데이터처리와 관련된 뉴스를 접하게 된다. 유명 야구 선수의 타율, 외국산 식품의 수입량, 모 후보의 지지율, 아파트 가격의 상승률 등이 그 예가 되겠다. 공개적인 토론장의 참석자들은 데이터를 이용하여 경제상황, 증권상황, 교육현실, 사회정책 등을 이야기한다. 이러한 일련의 상황들은 수집된 데이터의 처리 결과를 토대로 이루어지는 것들이다.

위에서 언급한 제 상황들은 그 결과를 발표하기 이전에 데이터의 수집과 분석이 있었다는 것을 간과해서는 안될 것이다. 적절한 방법을 통한 자료의 수집과 적절한 방법론을 통한 데이터의 분석은 제 상황을 이해하고 문제점을 제시하고 해결하는 데 기초자료로서의 역할을 충분히 할 수 있을 것이다. 이와같이 데이터처리 방법은 경제, 경영, 의학, 농학, 공학 등 데이터가 존재하는 모든 분야에서 이용되고 있다. 이토록 광범위하게 이용되는 데이터분석 방법이란 무엇인가? 데이터를 수집하고 정리하며 해석하는 학문을 통계학이라 한다. 즉 데이터를 수집하고 분석하는 보다 광의의 의미에서의 데이터처리 방법을 통계학이라 하며 이는 기본적으로 데이터를 얻어내는 과정을 포함한 실험을 다루는 것이라 할 수 있다. 본 데이터처리 입문에서는 이론적인 부분보다는 방법론적인 부분에 중점을 두어 개념을 이해함으로써 흥미를 유발하고 아울러 보다 깊이 있는 방법론에 접근할 수 있도록 각 장을 배려하였다.

본 교재를 통해 데이터처리분야의 개념을 파악하고 흥미를 가질 수 있기를 기대한다. 끝으로 이 책이 출판되기까지 도와주신 그린출판사 윤덕우 사장님과 윤문작업을 충실히 도와준 곽화륜 박사, 김도진 박사에게 감사를 전합니다.

2015년 2월

저자

CONTENTS

C·O·N·T·E·N·T·S

Chapter 4. 이산형 확률분포 / 79

Chapter 5. 연속형 확률분포 / 101

Chapter 6. 표본분포 / 131

Chapter 7. 추 정 / 147

Chapter 8. 가설검정 / 169

Chapter 9. 상관계수와 회귀분석 / 211

C·O·N·T·E·N·T·S

Chapter 10. 범주형자료의 분석 / 241

Chapter 11. 분산분석 / 265

부록 / 307

C·O·N·T·E·N·T·S

제 1 장

데이터처리란 무엇인가?

C/H/A/P/T/E/R 01

데이터처리란 무엇인가?

통계학은 '데이터'를 수집하고, 정리하며 해석하는 학문이라고 할 수 있다. 우리는 일상에서 데이터에 둘러싸여 있으며 그 속에서 생활하고 있다. 사람이 움직이는 것이 아니라 주민등록번호, 자동차 번호, 컴퓨터의 패스워드, 은행의 계좌번호, 학생들의 경우 학번, 직장인의 경우 사번이 움직이는 곳에서 살고 있다. 이러한 생활 속에서 우리 주변에 항상 데이터처리와 관련된 뉴스(프로야구 선수들의 타율, 스팸메일 차단률, 외국산 자동차의 판매량, 산간지역의 적설량, 모 후보의 지지율, 아파트 가격의 하락률 등)를 접하게 된다. 공개적인 토론장의 참석자들은 데이터를 이용하여 경제상황, 증권상황, 교육현실, 사회정책 등을 이야기한다. 그러나 데이터처리 방법의 유용성, 중요성은 일상생활 속에서 접하는 것을 훨씬 뛰어넘는다고 할 수 있다.

데이터의 수집과 분석은 전문가 그룹에게 있어서 중요한 것 중의 하나가 된다. 예를 들어, 통계청에서 매달 실업률을 발표하고 정책입안자 혹은 행정전문가들은 이를 바탕으로 정부의 정책방향을 결정한다. 병원의 의사들은 의학 논문지에 발표된 데이터를 이용하여 환자에게 더 좋은 치료를 제공할 수 있다. 문자 혹은 영상인식을 연구하는 사람들은 매번 인식된 데이터를 분석하여 향후 인식률을 높이는 연구에 주력한다. 정치가들은 여론조사 결과의 분석을 토대로 향후 선거 전략을 수정 보완한다. 사업가들은 소비자의 행태를 조사 분석하여 보다 좋은 제품을 생산하여 보다 많은 이윤을 내도록 연구한다. 농부들은 그들의 농장에 가장 적합한 농산물을 데이터를 이용하여 찾고 생산량을 증가시킬 수 있는 방법을 데이터분석을 통해 얻어낸다. 생명정보학자들은 DNA구조를 분석하여 유용한 정보들을 분류하고 정리하여 신약 혹은 새로운 치료법, 새로운 치료장비를 개발하려한다. 이와 같이 데이터처리방법은 경제, 경영, 의학, 농학, 공학 등 데이터가 존재하는 모든 분야에서 이용되고 있다. 이토록 광범위하게 이용되는 데이터분석 방법이란 무엇인가? 앞에서 통계학이란 데이터를 수집하고 정리하며 해석하는 학문이라고 하였다. 이와 같이 데이터를 수집하고 분석하는 보다 광의의 의미에서의 데이터처리 방법을 통계학이라 하며 이는 기본적으로 데이터를 얻어내는 과정을 포함한 실험(experiment)을 다루는 것이라 할 수 있다. 여기에서 실험이란 미지의 값을 알아내기 위해 뚜렷한 목적을 가지고 일련의 잘 정의된 행위를 반복하고 그 결과를 조사 혹은 관찰하는 과정을 말한다. 여기에서 뚜렷한 목적이란 미지의 값을 알아내기 위해 모든 학문분야에서 정하는 어떤 것이며 일련의 잘

정의된 행위란 실험의 객관성, 반복성을 의미하는 과학성을 의미한다. 객관성과 반복성을 유지함으로써 실험은 우연 혹은 기적과는 다른 과학임을 입증할 수 있다. 이러한 실험의 결과로서 산출된 것을 '데이터'라 한다. 통계학은 이와 같이 실험을 대상으로 하는 학문이므로 모든 학문에서 실험이 연구를 위한 방법중의 하나라면 통계적 방법을 수용하는 것은 지극히 타당한 것이다. 이와 같은 실험과 대응되어 널리 이용되는 것이 표본조사(sample survey)이다. 사회과학에서 널리 쓰이는 방법으로 주어진 집단에서 표본을 추출하고 그를 통해 설문 혹은 면접으로 데이터를 수집하는 것이다. 이와 같은 표본조사도 잘 정의된 방법으로 객관적으로 행해지며 반복성이 있는 것이므로 광의의 의미에서 실험이라고 할 수 있다.

실험의 결과로 얻어지는 데이터는 방대한 양으로 데이터 그 자체로서는 큰 의미가 없다. 따라서 데이터의 양을 축소시키는 데이터정리(data reduction)를 거쳐서 양적으로 단순화시킨 후에야 이를 이해할 수 있고 활용할 수가 있다. 이러한 데이터정리 단계에서는 양적 축소가 중요한 목적이 되지만 필요한 정보(information)를 잃어버려서는 안된다. 여기에서 정보란 의사결정에 이용 가능한 형태의 실험결과를 말하는 것으로 데이터 정리란 결국 정보를 찾기 쉽도록 해주는 과정이다. 데이터정리가 끝나면 단순화된 데이터는 숫자, 그래프, 그림 등을 이용하여 데이터 전체를 묘사하거나 전체적인 양상을 보여준다. 이와 같이 방법을 기술통계(descriptive statistics)라 한다.

기술통계의 한계는 실험의 결과 혹은 표본조사결과만을 표현하고 묘사한다는 것이다. 실험을 반복적으로 수행한다 해도 한정된 횟수의 실험을 통해 모든 가능한 결과중 일부분만 관찰하는 셈이다. 마찬가지로 표본조사의 경우에도 연구대상 중에서 표본에 추출된 일부분에 대해서만 데이터를 수집하게 된다. 그렇다면 실험의 결과 혹은 표본조사 결과를 이용하여 실험에서 생각할 수 있는 모든 가능한 결과(표본공간) 혹은 관심있는 대상전체(모집단)를 설명할 수는 없는가? 이와 관련된 분야가 추측 통계학이다. 즉 실험이나 표본조사결과를 이용하여 표본공간이나 모집단에 관해 추정 혹은 추측하는 분야를 추측통계학이라 한다.

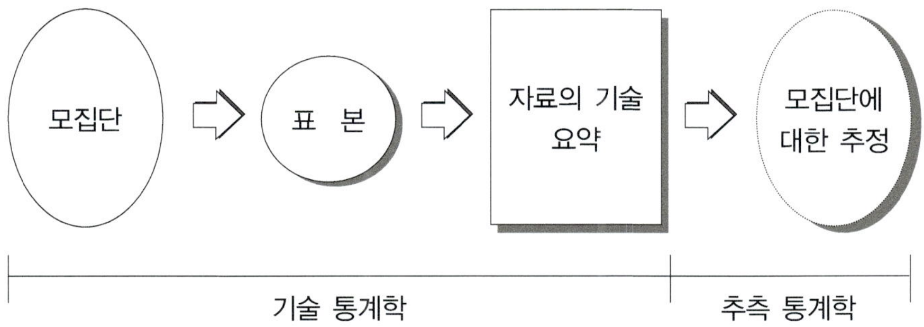

그림 1.1 기술 통계학과 추측 통계학

현대 통계학에서는 실험의 계획, 데이터의 정리, 데이터의 처리, 분석, 추정 등 각종 기법들이 수많은 분야에서 적용되고 응용되고 있는데 각 분야별 내용을 본 서의 각 장에서 별도로 다루었다. 2장은 기술통계의 핵심을 다루는 데이터의 기술을 다루었고 3장은 확률의 기본적인 정의와 기초사항을 정리하였다. 4장과 5장에서는 모든 학문분야에서 흔히 언급되고 응용되는 확률분포를 다루었다. 특히 4장에서는 이산형 확률분포를, 5장에서는 연속형 확률분포를 다루었다. 6장에서는 표본분포에 대하여 언급하였고 7장에서는 추정을 다루었다. 8장에서는 가설검정의 전반적인 내용을 다루었다. 9장에서는 단순회귀분석의 개념을 이해할 수 있도록 정리하였으며 10장에서는 데이터의 결과로서 흔히 이용되는 범주형 데이터분석방법을 다루었고 11장에서는 실험계획법을 다루었다.

제2장

데이터의 기술

C/H/A/P/T/E/R 02

데이터의 기술

2.1 데이터의 종류

데이터는 크게 질적(qualitative)데이터와 양적(quantitative)데이터로 나눌 수 있다. 질적 데이터는 범주형(categorical)데이터라고도 하는데, 원칙적으로 숫자로 표시될 수 없는 데이터를 말한다. 예를 들어 성별, 교육정도, 거처구분, 배우자 유무 등과 같은 데이터가 질적 데이터에 속한다. 그러나 분석을 위하여 범주별로 숫자를 대응시키는 경우가 흔하다. 가령, 교육정도를 나타낼 때 초등학교는 1, 중학교는 2, 고등학교는 3, 대학교는 4, 대학원은 5와 같이 표현할 수 있으며 마찬가지로 거처를 구분할 때 단독주택은 1, 아파트는 2, 연립다세대는 3, 기타는 4와 같이 숫자화 할 수 있다. 좀더 세분하자면 교육정도를 숫자화 하는 것과 같이, 대응시킨 숫자의 크기가 어느 정도의 의미를 갖는 데이터를 순서형(ordinal)데이터라 하며 거처구분, 성별, 배우자 유무 등과 같이 단순히 범주로만 구분될 뿐 숫자가 가지는 순서적 개념을 가지고 있지 않은 데이터를 명목형(nominal)데이터라 한다.

양적 데이터는 그 자체가 수치로 관측되며 그 값의 크기가 의미를 갖는다. 양적 데이터는 이산적인 값, 즉 셀 수 있는 값을 갖는 이산형(discrete type)데이터와 연속적인 값을 갖는 연속형(continuous type)데이터로 구분된다. 앞에서 설명된 순서형 데이터와 명목형 데이터는 이산형 데이터의 하위개념으로 이해하면 되겠다.

2.2 중심위치의 측도

중심위치의 측도(measure of central tendency)로는 평균(mean), 중앙값(median), 최빈값(mode) 등이 있다.

평 균

여기에서 평균이란 산술평균(arithmetic mean)을 의미하며 주어진 데이터가 모집단 데이터인 경우 모평균(population mean)이라 부르고, 그리스문자 μ로 표현한다.

반면에 주어진 데이터가 모집단으로부터 추출된 표본 데이터인 경우 표본평균(sample mean)이라 부르고, $\bar{x}$로 표현한다.

일반적으로 모집단 데이터는 이용 가능한 경우가 드물고 대부분의 데이터는 표본 데이터이다. 평균은 다음과 같이 계산된다.

▶ 평 균

모평균 $$\mu=\frac{1}{N}(x_1+x_2+\cdots+x_N)=\frac{1}{N}\sum_{i=1}^{N}x_i$$

표본평균 $$\bar{x}=\frac{1}{n}(x_1+x_2+\cdots+x_n)=\frac{1}{n}\sum_{i=1}^{n}x_i$$

여기에서 N은 모집단의 크기, n은 표본의 크기

평균은 양적 데이터에만 사용되며 데이터값 중 극단값(outlier)이 있을 때 극단값의 영향을 많이 받는다.

예제 1

소프트웨어 관련 벤처기업의 연간매출이 다음과 같을 때 평균을 구하라.

(단위 : 만원)

1,500	25,000	26,000	24,000
23,000	27,000	25,000	28,000

<풀이>

위 표의 값들을 이용하여 평균을 구해보면 $\bar{x}=\frac{179,500}{8}=22,437.5$가 된다. 그러나 8개 회사 중 7개 회사의 연간 매출이 평균값보다 크므로 이 때의 평균은 데이터의 중심위치의 적절한 측도가 될 수 없다. 이제 첫 번째 회사의 매출액이 극단값이라 가정하고 제외시킨 후 평균을 계산하면 $\bar{x}=\frac{178,000}{7}=25,428.6$으로 중심위치의 측도로서 적절하다고 볼 수 있다. 이와 같이 데이터에 극단값이 존재할 때는 극단값을 제외한 나머지 데이터를 이용하

여 구한 평균이 더 큰 의미를 갖는다.

평균은 다음과 같은 특징을 가지고 있다.

(a) 두 개의 데이터가 있다고 하자. 첫 번째 데이터의 평균을 $\bar{x}$라 하고 두 번째 데이터의 평균이 $\bar{y}$라 할 때 두 데이터의 크기가 같다면, 즉 데이터의 수가 같다면 통합 데이터의 평균 $\bar{z}=\frac{\bar{x}+\bar{y}}{2}$가 된다. 그러나 두 데이터의 크기가 다르다면 $\bar{z}\neq\frac{\bar{x}+\bar{y}}{2}$가 된다.

(b) 만약 데이터의 각 값에 어떤 값 d를 더한다면 새로운 데이터의 평균은 "$d+$원데이터의 평균"이 된다.

(c) 만약 데이터의 각 값에 어떤 값 c를 곱한다면 새로운 데이터의 평균은 "$c\times$원데이터의 평균"이 된다.

중앙값

중앙값은 평균과 함께 흔히 이용되는 중심 위치의 측도이다. 연간 소득의 중앙값, 가구 소득의 중앙값, 대학생 연령의 중앙값 등 중앙값이라 함은 데이터를 크기 순으로 나열했을 때 가운데 놓인 값으로 데이터를 두 부분으로 나누는 가운데 값이 된다. 데이터가 짝수 개일 때는 데이터를 크기 순으로 나열하여 가운데 오는 두 값의 평균을 중앙값으로 정의한다.

예제 2

신생아의 몸무게가 다음과 같을 때 중앙값을 찾아라.

2.3	2.9	3.2	3.5	3.7

<풀이>

데이터의 수, $n=5$(홀수)이므로 $\frac{n+1}{2}=3$, 즉 3번째 데이터 값이 중앙값이다.

예제 3

산모의 몸무게가 다음과 같을 때 중앙값을 찾아라.

48.3	49.5	51.3	53.6	55.3	57.7

<풀이>

데이터의 수, $n=6$ (짝수)이므로

$$\frac{\frac{n}{2}\text{번째 데이터}+\left(\frac{n}{2}+1\right)\text{번째 데이터}}{2}=\frac{51.3+53.6}{2}=52.45\text{가 중앙값이다.}$$

평균과는 다르게 중앙값은 극단값에 별 영향을 받지 않는다.

예제 4

예제 1의 데이터에서 중앙값을 구하라.

<풀이>

데이터를 크기 순으로 나열하면 다음과 같다.

1,500	23,000	24,000	25,000	25,000	26,000	27,000	28,000

데이터의 수 $n=8$(짝수)이므로

$$\frac{\frac{n}{2}\text{번째 데이터}+\left(\frac{n}{2}+1\right)\text{번째 데이터}}{2}=\frac{25{,}000+25{,}000}{2}=25{,}000$$

으로 극단값을 포함하는 경우에도 중앙값을 중심위치의 측도로서 적절하다고 볼 수 있다. 즉 중앙값은 극단값에 민감하지 않음으로, 데이터에 극단값이 존재할 때는 평균보다 중심위치의 측도로서의 의미가 크다. 그러나 수리적 계산이나 통계적 이론에 적용이 어려우므로 극단값이 심각하지 않는 한 대부분의 경우 평균을 이용한다.

최빈값

최빈값은 데이터에 가장 자주 나타나는 값을 일컬으며 질적 데이터와 양적 데이터 모두에 사용된다.

예제 5

정보과학대학 신입생 200명을 대상으로 선호하는 전공에 관한 설문조사를 한 결과가 다음과 같다.

전 공	학 생 수
정보시스템공학 전공	60
소프트웨어 전공	40
정보통신 전공	50
컴퓨터 전공	30
정보보호 전공	20
합 계	200

<풀이>

정보시스템공학을 전공하려는 학생이 가장 많은 도수를 가지고 있으므로 정보시스템 공학이 최빈값이 된다.

학생들의 통학시간과 같은 양적 데이터의 경우 대부분의 데이터값이 다르다. 이때는 도수분포표를 만들어 가장 도수가 많은 계급의 중간값(계급값)이 최빈값이 된다.

예제 6

정보시스템전공 학생들의 통학시간을 도수분포표로 정리하면 다음과 같다. 최빈값을 찾아라.

통학시간	도수
5～15	5
15～30	2
30～45	3
45～60	18
60～75	12
75～90	3
90 이상	2
합 계	45

<풀이>

통학시간이 45～60분 사이에 가장 많은 학생이 있으므로 중간값인 52.5분이 최빈값이 된다. 만약 주어진 데이터가 다음과 같다고 하자.

1.0	1.1	1.3	1.3	1.3	1.5	1.5	1.5

위 데이터에서 1.3과 1.5는 각각 3회씩 나타난다. 즉 위 데이터는 최빈값이 2개다. 위와 같은 데이터를 최빈값이 2개인 데이터(bimodal data)라 한다. 최빈값이 두 개 이상인 데이터(multimodal data)도 있다. 최빈값이 하나 이상인 경우 중심위치의 측도로서 적절치 않으며 최빈값은 중앙값과 마찬가지로 수리적인 분석이 어렵기 때문에 양적 데이터의 경우 널리 사용되지 않고 있다.

2.3 산포도(measure of dispersion)

중심위치의 측도는 데이터의 분포를 이해하는데 많은 정보를 제공하지만 충분하지는 않다. 분포를 이해하는데 평균, 중앙값, 최빈값 등이 제공하는 정보에 전적으로 의존하는 것은 잘못된 결론에 도달하는 가능성이 있다.

정보시스템 개론을 두 개의 반(A, B)으로 나누어 기말고사를 치른 결과가 다음과 같다고 하자.

A반, B반의 기말고사 성적	
A반	B반
76	55
78	65
80	80
80	80
80	90
82	95
84	95
$\overline{x}=80$	$\overline{y}=80$

위 표를 보면 A, B반의 평균은 80점으로 같다. 뿐만 아니라 중앙값도 80점, 최빈값도 80점으로 같다는 것을 알 수 있다. 중심위치의 측도라는 정보만을 고려할 때 두 반의 성적 분포는 같다는 결론을 내려야 한다. 그러나 각 반의 데이터값을 살펴보면 A반의 성적은 평균을 중심으로 거의 유사한 점수를 보여주고 있다. 한편 B반을 살펴보면, 데이터값이 55점에서 95점까지 넓게 퍼져 있어 일정하지 않음을 볼 수 있다. 즉, A반에서 어느 학생이 추출되었다고 할 때 그 학생의 "기말고사 점수는 80점에 가깝다"라고 가정할 수 있지만 B반에서 어느 학생이 추출되었을 때 그 학생의 "기말고사 점수가 80점에 가깝다"라고 가정할 수는 없을 것이다. 산포도의 이해를 돕기 위해서 막대그래프를 이용한 분포를 살펴보자.

다음 그림은 CD를 제작하는 두 회사에서 특정 기간 동안 생산된 700Mb CD의 용량에 관한 분포를 막대그래프를 이용하여 표현한 것이다.

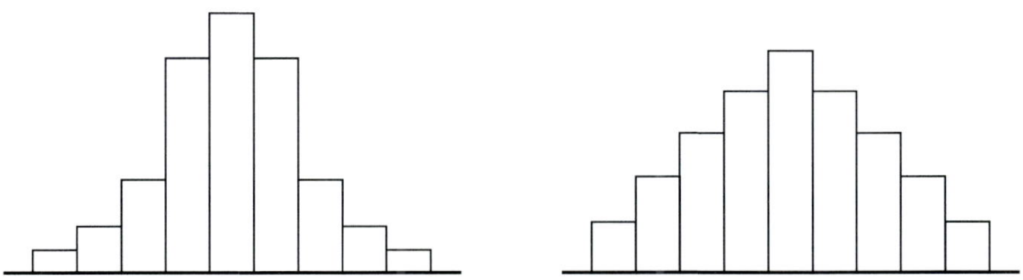

(a) A사 제품의 분포　　(b) B사 제품의 분포

앞의 그림에서 두 분포는 두 회사에서 생산된 CD용량을 나타내고 있다.

두 회사 모두 평균, 최빈값이 같다. 그러나 A사 제품의 경우 CD의 평균 용량에 대한 변동량이 B사 제품보다 작다는 것을 알 수 있다.

데이터의 범위

데이터를 크기 순으로 나열했을 때 가장 큰 값과 가장 작은 값의 차를 범위(range)라 하며 가장 단순한 산포도 중의 하나이다.

▶ 데이터의 범위

범위 = 최대값 - 최소값

일상생활에서 흔히 쓰이는 범위는 일기예보에서의 일교차가 될 것이다. 일교차는 그 날의 최고온도에서 최저온도를 빼면 간단히 계산된다. 범위는 간단히 계산할 수 있어 편리하게 이용되지만 최대값과 최소값 사이의 관측값들의 분포에 대한 정보를 전혀 제공하지 못하는 단점이 있다. 예를 들어 다음 두 데이터를 생각해 보자.

데이터 1	데이터 2
3, 6, 9, 12, 15	3, 12, 12, 12, 15

두 데이터의 범위는 같지만 분포는 완전히 다르다. 즉 범위는 최저값과 최고값에 의해 계산되므로 데이터에 극단값이 존재하는 경우 범위는 산포도에 대한 적절한 측도라 할 수 없다.

평균 편차

데이터의 변동량은 각 데이터값이 중심위치의 측도로부터 흩어진 정도에 달려있다. 데이터 값이 넓게 흩어져 있다면 변동량이 클 것이고 데이터값이 중심위치의 측도 주변에 집중되어 있으면 변동량이 작을 것이다. 산술평균은 가장 중요한 중심위치의 측도가 되므로 표본평균, $\bar{x}$ 로부터 각 데이터 값의 편차를 생각해 보자.

n개의 데이터 값을 $x_1, x_2, \cdots, x_n$이라 하면 $x_1-\bar{x}, x_2-\bar{x}, \cdots, x_n-\bar{x}$는 평균으로부터의 편차가 된다. 이들 편차 중의 일부는 양의 값을, 나머지는 음의 값을 가질 것이며 편차의 합은 항상 0이 될 것이다. 즉 $\sum_{i=1}^{n}(x_i-\bar{x})=0$이므로 편차의 합은 산포도의 측정값을 제공하지 못한다. 그러나 표본평균 $\bar{x}$가 10일 때 데이터 값, 8과 12는 데이터의 변동량에 같은 정도의 공헌을 한다는 것을 알 수 있다. 즉 절대 편차(absolute deviation), $|x_1-\bar{x}|, |x_2-\bar{x}|, \cdots, |x_n-\bar{x}|$ 를 생각하자. 이 때 절대 편차의 산술평균을 평균편차(mean deviation)라 한다.

▶ 평균편차

$$\text{평균편차} = \frac{|x_1-\bar{x}|+|x_2-\bar{x}|+\cdots+|x_n-\bar{x}|}{n}$$

범위와는 다르게 평균편차는 모든 데이터값들을 이용하여 계산된다.

예제 7

6명의 학생이 인터넷상에서 게임을 한다. 한 게임을 종료하는 데 걸리는 시간이 6, 8, 13, 10, 8, 9분이라고 할 때 평균편차를 구하라.

<풀이>

평균은 $\bar{x}=\dfrac{6+8+13+10+8+9}{6}=9$

평균편차
$$md=\frac{|6-9|+|8-9|+|13-9|+|10-9|+|8-9|+|9-9|}{6}$$
$$=\frac{3+1+4+1+1+0}{6}$$
$$=\frac{5}{3}$$

분산과 표준편차

절대값의 이용은 평균편차를 수학적으로 활용하는데 많은 제약을 준다. 때문에 평균편차는 자주 이용되지 않는다. 평균편차를 대체하는 방법 중의 하나는 편차에 제곱을 취하는 것인데 이러한 측도를 분산이라 한다. 모집단에 대한 분산을 모분산(population variance), 표본의 분산은 표본분산(sample variance)이라 하며 각각 σ^2, s^2으로 표현한다.

▶ 분 산

$$\text{모분산} \quad \sigma^2 = \frac{1}{N}\sum_{i=1}^{N}(x_i - \mu)^2$$

$$\text{표본분산} \ s^2 = \frac{1}{n-1}\sum_{i=1}^{n}(x_i - \bar{x})^2$$

여기에서 μ는 모평균, N은 모집단 크기, n은 표본의 크기

표본분산을 계산하기 위해 $\bar{x}$ 로부터 편차의 제곱의 합을 n이 아니라 $(n-1)$로 나눈다. 그 이유는 다음과 같다. 예를 들어 합이 18인 3개의 수를 찾는 문제를 생각하자. 이 때 2개의 수가 결정되면 나머지 수는 자동적으로 정해진다. 즉 실험자가 마음대로 고를 수 있는 수는 (3-1)개이다. 표본분산을 계산하는 문제도 같은 맥락에서 생각할 수 있다. 표본의 크기가 n인 표본분산을 계산하기 위해서는 우선 표본평균을 계산해야 한다. 이는 표본분산을 계산하기 위해 $(n-1)$개의 데이터값이면 충분하다는 결론이다. $(n-1)$을 자유도(degrees of freedom : df)라 한다. 표본분산의 제곱근, s를 표본표준편차라 하며 모분산의 제곱근, σ를 모표준편차라 한다.

예제 8

어느 회사의 CPU 판매가격이 제품에 따라 다음과 같이 다양하다. 표본분산과 표본표준편차를 계산하라.

(단위 : 천원)

1.6 GHz	1.6A GHz	1.7 GHz	1.8 GHz	1.8A GHz	1.9 GHz	2.0A GHz	2.2 GHz
190	210	190	230	220	230	260	340

<풀이>

분산의 계산		
x_i	$x_i-\overline{x}$	$(x_i-\overline{x})^2$
190	−152.5	2756.25
210	−22.5	506.25
190	−42.5	1806.25
230	−2.5	6.25
220	−12.5	156.25
230	−2.5	6.25
260	27.5	756.25
340	107.5	11556.25
$\sum_{i=1}^{8} x_i = 1860$	$\sum_{i=1}^{8}(x_i-\overline{x})=0$	$\sum_{i=1}^{8}(x_i-\overline{x})^2=17,550$

$$s^2=\frac{1}{n-1}\sum_{i=1}^{8}(x_i-\overline{x})^2=2507.14$$

$$s=\sqrt{2507.14}=50.07$$

분산의 성질

분산은 다음과 같은 2가지 중요한 성질을 가지고 있다.

(a) 데이터의 모든 값에 일정한 값 d를 더해 주어도 분산은 변하지 않는다.
즉, (원데이터$+d$)의 분산=원데이터의 분산
예를 들어 데이터정보처리 기말고사 성적에 20점씩을 더한 데이터의 분산을 구해 보면 원데이터의 분산과 같다.

(b) 데이터의 모든 값에 일정한 값 c를 곱해 주면 새로운 데이터의 분산$=c^2\times$원데이터의 분산이 된다.

표본평균 $\overline{x}$로부터 데이터가 얼마나 흩어져 있는지를 설명하기 위해 표본표준편차 s의 값이 작으면 관측치들이 평균 주위에 집중되어 있다고 볼 수 있다. 러시아 수학자 체비셰프(Chebyshev)의 정리는 이러한 직관을 이론적으로 뒷받침하고 있다.

▶ 체비셰프 이론

어떤 데이터에서, 평균을 중심으로 k배의 표준편차 이내에 관측치들이 위치할 확률은 적어도 $(1-\frac{1}{k^2})$은 된다.

체비셰프의 이론은 다음 [그림 2.1] (a)와 [2.1] (b)에 의해서 그래프적으로 설명되어질 수 있다. [그림 2.1] (a)에서 X축은 관측치들의 범위를 나타내며 각각의 관측치들은 굵은 점으로 표시하였다. 계산결과 표본평균이 $\bar{x}=5.9$, 표본표준편차 $s=2.3$이었다고 하자. $k=1.5$라면 $\bar{x}-ks=2.45$가 되고 $\bar{x}+ks=9.35$가 된다. 체비셰프의 이론은 구간 $(\bar{x}-1.5s,\ \bar{x}+1.5s)$ 이내에 데이터의 적어도 $1-\frac{1}{k^2}=\frac{5}{9}$가 있다는 것이다. 실제 각점들을 세어 보면 구간 내에 $\frac{15}{18}$에 해당하는 데이터가 위치하고 있어 체비셰프의 이론을 뒷받침한다. 즉 데이터의 출처에 불문하고 [그림 2.1] (b)의 상황은 맞다고 할 수 있다.

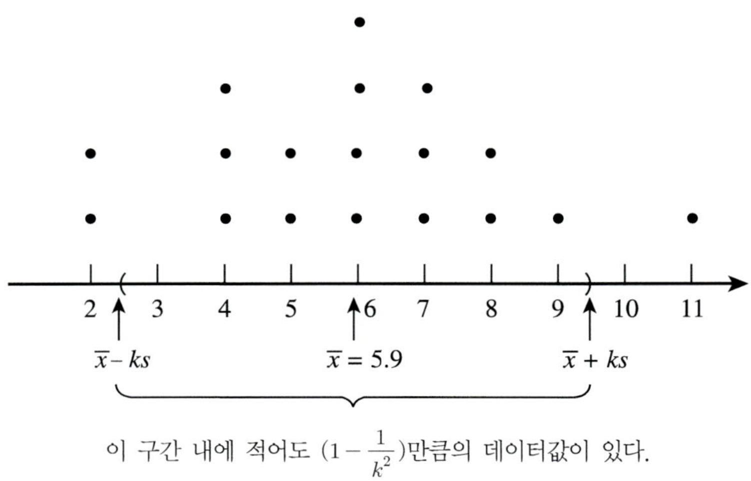

그림 2.1 (a) 체비셰프이론의 그래프적 설명

구 간

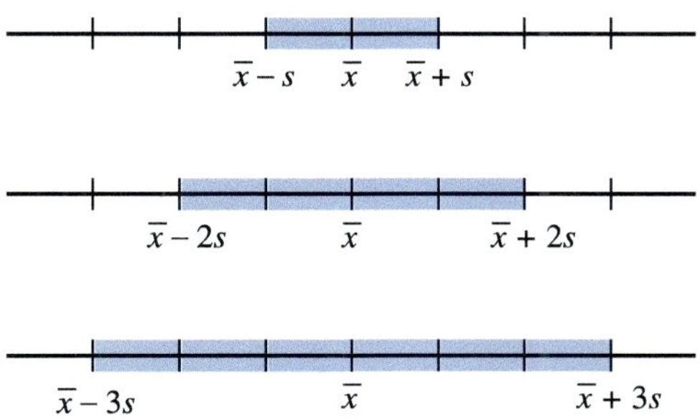

구간 내 자료값의 비율

적어도 $1-\frac{1}{1^2}=0$

적어도 $1-\frac{1}{2^2}=0.75$
(즉, 적어도 75%)

적어도 $1-\frac{1}{3^2}=\frac{8}{9}=0.89$
(즉, 적어도 89%)

그림 2.1 (b) 체비세프이론의 설명, $k=1,2,3$

예제 9

650명의 신입사원들을 대상으로 하루 최소생활비를 조사한 결과 평균 18,000원 표준편차는 3,000원이었다.
하루 생활비로 10,500원에서 25,500원 사이를 쓰는 신입사원은 적어도 몇 명 정도나 되는지 체비셰프 이론을 이용하여 구하라.

<풀이>

10,500원에서 25,500원이라는 생활비의 범위를 $18{,}000\pm(2.5)(3{,}000)$으로 표현할 수 있다. 즉 $k=2.5$이다. 따라서 $1-\frac{1}{k^2}=1-\frac{1}{(2.5)^2}=0.84$이므로 하루 생활비가 10,500원에서 25,500원 사이인 신입사원은 적어도 전체의 84%에 달한다.

변동계수

2개 이상 데이터의 산포를 비교할 때 각 데이터마다 구성하는 값들이 큰 차이가 나면 변동계수(coefficient of variation : CV)를 이용한다.

$$\text{변동계수} : \frac{s}{\bar{x}}\times 100$$

예제 10

학생들의 수능 성적과 수학 성적 데이터가 다음과 같은 때 변동계수를 구하라.

성적 \ 학생	1	2	3	4	5	6
수능성적	230	290	340	350	360	345
수학성적	50	55	63	60	70	65

<풀이>

위 데이터의 변동계수를 구해 보면 다음과 같다.

	수능성적	수학성적
평 균	$\bar{x}=319.16$	$\bar{x}=60.5$
표준편차	$s=50.04$	$s=7.17$
변동계수	$\frac{s}{\bar{x}}\times 100=15.67$	$\frac{s}{\bar{x}}\times 100=11.86$

변동계수를 비교하면 수능성적이 수학 성적보다 평균을 중심으로 더 흩어져 있다고 볼 수 있다.

사분위수 범위(InterQuartile Rank : IQR)

범위는 계산하기가 편리하나 극단값이 있는 경우 적절한 산포의 측도가 되지 못한다. 또한, 범위는 데이터의 두 극단값의 차이만을 나타내기 때문에 두 극단값 이외의 데이터들의 산포는 측정할 수 없다. 범위의 이러한 단점을 일부 보완한 것이 사분위수 범위이다. 사분위수 범위를 설명하기 전에 백분위수(percentile)에 대한 설명이 필요하다.

크기 순으로 정렬된 데이터를 $x_{(1)}, x_{(2)}, \cdots, x_{(i)}, \cdots, x_{(n)}$ 으로 표현할 때 $x_{(i)}$는 $\left(\frac{i-1}{n}\right)\times 100$ 백분위수가 된다.

예제 11

크기 순으로 정렬된 자동차 배터리 수명이 다음과 같다.

(단위 : 개월)

16	19	22	25	26	26	29	30	30	31
31	31	31	32	32	32	33	33	33	34
34	34	35	35	36	37	37	37	38	38
39	39	41	41	42	43	44	45	47	47

수명이 36개월인 데이터 값의 백분위수를 구하라.

<풀이>

위 데이터에서 36은 25번째로 큰 데이터이므로 $\frac{i-1}{n}\times 100=60$ 즉, 36개월은 제 60백분위수에 해당한다. 제 x백분위수를 찾는 방법은 다음과 같다.

(a) 우선 데이터를 크기 순으로 정렬한다.

(b) $L=\frac{x}{100}\times n$을 계산한다. 여기에서 n은 데이터의 크기, x는 찾는 백분위수이다.

(c) $x\text{ 백분위수} = \begin{cases} (L+1)\text{번째 자료값} & \text{, 만약 } L\text{이 정수가 아니면} \\ \dfrac{L\text{번째 자료값}+(L+1)\text{번째 자료값}}{2} & \text{, 만약 } L\text{이 정수이면} \end{cases}$

예제 12

위의 자동차 배터리 수명 데이터에서 25백분위수, 50백분위수, 75백분위수를 찾아라.

<풀이>

$L_1=\frac{25}{100}\times 40=10$

$L_2=\frac{50}{100}\times 40=20$

$L_3=\frac{75}{100}\times 40=30$이므로

$$\text{제25백분위수} = \frac{10\text{번째 자료값} + 11\text{번째 자료값}}{2} = \frac{31+31}{2} = 31$$

$$\text{제50백분위수} = \frac{34+34}{2} = 34$$

$$\text{제75백분위수} = \frac{38+39}{2} = 38.5$$

사분위수(Quartile)

제 25백분위수를 제 1사분위수라 하며 제 50백분위수를 제 2사분위수, 제 75백분위수를 제 3사분위수라 하고 각각을 Q_1, Q_2, Q_3로 표현한다. 이 때 사분위수 범위란 제 3사분위수-제 1사분위수 즉 $Q_3 - Q_1$을 의미하며 이 측도는 범위가 최대값과 최소값에 완전히 의존하는 단점을 보완하는 산포로 데이터의 수가 어느 정도 많을 때 이용된다.

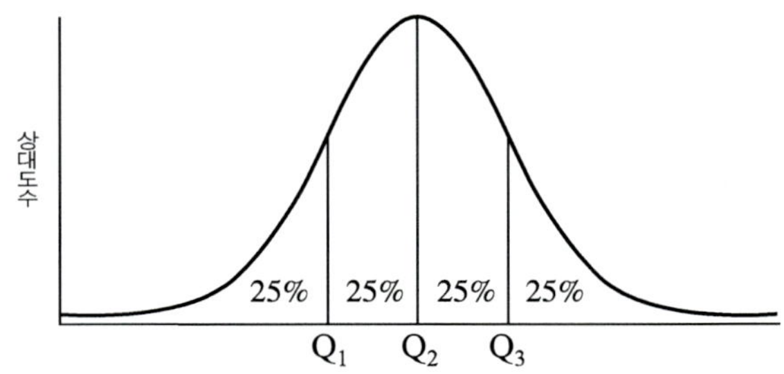

그림 2.2 사분위수와 자료구조

상자와 수염 그림

여기에서는 중심의 위치, 산포의 측도 등과 같은 몇 개의 측도값을 사용하여 여러 개의 정보를 하나의 그림으로 함축시켜 그리는 요약 방법 중의 하나인 상자와 수염 그림(box and whisker plot)에 대해서 설명하겠다. 상자와 수염 그림으로부터 주로 파악할 수 있는 사실은 분포의 대칭성, 데이터의 중심위치, 산포의 정도, 분포의 꼬리 부분의 집중 정도, 대부분의 데이터값 들에서 동떨어진 극단 값들을 들 수 있다.

상자와 수염 그림은 주로 사분위수 값들이 중심이 되어 작성된다. 크기 순서로 배열된 데이터에서 중간에 위치하는 50%의 데이터를 네모난 상자로 그리고, 그들보다 작은 값을 갖는 25%의 데이터와 큰 값을 갖는 25%의 데이터들이 각각 미치는 범위를 상자의 좌, 우에 적당한 길이의 선을 상자에 연결시켜 작성한다.

상자와 수염 그림을 작성하는 과정은 다음과 같다.

▶ 상자와 수염 그림의 작성과정

1. 사분위수 값들(Q_1, Q_2= 중앙값, Q_3)을 결정한다.
2. Q_1과 Q_3를 네모난 상자로 연결하고, 중앙값(Q_2)의 위치에 수직선을 긋는다.
3. $IQR = Q_3 - Q_1$을 계산한다.
4. 상자 양끝에서 $1.5 \times IQR$ 크기의 범위를 경계로 하여, 이 범위에 포함되는 최소값과 최대값을 Q_1과 Q_3로부터 각각 선으로 연결한다.
5. 양 경계를 벗어나는 데이터 값들을 ＊로 표시하고, 이 점들을 이상점이라고 판정한다.

[그림 2.3]은 구성 요소를 적어 넣은 상자그림이다.

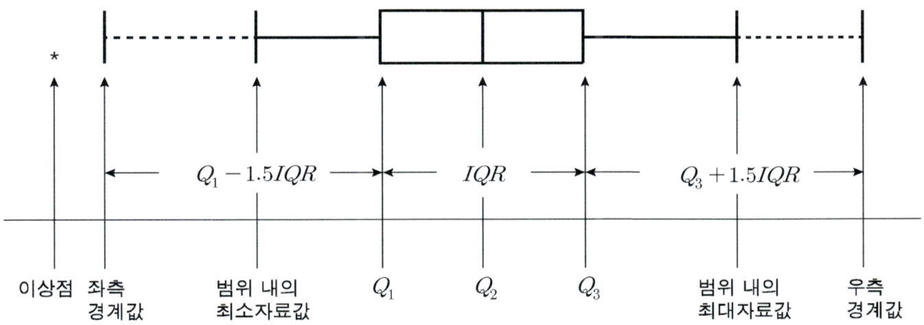

그림 2.3 상자와 수염 그림

예제 13

다음 데이터처리입문 성적데이터를 이용하여 상자와 수염 그림을 그려라.

[표 2.1] 데이터 처리 입문 성적

A반								B반							
92	88	73	62	68	57	53	55	41	33	29	48	53	62	73	15
44	37	44	52	59	63	77	74	0	89	74	61	47	30	23	28
28	17	59	28	45	68	69	79	10	21	33	45	43	51	52	92
55	53	63						43	46	53					

<풀이>

A반의 성적에 대해서 사분위수를 구하면

$L_1 = \frac{25}{100} \times 27 = 6.75$이므로 제1사분위수 Q_1은 7번째 데이터값

$L_2 = \frac{50}{100} \times 27 = 13.50$이므로 제2사분위수 Q_2는 14번째 데이터값

$L_3 = \frac{75}{100} \times 27 = 20.25$이므로 제3사분위수 Q_3는 21번째 데이터값이다.

즉, $Q_1 = 45$, $Q_2 = 59$, $Q_3 = 69$이므로 $IQR = Q_3 - Q_1 = 24$가 된다.
따라서 $1.5 \times IQR = 36$이 된다. 상자 아래와 위의 경계값은 각각 $Q_1 - 1.5 \times IQR = 9$, $Q_3 + 1.5 \times IQR = 105$가 된다. 마찬가지 방법으로 B반 성적에 대해서 사분위수 값을 구하고 상자와 수염 그림을 그리면 다음과 같다.

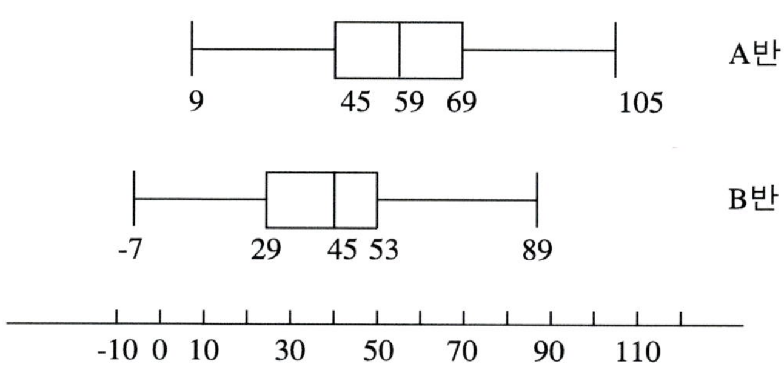

그림 2.4 A반과 B반의 성적비교를 위한 상자와 수염 그림

줄기와 잎 그림

주어진 데이터들을 줄기 부분과 잎 부분으로 나누어서 표현한 것을 줄기와 잎 그림(stem and leaves)이라 한다. 그림을 그리기 위해서 우선 데이터의 줄기 부분을 선택해야 한다. 줄기 부분을 제외한 나머지 부분을 잎이라고 부른다.

[표 2.2] 데이터 처리 입문 성적

A반								B반							
92	88	73	62	68	57	53	55	41	33	29	48	53	62	73	15
44	37	44	52	59	63	77	74	0	89	74	61	47	30	23	28
28	17	59	28	45	68	69	79	10	21	33	45	43	51	52	92
55	53	63						43	46	53					

[표 2.2]의 데이터에서 십의 자리를 줄기라 하면 일의 자리는 잎이 된다. 이와 같이 줄기와 잎을 정한 뒤 먼저 줄기 값을 크기 순으로 세로로 나열하고, 줄기의 오른쪽 혹은 왼쪽에 잎의 값을 가로로 적는다. 즉 성적 92의 줄기는 9이고, 잎은 2이다. 마지막으로 각 줄기에 나열된 잎의 값을 크기 순으로 다시 정렬한다.

[표 2.2]의 데이터를 이용하여 줄기와 잎 그림을 그려보면 아래 [그림 2.5]와 같다.

	A반
9	2
8	8
7	3 7 4 9
6	2 8 3 8 9 3
5	7 3 5 2 9 9 5 3
4	4 4 5
3	7
2	8 8
1	7
0	

	B반
9	2
8	9
7	3 4
6	2 1
5	3 1 2 3
4	1 8 7 5 3 3 6
3	3 0 3
2	9 3 8 1
1	5 0
0	0

그림 2.5 데이터 처리 입문 성적의 줄기와 잎 그림

이와 같은 줄기와 잎 그림은 데이터의 분포의 형태, 데이터의 범위, 데이터가 집중된 봉우리의 위치 등에 대한 정보를 파악하는 데 유용하게 쓰이며 특히 두 집단의 분포를 비교할 때 편리하다. [그림 2.5]의 줄기를 공통으로 하여 서로 등을 맞대게 양방향 줄기와 잎(back to back stem and leaves)을 그리고 각 줄기에 나열된 잎을 정렬하면 다음 [그림 2.6]을 얻는다.

A반									B반					
							2	9	2					
							8	8	9					
				9	7	4	3	7	3	4				
		9	8	8	3	3	2	6	1	2				
9	9	7	5	5	3	3	2	5	1	2	3	3		
					5	4	4	4	1	3	3	6	7	8
							7	3	0	3	3			
						8	8	2	1	3	8	9		
							7	1	0	5				
								0	0					

그림 2.6 등을 마주 댄 줄기와 잎 그림

위 그림을 보면 A반의 잎이 B반의 잎보다 높이 매달려 있다는 것을 볼 수 있다. 즉 A반의 성적이 B반의 성적보다 좋다는 것을 알 수 있다.

줄기와 잎 그림은 원래의 데이터값을 그대로 유지한다는 점에서 다음에 다룰 히스토그램이 가지고 있지 않는 장점을 가지고 있다고 할 수 있다. 반면에 데이터가 큰 경우 줄기의 개수에 따라 그림이 바뀔 수 있으며 제한된 공간에 많은 데이터들의 값을 모두 적는 것이 불편하므로 이 경우는 히스토그램을 이용하는 것이 편리하다.

2.4 분포의 형태에 관한 측도

왜도(skewness)

데이터가 표본평균을 중심으로 얼마나 비대칭적으로 분포되어 있는지를 나타낸다. 즉 분포의 대칭 여부를 판단하는 측도로 다음과 같이 계산한다.

$$\text{왜도} = \frac{n}{(n-1)(n-2)}\sum_{i=1}^{n}\left(\frac{x_i - \bar{x}}{s}\right)^3$$

위 식에 의해 계산된 값이 0에 가까우면 대칭(symmetric)을 나타내고 왜도가 0보다 크면 클수록 오른쪽으로 긴 꼬리를 갖는 분포(right-skewed)가 되며 왜도가 0 보다 작으면 작을수록 왼쪽으로 긴 꼬리(left-skewed)를 갖는 분포가 된다. 이를 그림으로 설명하면 다음과 같다.

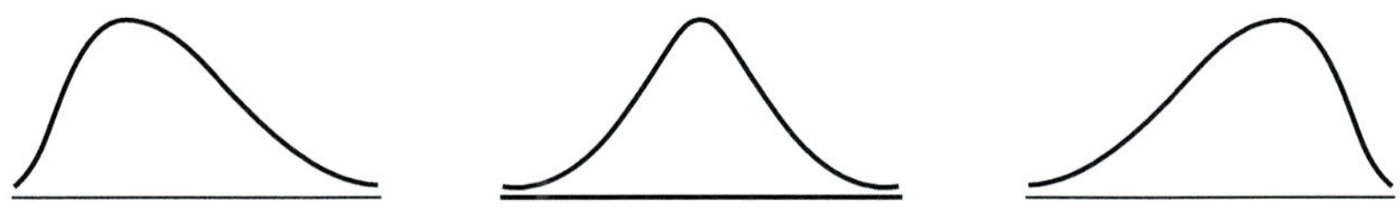

(a) 왜도 〉 0　　(b) 왜도=0　　(C) 왜도 〈 0

그림 2.7 분포와 왜도의 부호 관계

첨도(kurtosis)

분포가 데이터의 중심위치에 밀집되어 있는 정도 즉, 분포의 뾰족한 정도를 측정하는 방법으로 다음과 같이 계산된다.

$$\text{첨도} = \frac{n(n+1)}{(n-1)(n-2)(n-3)}\sum_{i=1}^{n}\left(x_i - \frac{\bar{x}}{s}\right)^4 - \frac{3(n-1)^2}{(n-2)(n-3)}$$

첨도가 0보다 크면 정규분포보다 더 뾰족하고 긴 꼬리를 갖는다. 한편 첨도가 0보다 작으면 정규분포보다 덜 뾰족하고 짧은 꼬리를 갖는다.

2.4.1. 도수분포표

연속형 데이터나 수많은 다른 관측값들로 구성되는 이산형 데이터는 주로 전체 데이터의 범위(range)를 몇 개의 연결된 계급구간(class intervals)으로 나누어 도수분포표(frequency table)로 요약한다. 여기서의 계급구간은 질적 데이터의 범주에 해당된다고 볼 수 있다. 이렇게 작성된 도수분포표로부터 데이터의 대략적 분포상태를 쉽게 이해할 수 있다.

계급의 개수를 정하는 문제는 특별한 법칙이 있는 것은 아니나 데이터의 총수에 비해 너무 많거나 적은 개수의 계급을 사용하면 데이터에 내포된 대략적 분포상태가 도표에서 드러나지 않는다. 따라서 대략적 분포상태가 부드럽고 명확하게 드러나도록 계급의 개수를 변화시켜가며 도수분포표를 작성할 필요가 있다.

도수분포표를 작성하는 방법은 다음과 같다.

▶ 도수분포표의 작성

(a) 데이터의 최대값과 최소값을 찾아 범위를 구한다.
(b) 데이터의 크기를 고려하여 5개에서 15개 정도의 계급의 개수를 정하고, 적당한 계급 구간의 폭(class interval width)을 정한다. 일반적으로(데이터의 범위 ÷ 계급의 개수)보다 조금 큰 숫자를 계급의 폭으로 정한다.
(c) 위에서 정한 계급의 개수와 폭을 이용하여 서로 중복되지 않는 동일한 간격의 계급구간을 정한다.(단, 최소 관측 값이 첫 번째 계급구간에 포함되고, 어떤 관측 값도 계급의 경계점에 놓이지 않도록 하는 것이 바람직하다.)
(d) 각 계급에 속하는 관측 값의 개수를 세어 계급의 도수를 구한다.
(e) 각 계급의 상대도수(＝각 계급의 도수÷데이터의 총수)를 계산한다.

예제 14

데이터처리입문 수강생 40명의 키를 측정한 결과가 [표 2.3]과 같다고 한다. 이 데이터를 이용하여 도수분포표를 작성하여라(단, 계급구간은 6으로 한다).

[표 2.3] 데이터처리입문 수강생의 키 (단위 : cm)

164	170	178	168	149	183	169	171	165	179
198	167	160	163	179	162	145	160	170	166
181	166	169	176	163	182	166	178	167	159
186	168	166	171	182	172	154	173	170	171

<풀이>

첫 번째 단계로, 데이터의 범위는 최대값이 192이고 최소값이 147이므로 최대값－최소값 = 198－145 = 53이 된다. 두 번째 단계로, 6개의 계급구간을 사용하면 범위를 6으로 나누어 $\frac{53}{6} = 8.833$이 된다. 계급구간의 폭이 8.833인 경우 각 계급구간에 대한 감각적인 이해가 어려우므로 이해를 용이하게 하기 위해 계급구간의 폭을 8.833보다 큰 10으로 결정하자. 세 번째 단계로, 첫 번째 계급을 [140～150)으로 하자. 즉, 좌측 경계값은 그 구간에 포함되고, 우측 경계 값은 그 구간에 포함되지 않는다. 그 다음 동일한 폭을 갖는 계급구간을 계속 연결하면, 중복되지 않는 계급구간을 결정할 수 있게 된다. 마지막 단계로, 각 계급구간에 속하는 관측값의 수를 세어 계급의 도수와 상대도수를 구하면 [표 2.4]와 같은 데이터처리입문 수강생의 키에 대한 도수분포표를 얻게 된다.

[표 2.4] 예제 4의 도수분포표 1

계 급	계급구간	도수	상대도수
1	140～150	2	2/40=0.050
2	150～160	2	2/40=0.050
3	160～170	17	17/40=0.425
4	170～180	13	13/40=0.325
5	180～190	5	5/40=0.125
6	190～200	1	1/40=0.025
합 계		40	1.000

[표 2.4]로부터 키에 대한 대략적 분포를 쉽게 파악할 수 있다. 대부분의 학생들의 키는 160에서 180 사이에 있다는 것과 150 이하이거나 190 이상인 경우도 약간 명(3명)이 있다는 것 등을 알 수 있다. 참고해야 할 사실은 계급의 개수와 첫 번째 계급구간의 시작점의 값에 따라 도수분포표로부터 드러나는 분포상태가 다르게 보여질 수도 있다는 것이다. 예를 들어, 같은 6개의 계급구간을 사용하지만 계급구간의 폭을 8, 첫 번째 계급구간의 시작점을 145로 하면, [표 2.5]과 같은 도수분포표가 작성된다. [표 2.4]에서 파악되는 대략적 분포상태가 [표 2.5]에서도 똑같이 드러나는 것은 아니다. 즉, 계급을 나누는 방법에 따라 정보화되는 내용이 달라진다고 할 수 있다.

[표 2.5] 예제 4의 도수분포표 2

계 급	계급구간	도수	상대도수
1	145～153	2	0.050
2	153～161	4	0.100
3	161～169	13	0.325
4	169～177	11	0.275
5	177～185	8	0.200
6	185～193	2	0.050
합 계		40	1.000

앞에서 소개된 도수분포표의 계급들은 각 구간의 폭이 모두 같도록 작성되었지만, 일부분의 계급구간에 집중적으로 몰려있는 경우가 흔하다. 이러한 경우에는 데이터가 집중된 부분은 계급구간의 폭을 작게 하고, 데이터가 드문 부분은 구간의 폭을 크게 하면 더 많은 정보를 얻을 수 있다. 즉, 동일하지 않은 계급구간의 폭을 사용함으로서, 도수분포표에 더 많은 정보를 포함시키고, 대략적 분포상태가 좀 더 명확하게 드러나게 할 수 있다. 따라서 도수분포표를 작성할 때에는 계급의 개수, 각 구간의 폭, 첫 구간의 시작점의 위치 등을 변화시켜 가며 최선의 것을 선택하여야 한다.

2.4.2 히스토그램(Histogram)

히스토그램은 도수분포표를 그림으로 표현한 것이다. 먼저 수평축에 계급구간을 표시하고, 수직 축에 각 계급구간에 해당되는 상대도수에 비례하는 높이의 직사각형 막대를 그리면 된다. 단, 히스토그램에서 전체 막대의 총 면적은 1이 되도록 한다.

히스토그램의 전체 면적 = 1

$$\begin{matrix}\text{계급구간 } A\text{의 높이} \\ (\text{상대도수밀도})\end{matrix} = \frac{\text{계급구간 } A\text{의 상대도수}}{\text{계급구간 } A\text{의 폭}}$$

[표 2.4]와 [표 2.5]의 도수분포표를 이용한 히스토그램은 각각 [그림 2.8], [그림 2.9]와 같다. 예를 들어 계급구간 140～150에서 막대의 높이는 그 구간의 상대도수밀도로서,

0.05 / (150 − 140) = 0.005가 되고 면적은 높이×폭= 0.005 × (150 − 140) = 0.05(=상대도수)가 된다.

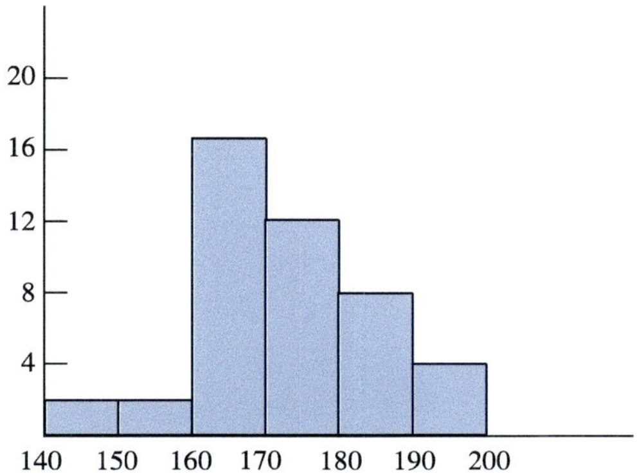

그림 2.8 키 데이터의 히스토그램 1

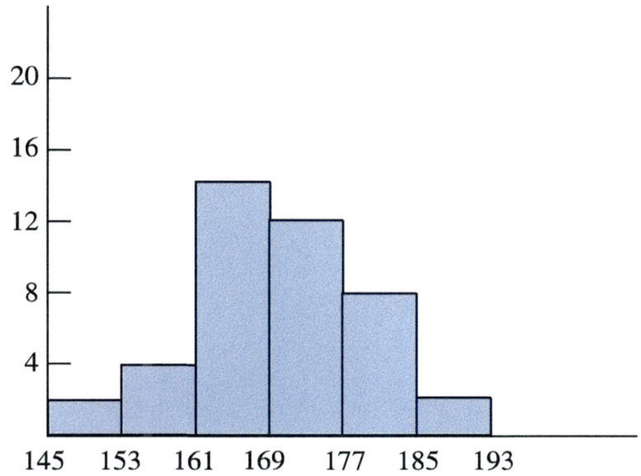

그림 2.9 키 데이터의 히스토그램 2

[그림 2.8]과 [그림 2.9]로부터 [표 2.4]와 [표 2.5]에서 정리된 대략적인 분포상태가 시각적으로 좀 더 쉽고, 빠르게 파악될 수 있음을 알 수 있다.

2.5 집단화된 데이터에 대한 평균과 분산

표본평균과 표본분산을 계산하는 기본적인 방법은 앞에서 설명하였다. 여기에서는 집단화된 데이터(grouped data)의 평균과 분산을 구하는 방법에 대해서 알아보자.

▶ 도수분포표가 주어졌을 때의 표본평균과 표본분산

$$\bar{x} = \frac{1}{n}\sum_{i=1}^{k} f_i m_i$$

$$s^2 = \frac{1}{n-1}\sum_{i=1}^{k} f_i (m_i - \bar{x})^2$$

여기서 $\sum_{i=1}^{k} f_i = n$, k는 계급의 수, f_i는 i번째 계급의 도수,
n은 전체 관측치의 수, m_i는 계급중앙값

집단화된 데이터의 표본분산을 계산하기 위해 다음 식을 이용하면 편리하다.

$$s^2 = \frac{1}{n-1}\left[\sum_{i=1}^{k} f_i m_i^2 - \frac{1}{n}\left(\sum_{i=1}^{k} f_i m_i\right)^2\right]$$

예제 15

어떤 공장에서 만든 튜브의 직경에 대한 분포가 다음과 같을 때 평균과 분산을 구하라.

튜브의 직경	빈도
2.0	2
2.2	4
2.3	6
2.8	3
3.0	5

<풀이>

튜브의 직경(m_i)	빈도(f_i)	$f_i m_i$	m_i^2	$f_i m_i^2$
2.0	2	4.0	4.00	8.00
2.2	4	8.8	4.84	19.36
2.3	6	13.8	5.29	31.74
2.8	3	8.4	7.84	23.52
3.0	5	15.0	9.00	45.00
합	20	50.0		127.62

(a) $n = \sum_{i=1}^{k} f_i = 20,\ \sum_{i=1}^{k} f_i m_i = 50.0$

$$\bar{x} = \frac{1}{n}\sum_{i=1}^{k} f_i m_i = \frac{50}{20} = 2.5$$

(b) $s^2 = \frac{1}{n-1}\left[\sum_{i=1}^{k} f_i m_i^2 - \frac{1}{n}\left(\sum_{i=1}^{k} f_i m_i\right)^2\right]$

$$=\frac{1}{20-1}\left[127.62-\frac{1}{20}(50)^2\right]=0.138$$

예제 16

데이터 정보처리 시험에 응시한 80명의 성적분포가 다음과 같다. 평균과 분산을 구하라.

계 급	빈도(f_i)	계급값(m_i)	$f_i m_i$	$f_i m_i^2$
5~19	4	12	48	576
20~34	12	27	324	8,748
35~49	15	42	630	26,460
50~64	16	57	912	51,984
65~79	22	72	1,584	114,048
80~94	11	87	954	83,259
합계	80		4,455	285,075

<풀이>

(a) $n=80,\ \sum_{i=1}^{k} f_i m_i = 4,455$ 따라서 표본평균은 $\bar{x}=\frac{4,455}{80}=55.7$

(b) $\sum_{i=1}^{k} f_i m_i^2 = 285,075$, 따라서 표본분산은 $s^2=\frac{1}{80}-1\left[285,075-\frac{1}{80}(4,455)^2\right]$

$=468.19$

연습문제

1. 다음 자료들이 질적자료인지, 양적자료인지 구분하라.

(a) 백엽상에서 관측하는 매시간별 온도

(b) 지난 10년 동안, 월별로 관측한 강수량

(c) 100가구가 사는 아파트 주차장에 주차된 승용차의 종류

2. 원룸 밀집지역에서 30개의 원룸을 임의로 추출하여 1주일 동안 수돗물 사용량을 조사한 결과가 다음과 같았다.

72.8	77.4	85.9	88.2	79.1	73.1	83.8	86.2	88.0	83.1
75.9	83.7	83.2	81.6	86.0	85.6	78.7	71.5	75.2	77.8
82.9	79.2	90.8	71.4	83.9	75.2	83.4	81.8	82.5	75.1

(a) 계급의 개수를 6개로 하여 도수분포표를 작성하라.

(b) 도수분포표를 참고하여 줄기와 잎 그림을 그려라.

(c) 범위와 사분위수 범위를 구하라.

(d) 제40, 90백분위수를 각각 구하라.

3. 어느 여론조사기관의 설문문항 중의 한 부분이다.

(a) 귀하의 성별은?

(b) 귀하의 연령은?

(c) 귀하의 학력은?

(d) 귀하의 월 급여는 얼마인가?

(e) 귀하는 현 직업에 만족하는가?

위의 각 질문의 응답에 대해서 질적자료인지 양적자료인지 구분하라.

4. 다음은 미국 NewYork Yankees에서 활약한 Babe Ruth(15년)와 Roger Maris(10년)의 홈런기록이다.

Babe Ruth	54	59	35	41	46	25	47	60	54	46	49	46	41	34	22
Roger Maris	8	13	23	33	61	14	16	39	16	28					

(a) 두 선수의 홈런기록을 줄기와 잎으로 표현하라.
(b) 등을 맞댄 줄기와 잎으로 두 선수의 기록을 비교하라.
(c) 두 선수의 홈런기록에 대한 평균과 중앙값을 구하라.
(d) 두 선수의 홈런기록을 상자와 수염 그림으로 비교하라.

5. 다음은 어느 날 자동차 면허시험장에서의 필기시험 성적이다.

80	76	92	76	73	96	68	88	92	92	88	64	71	88	76	80	60	84	64	84

(a) 평균, 중앙값, 최빈값을 구하라.
(b) 사분위수를 구하라.
(c) 상자와 수염 그림을 그려라.

6. 다음은 신입사원들의 대학 4년간의 평점과 입사 후 시행한 토플시험 성적이다.

평 점	3.5	4.0	2.8	3.9	4.1	4.3	3.7	3.4	3.3	4.2
토플성적	540	510	560	650	600	530	530	510	450	480

(a) 신입사원들의 평점과 토플성적의 평균과 분산을 구하라.
(b) 각 자료에 대해 변동계수를 구하고 비교하라.
(c) 표본분산을 구하라.

7. 다음은 80명의 학생들에 대한 중간고사 성적을 정리한 것이다.

계급	5-19	20-34	35-49	50-64	65-79	80-94
빈도	4	12	15	16	22	11

(a) 위 자료의 평균을 구하라.

(b) 위 자료의 분산을 구하라.

8. 다음은 조선시대 역대 왕들의 수명에 관한 자료이다.

태조 73	정종 62	태종 45	세종 53	문종 38	단종 16	세조 51
예종 28	성종 37	연산군 30	중종 56	인종 30	명종 33	선조 56
광해군 66	인조 54	효종 40	현종 33	숙종 59	경종 36	영조 82
정조 48	순조 44	현종 22	철종 32	고종 67	순종 52	

(a) 평균, 최빈값, 중앙값을 구하고 자료의 중심위치로서 가장 적절한 측도에 대해 토론하라.

(b) 분산, 표준편차, CV, 범위, Q_1, Q_3, 최대값, 최소값을 구하라.

(c) 줄기와 잎으로 위 자료를 기술하라.

(d) 막대그래프로 위자료를 기술하라.

(e) 상자와 수염으로 위 자료를 표현하라.

(f) c, d, e의 결과를 하나의 평면에 기술하여 비교하라.

제 3 장

확 률

C/H/A/P/T/E/R 03

확 률

3.1 확률의 정의

일상생활에서 우리는 확률이라는 말을 흔히 듣고 있다. "내일 눈이 올 확률이 80% 이다.", "공화당 후보가 대통령에 당선될 확률이 55%이다."

확률이란 이와 같이 불확실한 상황 하에서 어떤 일이 일어날 가능성을 측정해주는 것이다. 초창기 확률론은 도박에서 유래하였다고 볼 수 있다. 도박사들은 승률을 높이기 위해서 주변의 수학자들에게 자문을 구하곤 하였는데 그 중 대표적인 수학자는 파스칼, 라이프니쯔, 페르마, 라플레이스, 베르누이 등 흔히 알려져 있는 인물들이다. 이후 확률론의 지속적인 발달은 경제학, 경영학, 의학, 생물학, 공학의 각 분야 등에 널리 응용되어 오늘날은 일반적인 학문이 되었다.

2차대전 중 덴마크에서 수학자 존 케리리히(John Kerrich)는 공정한 동전을 1만번 던진 후 각 결과를 기록하였다. 그의 실험결과를 살펴보면 다음과 같다.

앞면이 나온 횟수	4	44	502	5,067
던진 횟수	10	100	1,000	10,000
앞면이 나온 비율	0.4	0.44	0.502	0.5067

위의 실험결과를 살펴보면 1,000번 동전을 던졌을 때 앞면이 나올 상대도수는 0.5에 가깝다. 물론 10,000회 던졌을 때 앞면이 나온 비율 0.5067은 1,000회 던졌을 때의 결과에 비해 0.5에서 좀더 멀어진 것 같아 보이지만 결국 계속해서 동전을 던지면 앞면이 나타날 상대도수는 0.5에 가까운 값을 얻게 될 것이다. 이와 같이 확률은 동일한 조건 하에서 실험을 반복하였을 때 어떤 일이 일어나는 비율, 즉, 상대도수의 극한적인 개념으로 정의된다.

위의 동전던지기 예에서와 같이 자료들의 집합을 만드는 과정을 실험이라 하는데 정확하게 통계적 실험이라 부른다. 통계적 실험에는 앞면과 뒷면과 같이 두 가지 결과만을 제공하는 동전던지기 실험, 수많은 결과를 제공하는 형광등의 수명을 측정하는 실험, 매년

1월의 적설량을 측정하는 실험 등을 생각할 수 있다. 특히 같은 실험을 반복해서 얻어지는 결과에 관심을 갖는 경우도 있다.

이와 같은 실험에서 얻어질 수 있는 모든 가능한 결과들의 집합을 표본공간(sample space)이라 하며 Ω로 표기한다. 한편 연구자들의 관심은 특정 실험결과에 집중되는데 이와 같이 표본공간내의 관심있는 실험결과를 사상(event)이라 한다. 즉 사상은 표본공간의 부분집합이다.

예제 1

한 개의 동전을 던질 때, 앞면이 나오면 H, 뒷면이 나오면 T라 표기하면, 표본공간은 Ω={H, T}가 된다.

예제 2

한 개의 주사위를 던지는 실험에서 표본공간과 사상을 다음과 같이 정의할 수 있다.

(a) 실험의 결과 눈의 값에 관심이 있을 때 표본공간 Ω={1, 2, 3, 4, 5, 6}
(b) 실험의 결과 눈의 값이 홀수인지 짝수인지에 관심이 있을 때 표본공간 Ω={홀수, 짝수}
(c) 실험의 결과 눈의 값이 3의 배수가 될 사상, A={3, 6}

하나의 동전이나 주사위를 던지는 실험과 같이 각각의 결과가 나올 가능성이 같고 표본공간이 유한한 경우 어떤 사상 A가 일어날 확률은 다음과 같이 계산할 수 있다.

$$P(A) = \frac{\text{사상 } A\text{내의 결과들의 수}}{\text{표본공간내의 모든결과들의 수}}$$

사상 A를 주사위를 던질 때 눈의 값이 홀수가 나타나는 경우라 정의하면 사상 A의 확률은 $P(A) = \frac{3}{6}$이 된다.

3.2 확률의 계산

확률을 계산함에 있어서 실험의 결과로서 일어날 수 있는 가능한 결과들의 수가 너무 커서 그 수를 계산하는 것이 불가능해질 수도 있다. 우선 결과들의 수를 계산하는 규칙에 대해 생각해 보라.

반도체 생산 공정에서 생산라인별로 두개의 반도체가 임의로 추출되고 양품, 불량품의 판정을 받는 실험을 생각하자. 이 실험에서의 가능한 결과는 몇 가지인가? 이와 같은 실험에서는 가능한 결과들을 나열하는 것이 어렵지 않다. 예를 들어 D_i $(i=1,2)$를 i 번 반도체가 불량품임을 나타낼 때, N_i $(i=1,2)$를 i 번 반도체가 양품임을 나타낸다고 하면 가능한 결과는 다음과 같다.

$$D_1D_2 \quad D_1N_2 \quad N_1D_2 \quad N_2N_2$$

이와 같은 결과는 이원표에 정리함으로서 이해를 도울 수 있다.

		2번 반도체 D_2	2번 반도체 N_2
1번 반도체	D_1	D_1D_2	D_1N_2
1번 반도체	N_1	N_1D_2	N_1N_2

즉 각 반도체는 두개의 결과를 제공하여 총 $2\times2=4$ 개의 결과를 제공한다.

어떤 실험이 두 단계로 구성되어져 있다고 하자. 이때

곱의 법칙

1단계 결과가 n_1 개이고 n_1개의 결과 각각에 대한 2단계 실험의 가능한 결과가 n_2개라면 위 실험의 모든 가능한 결과는 n_1n_2개이다.

앞에서와 같은 곱의 법칙(product rule)은 실험의 단계가 3단계, 4단계 등으로 확장이 가능하다.

만약 3개의 반도체가 임의로 추출되어 품질검사를 받게 된다면 $2 \times 2 \times 2 = 8$개의 가능한 결과가 있을 수 있다. 이와 같은 곱의 법칙은 나무그림(tree diagram)을 통해서 체계적으로 실험결과의 수를 파악할 수도 있다.

어떤 학생이 등교하는 방법은 지하철, 좌석버스, 스쿨버스 등 3가지이며 세 방법 중 하나를 택하였을 때 1교시 수업에 정시도착, 지각 등의 2가지 결과가 가능하다면 모든 가능한 결과들의 목록을 나무그림을 통해 체계적으로 나타냄으로서 결과의 수를 파악할 수 있다.

즉 $3 \times 2 = 6$가지 가능한 결과가 있다.

3.3 확률의 규칙

이제 확률 계산에 도움이 되는 규칙을 설명하겠다.

합사상

두 사상 A와 B의 합사상은 A에 속하거나 B에 속하거나 혹은 A, B 양쪽에 속하는 모든 원소들로 구성된 사상으로 $A \cup B$로 표현한다. 아래 벤다이어그램(Venn diagram)에서 빗금친 부분이 사상 $A \cup B$에 해당한다.

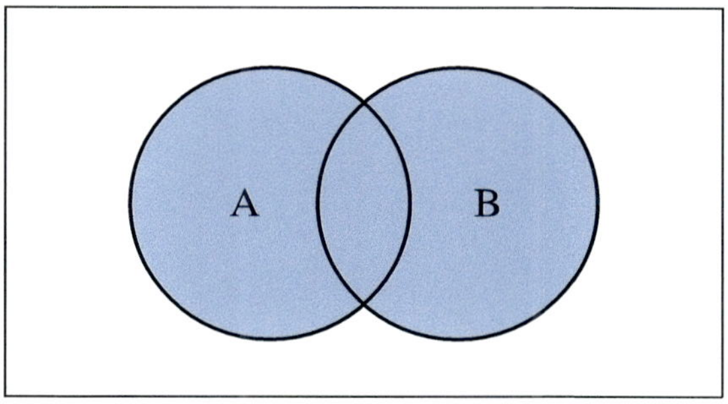

그림 3.1 사상 A와 사상 B의 합사상

곱사상

두 사상 A와 B의 곱사상은 A와 B에 공통인 모든 원소들로 구성된 사상으로 $A \cap B$로 나타낸다.

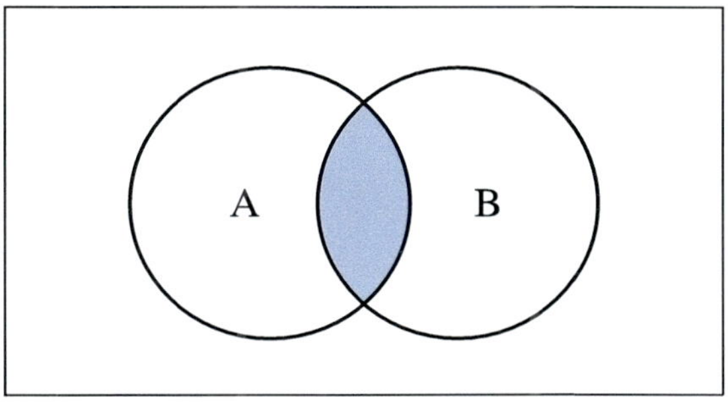

그림 3.2 사상 A와 B의 곱사상

배반사상

만일 $A \cap B = \phi$이면, 즉 A와 B가 공통인 원소를 갖지 않으면, 두 사상 A와 B는 서로 배반사상이라 한다. 즉 어떤 두 사상이 동시에 일어날 수 없을 때 이 두 사상을 서로 배반사상이라 한다.

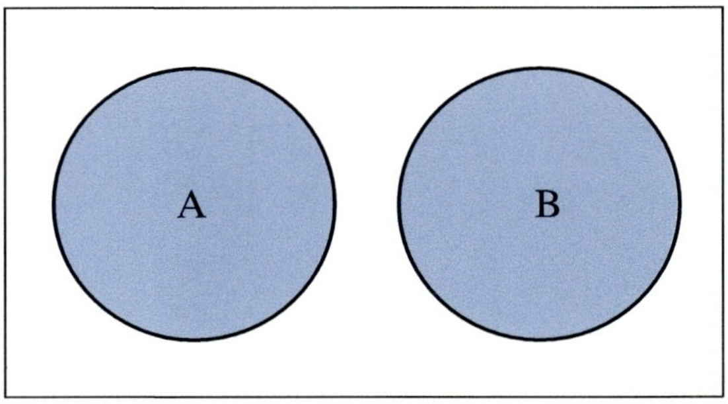

그림 3.3 서로 배반인 사상

여사상

표본공간 Ω에 대하여 사상 A의 여사상은 A에 속하지 않는 Ω의 모든 원소들의 집합이다. A의 여사상은 $\overline{A}$ 혹은 A^c로 나타낸다.

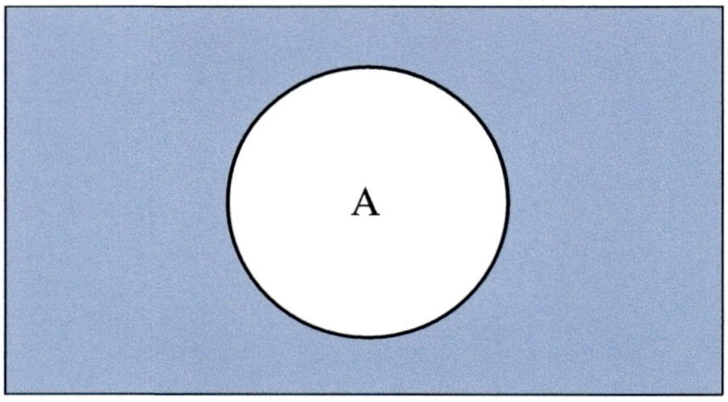

그림 3.4 A의 여사상

3.4 조건부 확률

여기에서는 확률론에서 가장 중요한 개념 중의 하나인 조건부 확률에 대해 설명하겠다. 조건부 확률이란 어떤 사상 A가 일어났다는 사실이 알려졌을 때 사상 B가 일어날 확률을 말하는데 $P(B \mid A)$로 나타낸다.

▶ **조건부확률**

$$P(B \mid A) = \frac{P(B \cap A)}{P(A)}, \quad P(A) > 0$$

$$P(A \mid B) = \frac{P(B \cap A)}{P(B)}, \quad P(B) > 0$$

주사위 두개를 독립적으로 던지는 실험에서의 표본공간은 다음과 같다.

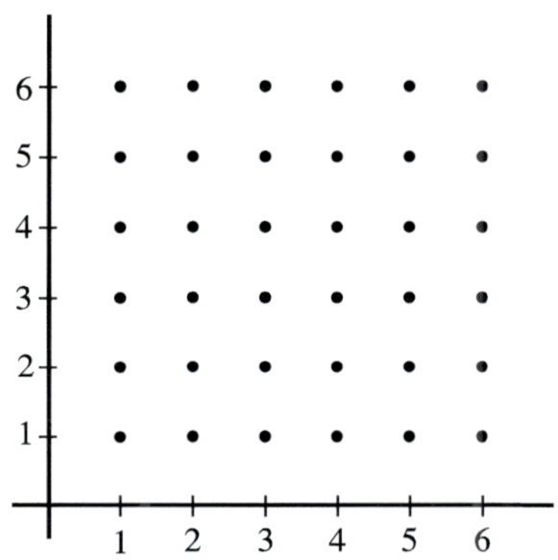

그림 3.5 두 개의 주사위를 던질 때의 표본 공간

위 그림에서 보는 바와 같이 두 개의 주사위를 던지는 실험에서 일어날 수 있는 모든 가능한 결과는 36가지임을 알 수 있다.

위 실험에서 사상 A를 두 눈의 합이 8인 사건, 사상 B를 두 눈이 같은 사건으로 정의하면 A, B는 다음과 같다.

A= {(2, 6), (3, 5), (4, 4), (5, 3), (6, 2)}
B= {(1, 1), (2, 2), (3, 3), (4, 4), (5, 5), (6, 6)}

한편 사상 A에 속하는 결과의 수는 5개이므로 $P(A) = \frac{5}{36}$, 곱사상은 $A \cap B = \{(4,4)\}$ 이므로 $P(A \cap B) = \frac{1}{36}$ 이다.

따라서 조건부 확률 $P(B \mid A)=\dfrac{P(B\cap A)}{P(A)}=\dfrac{\frac{1}{36}}{\frac{5}{36}}=\dfrac{1}{5}$ 이 된다.

위 조건부 확률을 이용하여 확률의 곱셈법칙을 유도할 수 있다.

▶ **곱셈법칙**

$$P(A\cap B)=P(B)\cdot P(A \mid B)=P(A)P(B \mid A)$$

이제 52장으로 구성된 카드에서 랜덤하게 2장의 카드를 뽑는 실험을 생각하자. 이 때 첫 카드를 뽑고 그림을 읽는다. 그리고 다시 카드 52장을 충분히 섞은 후 두 번째 카드를 뽑는다고 하자. 이 실험에서 두 사상을 다음과 같이 정의한다.

A : 첫 카드가 에이스일 사상
B : 두 번째 카드가 스페이드일 사상

처음 뽑은 카드를 되돌려 놓고 두 번째 카드를 뽑았기 때문에 첫 번째 카드를 뽑을 때나 두 번째 카드를 뽑을 때나 모두 4장의 에이스와 13장의 스페이드를 포함하는 52장의 카드로부터 각 카드가 뽑혔다. 그러므로

$$P(B \mid A)=\frac{13}{52}=\frac{1}{4}$$

$$P(B)=\frac{13}{52}=\frac{1}{4}$$

즉 $P(B \mid A)=P(B)=\dfrac{1}{4}$ 이다. 이와 같은 관계가 성립할 때 사상 A와 사상 B는 독립(independent)이라고 한다.

베이즈 정리

표본공간 Ω가 k 개의 사상 $A_1, A_2, \cdots, A_k$에 의하여 분할되었다고 하자. 이 때 사상 $A_i(i=1, 2, \cdots, k)$는 서로 배반인 사상이다.

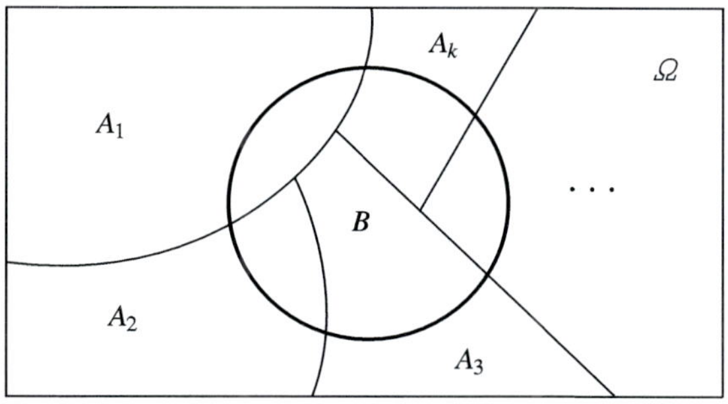

그림 3.6 표본공간의 분할

이때 사상 B는 다음과 같이 표현할 수 있다.

$$\begin{aligned} B &= \Omega \cap B \\ &= (A_1 \cup A_2 \cup A_3 \cup \cdots \cup A_k) \cap B \\ &= (A_1 \cap B) \cup (A_2 \cap B) \cup (A_3 \cap B) \cup \cdots \cup (A_k \cap B) \\ &= \sum_{i=1}^{k} (A_i \cap B) \end{aligned}$$

따라서

$$P(B) = P(A_1 \cap B) + P(A_2 \cap B) + \cdots + P(A_k \cap B)$$

한편 확률의 곱셈법칙을 이용하면 위 식은 다음과 같이 표현된다.

$$\begin{aligned} P(B) &= P(A_1)P(B \mid A_1) + P(A_2)P(B \mid A_2) + \cdots + P(A_k)P(B \mid A_k) \\ &= \sum_{i=1}^{k} P(A_i)P(B \mid A_i) \qquad (1) \end{aligned}$$

이제 i 번째 사건에 대한 조건부 확률을 생각하자.

$$P(A_i \mid B) = \frac{P(A_i \cap B)}{P(B)}$$

분자에 확률의 곱셈법칙을 적용하고 분모에 식 (1)을 대입하면 다음 식을 얻는다.

$$P(A_i \mid B) = \frac{P(A_i)P(B \mid A_i)}{\sum_{i=1}^{k} P(A_i)P(B \mid A_i)}$$

위 식을 베이즈 정리(Bayes' theorem)라 한다. 베이즈 정리에서 실험결과를 통해 얻은 정보로부터 구한 어떤 사상 A_i의 처음 확률을 사전확률(prior probability)이라 하고 새로운 정보 B를 이용하여 계산된 개선된 확률을 사후확률(posterior probability)이라고 한다.

예제 3

어떤 학생이 등교하는데 6 : 4의 비율로 버스와 지하철을 이용하고 있다. 버스를 탈 경우 교통체증으로 지각할 가능성이 30%이며 지하철을 이용하는 경우 지각할 가능성은 10% 정도이다. 어느 날 이학생이 지각을 하였다면 버스로 등교하였을 확률을 구하라.

<풀이>

각 사상을 다음과 같이 정의하자.

B : 버스로 등교

B^c : 지하철로 등교

A : 지각

A^c : 정시에 도착

앞에서 설명한 나무 그림을 이용하여 확률을 계산하면 다음과 같다.

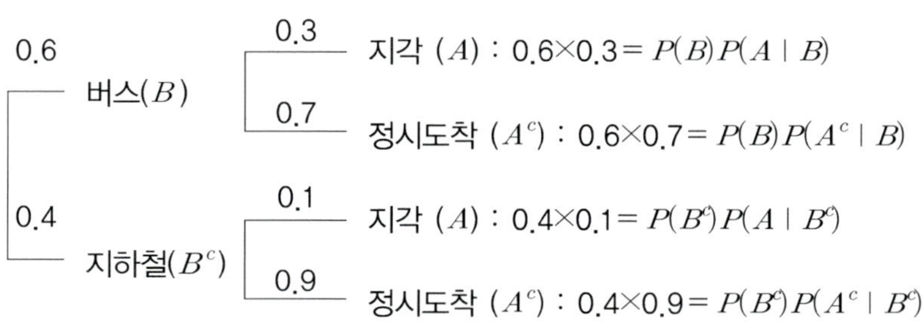

따라서

$$P(B \mid A) = \frac{P(A \cap B)}{P(A)} = \frac{P(B) \cdot P(A \mid B)}{P(B)P(A \mid B) + P(B^c)P(A \mid B^c)}$$

$$= \frac{P(\text{버스}) \cdot P(\text{지각} \mid \text{버스})}{P(\text{버스}) \cdot P(\text{지각} \mid \text{버스}) + P(\text{지하철}) \cdot P(\text{지각} \mid \text{지하철})}$$

$$= \frac{0.6 \times 0.3}{0.6 \times 0.3 + 0.4 \times 0.1} = \frac{0.18}{0.18 + 0.04} = 0.818$$

3.5 이산형 확률변수

확률변수는 실험의 결과로서 나타날 수 있는 모든 가능한 결과에 숫자를 대응시켜 수학적으로 다루기 편하게 만든 함수이다. 통계적 실험의 예에서 설명한 바와 같이 하나의 동전을 던지거나, 하나의 주사위를 던지기 , 불량 부품의 수 등 셀 수 있는 값을 갖는 경우를 이산형 확률변수(discrete random variable)라 하고 , 매년 1월의 적설량, 전구의 수명 등 셀 수 없는 값을 갖는 경우를 연속형 확률변수(continuous random variable)라 한다.

확률변수는 일반적으로 영문 대문자 X로 표시하며, 확률변수가 취하는 값은 영문 소문자 x로 표시한다.

3.5.1 확률분포

이산형 확률변수의 확률분포는 확률변수가 취할 수 있는 모든 값에 대응하는 확률과 함께 표나 수식으로 나타낼 수 있다. 이와 같이 확률변수가 취하는 값 $x_i(i=1, 2, \cdots, n)$ 각각에 확률을 대응시켜주는 관계를 확률분포(probability distribution)라 한다.

이해를 돕기 위해서 3개의 흰공과 2개의 검은 공이 들어있는 주머니 속에서 비복원으로 2개의 공을 꺼내는 실험을 생각하자. 이때 확률변수 X를 흰공의 수라 하면 X가 취할 수 있는 값은 0, 1, 2가 된다. 두 개 모두 흰공일 확률을 계산하는 문제를 생각하자. 주머니 속의 공을 w_1, w_2, w_3, b_1, b_2로 나타내면 가능한 모든 표본과 그에 대응되는 흰공의 수는 다음과 같다.

표 본	w_1w_2	w_1w_3	w_2w_3	w_1b_1	w_1b_2	w_2b_1	w_2b_2	w_3b_1	w_3b_2	b_1b_2
흰공의 수	2	2	2	1	1	1	1	1	1	0

두 공 모두가 흰공일 확률, $P(X=2)$는 다음과 같이 구한다.

$$P(X=2) = P(w_1w_2, w_1w_3, w_2w_3)$$
$$= P(w_1w_2) + P(w_1w_3) + P(w_2w_3)$$

$P(A) = \dfrac{\text{사상 } A\text{내의 결과들의 수}}{\text{표본공간내의 모든결과들의 수}}$이므로

$$P(X=2) = \frac{3}{10} = 0.3$$

마찬가지 방법으로

$P(X=1) = \dfrac{6}{10}$, $P(X=0) = \dfrac{1}{10}$과 같이 구할 수 있다.

이제 확률변수가 취할 수 있는 값과 그에 대응되는 확률을 표로 정리하면 다음과 같은 확률분포를 얻는다.

흰공의 수(X)	0	1	2	합계
$P(X=x_i)$	0.1	0.6	0.3	1

확률분포표에서 확률의 합은 1이다. 이는 모든 확률분포에서 요구되는 조건 중의 하나이다.

일반적으로, 확률변수 X가 취할 수 있는 값이 $x_1, x_2, x_3, \cdots, x_n$이라 할 때 이산형 확률변수$X$가 어떤 특정한 값 x_i를 취하는 사상을 $(X=x_i)$로 표현하며 그 확률은

$$P(X=x_i)=p(x_i), \quad i=1,2,\cdots,n$$

으로 표현된다. 이를 X의 확률함수(probability function) 또는 확률질량함수(probability mass function)라 한다.

한편, 확률변수가 취하는 값 $x_i(i=1, 2, \cdots, n)$ 각각에 확률을 대응시켜 주는 관계를 확률분포(probability distribution)라 하며 다음과 같이 표현한다.

x_i	x_1	x_2	x_3	…	…	x_n
$P(x_i)$	$p(x_1)$	$p(x_2)$	$p(x_3)$	…	…	$p(x_n)$

이 때 $\sum_{i=1}^{n} p(x_i)=1$ 이어야 한다. 즉 $p(x_i)$는 0과 1사이의 값을 가지며 그 합은 1이어야 한다.

예제 4

두 개의 동전을 던지는 실험에서 앞면이 나오는 횟수를 확률변수 X라 하자.
이때 앞면을 H, 뒷면을 T라 하면 표본공간은 Ω={(H, H), (H, T), (T, H), (T, T)}가 되며 이를 앞면이 나오는 횟수로 대응시키면 다음과 같다.

표본공간	(H, H)	(H, T)	(T, H)	(T, T)
X의 값	2	1	1	0

이때, $P(X=2)=\frac{1}{4}$, $P(X=1)=\frac{2}{4}$, $P(X=0)=\frac{1}{4}$ 이므로 이산형 확률변수 X의 확률분포는 다음과 같다.

[표 3.1] 앞면의 수 X에 대한 확률분포

X	0	1	2	합계
$P(X=x)$	$\frac{1}{4}$	$\frac{2}{4}$	$\frac{1}{4}$	1

확률변수가 취할 수 있는 값과 그에 대응되는 확률을 살펴볼 수 있는 방법 중의 하나가 누적분포함수(cumulative distribution function)이다.

누적분포함수는 임의의 실수 b에 대하여 확률변수 X가 b보다 작거나 같은 값을 취하는 확률로서 다음과 같이 정의된다.

$$F(b) = P(X \le b)$$

확률변수 X가 이산형인 경우 위 식은

$$F(b) = \sum_{x=-\infty}^{b} P(x)$$

와 같으며 이는 계단함수(step function)의 형태를 취한다.

예제 5

앞서 설명한 두 개의 동전을 던지는 실험에 대한 누적분포함수를 구해 보자.

$$F(0) = P(X \le 0) = P(X=0) = \frac{1}{4}$$
$$F(1) = P(X \le 1) = P(X=0) + P(X=1) = \frac{3}{4}$$
$$F(2) = P(X \le 2) = P(X=0) + P(X=1) + P(X=2) = 1$$

이므로 분포함수는 다음과 같이 표현된다.

$$F(x) = \begin{cases} 0\ , & x < 0 \\ \frac{1}{4}, & 0 \le x < 1 \\ \frac{3}{4}, & 1 \le x < 2 \\ 1\ , & 2 \le x \end{cases}$$

누적분포함수를 그래프로 표현하면 다음과 같다.

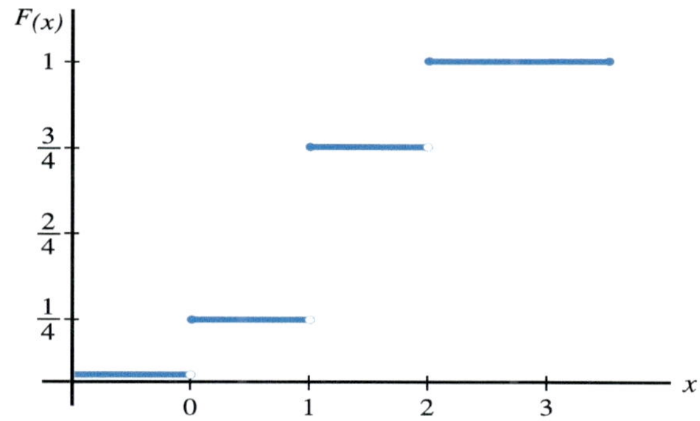

그림 3.7 누적분포함수

3.5.2 이산형 확률변수의 평균과 분산

A와 B 두 사람이 동전을 던졌을 때 두 동전 모두가 같은 면이 나오면 A가 1만원을 받고 서로 다른 면이 나오면 A가 1만원을 B에게 주는 게임을 생각하자. 게임이 반복될 때 A가 이길 확률은 0.5가 된다. 즉 A가 이길 상대도수는 아래 그림과 같다.

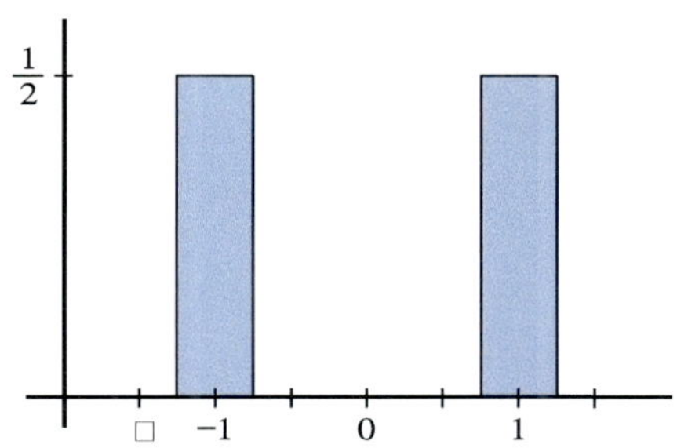

그림 3.8 A가 이길 상대도수

위와 같은 게임을 여러 번 반복했을 때 평균적으로 A가 받을 수 있는 돈은 얼마나 될까? 매 게임마다 1만원을 받을 확률은 0.5이고 1만원을 줄 확률 역시 0.5이다. 즉

$$(+1)\times\frac{1}{2}+(-1)\times\frac{1}{2}=0$$

이 평균값이 매 게임마다 A가 기대하는 값이 된다. 이와 같은 의미에서 확률변수 X의 평균을 X의 기대값(expected value)이라고도 하며 $E(X)$로 표시한다.

▶ 이산형 확률변수의 기대값(평균)

$$\mu = E(X) = \sum_x x \cdot P(x)$$

예제 6

[표 3.1]에서 X의 기대값을 구하라.

$$\mu = 0 \times \frac{1}{4} + 1 \times \frac{2}{4} + 2 \times \frac{1}{4} = 1$$

<풀이>

즉 두개의 동전을 던지는 횟수를 점차 늘여가면, 각 시행에서 앞면이 나온 횟수의 평균은 점점 1에 가까워진다.

예제 7

매주 1,000매가 발행되는 복권의 상금이 다음과 같다고 하자.

(단위 : 만원)

상 금	1,000	100	10	5	0
매 수	1	5	20	100	874

이때 매 복권당 상금을 X라 할 때 확률변수 X의 기대값을 구하라.

<풀이>

$$\mu = 1{,}000 \times \frac{1}{1{,}000} + 100 \times \frac{5}{1{,}000} + 10 \times \frac{20}{1{,}000} + 5 \times \frac{100}{1{,}000} + 0 \times \frac{874}{1{,}000}$$

$= 2.2$(만원)

2장에서 자료의 흩어진 정도를 나타내는 측도로서 분산과 표준편차를 배웠다. 분산은 자료값이 평균으로부터 흩어진 정도를 측정하는 것이다. 평균(기대값)이 μ인 확률변수의 분산을 $Var(X)$라 하며 σ^2으로 표현하기도 한다. 표준편차는 분산의 제곱근이며 σ로 표현된다.

▶ 평균이 μ인 확률변수, X의 분산과 표준 편차

$$\sigma^2 = Var(X) = E(X-\mu)^2 = E(X^2) - \mu^2$$

이산형 확률변수 X에 대해서

$$\sigma^2 = Var(X) = \sum_x (x-\mu)^2 P(x)$$

$$\sigma = \sqrt{Var(X)}$$

예제 8

두 사람이 동전을 던져 같은 면이 나올 때 1만원을 받는 게임에서 분산을 구해 보자.

<풀이>

$$\sigma^2 = E(X-\mu)^2 = (-1-0)^2 \times \frac{1}{2} + (1-0)^2 \times \frac{1}{2} = 1$$

예제 9

복권문제에서 확률변수X의 분산을 구해보자. 분산을 계산할 때 $Var(X) = E(X-\mu)^2$ 보다는 $E(X^2) - \mu^2$을 이용하면 간편하게 분산을 구할 수 있다.

<풀이>

$$\sigma^2 = \left[1{,}000^2 \times \frac{1}{1{,}000} + 100^2 \times \frac{5}{1{,}000} + 10^2 \times \frac{20}{1{,}000} + 5^2 \times \frac{100}{1{,}000} + 0^2 \times \frac{874}{1{,}000}\right] - (2.2)^2 = 1{,}049.66$$

그리고 $\sigma = \sqrt{1{,}049.66} = 32.398$

예제 10

쿠키 위에 떨어트려진 건포도의 수에 대한 분포가 다음과 같을 때 건포도 수에 대한 평균과 분산을 구하라.

건포도의 수(X)	0	1	2	3	4	5
$P(X=x)$	0.05	0.1	0.2	0.4	0.15	0.1

<풀이>

건포도의 수(X)	0	1	2	3	4	5	합
$p(x)$	0.05	0.1	0.2	0.4	0.15	0.1	1.0
$x^2p(x)$	0	0.1	0.8	3.6	2.4	2.5	9.4

$$\sigma^2 = \sum_x x^2P(x) - \mu^2 = 9.4 - (2.8)^2 = 1.56$$

예제 11

공정한 주사위를 던지는 실험에서 X를 눈의 값이라 할 때, X의 평균과 분산을 구하라.

눈의 값(X)	1	2	3	4	5	6	합
$p(x)$	$\frac{1}{6}$	$\frac{1}{6}$	$\frac{1}{6}$	$\frac{1}{6}$	$\frac{1}{6}$	$\frac{1}{6}$	1.0
$xp(x)$	$\frac{1}{6}$	$\frac{2}{6}$	$\frac{3}{6}$	$\frac{4}{6}$	$\frac{5}{6}$	$\frac{6}{6}$	$\frac{21}{6}$
$x^2p(x)$	$\frac{1}{6}$	$\frac{4}{6}$	$\frac{9}{6}$	$\frac{16}{6}$	$\frac{25}{6}$	$\frac{36}{6}$	$\frac{91}{6}$

<풀이>

$$\sigma^2 = \sum_x x^2P(x) - \mu^2 = \frac{91}{6} - \left(\frac{21}{6}\right)^2 = \frac{35}{12}$$

▶ 평균과 분산의 성질

X를 확률변수, a와 b를 상수라 하자.

$$\begin{aligned} E(aX+b) &= \sum_x (ax+b)\times P(x) \\ &= \sum_x (ax)\times P(x) + \sum_x b\times P(x) \\ &= a\sum_x x\times P(x) + b\sum_x P(x) \\ &= aE(X)+b \end{aligned}$$

$$\begin{aligned} V(aX+b) &= E[(aX+b)-E(aX+b)]^2 \\ &= E[aX+b-aE(X)-b]^2 \\ &= E[aX-aE(X)]^2 \\ &= a^2E[X-E(X)]^2 \\ &= a^2V(X) \end{aligned}$$

3.6 결합확률분포

통계적 실험 혹은 표본조사결과 두개 이상의 확률변수가 어떠한 확률적 관계를 갖는 경우가 흔하다. 일반적으로 두 변수 이산형분포는 다음의 형태로 주어진다.

$$P(X=x_i, Y=y_j)=p(x_i, y_j)=p_{ij} \qquad i=1, 2, \cdots, I\ ,\ \ j=1, 2, \cdots, J$$

이때 각각의 확률변수에 대한 분포는 다음과 같이 구한다.

$$P(X=x_i)=\sum_{j=1}^{J} p(x_i, y_j)=\sum_{j=1}^{J} p_{ij}$$

$$P(Y=y_j)=\sum_{i=1}^{I} p(x_i, y_j)=\sum_{i=1}^{I} p_{ij}$$

이와 같이 두 확률변수의 결합분포로부터 얻어진 한 확률변수의 분포를 주변분포(marginal distribution)라고 한다.

예제 12

두 개의 확률변수 X, Y가 다음과 같은 결합분포를 가질 때 각각의 주변분포를 구해 보자.

X \ Y	1	3	5
1	$\frac{1}{18}$	$\frac{1}{9}$	$\frac{1}{9}$
4	$\frac{1}{18}$	$\frac{1}{9}$	$\frac{1}{18}$
6	$\frac{1}{27}$	$\frac{1}{27}$	$\frac{23}{54}$

<풀이>

$$P(X=1)=\frac{1}{18}+\frac{1}{9}+\frac{1}{9}=\frac{5}{18}$$

$$P(X=4)=\frac{1}{18}+\frac{1}{9}+\frac{1}{18}=\frac{4}{18}$$

$$P(X=6)=\frac{1}{27}+\frac{1}{27}+\frac{23}{54}=\frac{9}{18}$$

이므로 X의 주변분포는 다음과 같다.

X	1	4	6	합계
$P(X=x)$	$\frac{5}{18}$	$\frac{4}{18}$	$\frac{9}{18}$	1

마찬가지 방법으로

$$P(Y=1)=\frac{1}{18}+\frac{1}{18}+\frac{1}{27}=\frac{4}{27}$$

$$P(Y=3)=\frac{1}{9}+\frac{1}{9}+\frac{1}{27}=\frac{7}{27}$$

$$P(Y=5)=\frac{1}{9}+\frac{1}{18}+\frac{23}{54}=\frac{16}{27}$$

이므로 Y의 주변분포는 다음과 같다.

Y	1	3	5	합계
$P(Y=y)$	$\frac{4}{27}$	$\frac{7}{27}$	$\frac{16}{27}$	1

3.7 공분산과 상관관계

평균이 μ_X인 변수 X의 분산은 자료값이 평균 μ_X로부터 흩어진 정도를 측정하는 것이다. 이제 두개의 확률변수 X와 Y를 생각할 때 두개의 확률변수에 대한 결합산포의 정도 즉 X와 Y가 같이 변하는 정도의 측도로서 $(X-\mu_X)(Y-\mu_Y)$의 평균을 이용할 수 있으며 이를 공분산(covariance)이라 하며 $Cov(X, Y)$로 표시한다.

▶ 두 확률변수의 공분산

$$Cov(X, Y)=E(X-\mu_X)(Y-\mu_Y)=\sigma^2_{XY}$$

X와 Y가 이산형인 경우

$$=\sum_{i=1}^{I}\sum_{j=1}^{J}(x_i-\mu_X)(y_j-\mu_Y)P(X=x_i, Y=y_j)$$

분산의 경우와 같이 간편식으로 표현하면

$$\sum_{i=1}^{I}\sum_{j=1}^{J}x_i y_j p_{ij}-\mu_X\mu_Y$$

예제 13

예제 12에서 두 확률변수 X와 Y의 공분산을 구하라.

<풀이>

X의 주변분포로부터 μ_X는

$$\mu_X = 1\times\frac{5}{18} + 4\times\frac{4}{18} + 6\times\frac{9}{18} = 4.167$$

마찬가지로 Y의 주변분포로부터 μ_Y는

$$\mu_y = 1\times\frac{4}{27} + 3\times\frac{4}{27} + 5\times\frac{16}{27} = 3.556$$

이다. 따라서

$$\begin{aligned}\sigma_{XY}^2 = & 1\times1\times\frac{1}{18} + 1\times3\times\frac{1}{9} + 1\times5\times\frac{1}{9} \\ & + 4\times1\times\frac{1}{18} + 4\times3\times\frac{1}{9} + 4\times5\times\frac{1}{18} \\ & + 6\times1\times\frac{1}{27} + 6\times3\times\frac{1}{27} + 6\times5\times\frac{23}{54} - 4.167\times3.556 \\ = & 3.571\end{aligned}$$

공분산을 각각의 표준편차로 나누어 표준화 한 것을 상관계수(correlation coefficient)라 한다.

▶ 두 확률변수의 상관계수

$$\rho = Corr(X, Y) = \frac{Cov(X, Y)}{\sqrt{Var(X)}\sqrt{Var(Y)}}$$

공분산은 각 확률변수가 취하는 값의 단위에 의존하지만 상관계수는 공분산을 두 확률변수의 표준편차의 곱으로 나누어 단위에 의존하지 않는다.

상관계수는 −1과 1사이의 값을 취하며 두 확률변수 X와 Y의 선형적인 관계가 강할 때 상관계수의 절대값이 1에 가깝고 선형적인 관계가 약할 때 상관계수는 0에 가깝다.

3.8 연속형 확률변수

연속형 확률변수의 확률분포를 이해하는데 가장 중요한 것이 히스토그램이다. 다음에는 오전 8시에 출발예정인 항공기의 연착시간을 확률변수 t로 나타낸 것이다. 200일 동안 관측한 연착시간은 다음과 같다.

연착시간	상대도수	상대도수밀도
$0.0 \le t < 0.5$	0.10	0.20
$0.5 \le t < 1.0$	0.35	0.70
$1.0 \le t < 1.5$	0.20	0.40
$1.5 \le t < 2.0$	0.18	0.36
$2.0 \le t < 2.5$	0.10	0.20
$2.5 \le t < 3.0$	0.05	0.10
$3.0 \le t < 3.5$	0.02	0.04

상대도수밀도는 $\dfrac{\text{계급의 상대도수}}{\text{계급의 크기}}$에 의해 계산된다. 위 자료에서 상대도수밀도는 두 번째 열을 계급의 크기 0.5로 나누어주면 세 번째 열의 값을 얻는다.

이제 위 표의 각 계급과 그에 대응되는 상대도수밀도를 이용하여 히스토그램을 그리면 [그림 3.9] (a)와 같다. 이러한 히스토그램을 상대도수밀도 히스토그램이라 한다.

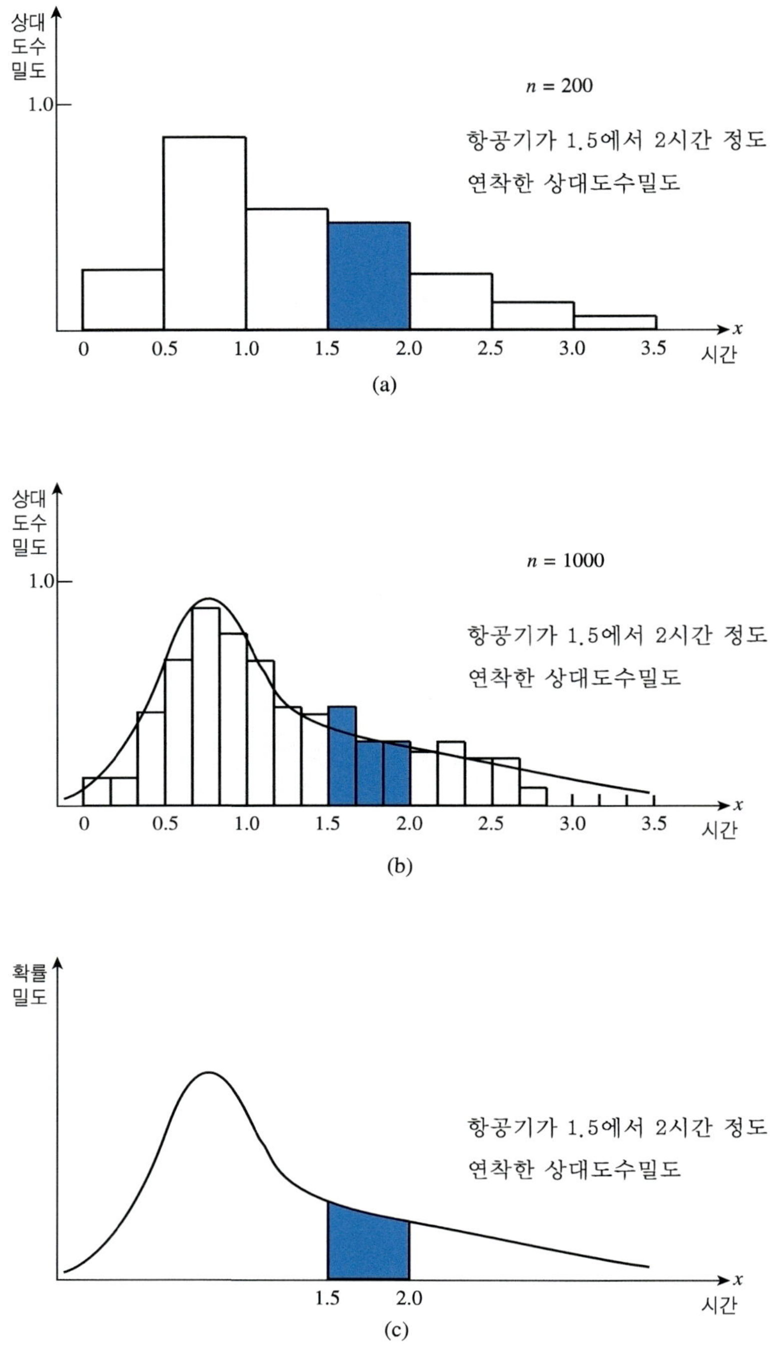

그림 3.9 항공기의 연착 시간

히스토그램에서 보는 바와 같이 직사각형의 면적은 계급의 상대도수와 같다. 즉

$$\begin{aligned}\text{직사각형의 면적} &= \text{밑변}\times\text{높이}\\ &= \text{계급구간의 크기}\times\text{상대도수 밀도}\\ &= \text{계급구간의 크기}\times\frac{\text{계급의 상대도수}}{\text{계급구간의 크기}}\\ &= \text{계급의 상대도수}\end{aligned}$$

예를 들어 항공기가 1.5시간에서 2시간 연착될 상대도수는 [그림 3.9] (a)의 빗금친 영역의 면적과 같다. 그리고 상대도수의 합은 1이므로 상대도수밀도 히스토그램 아래 영역은 항상 1이 된다.

이제 위 항공기 예서의 표본의 크기가 매우 크고 계급구간을 좀더 짧게 하면 [그림 3.9] (b)와 같은 상대도수밀도 히스토그램을 그릴 수 있다. 이 히스토그램에서 항공기가 1.5시간에서 2시간 연착될 상대 도수는 그림에서 보는 바와 같이 3개 직사각형의 영역의 합과 같다.

표본의 크기가 무한히 커진다면 히스토그램은 [그림 3.9] (c)와 같이 부드러운 곡선을 형성하게 될 것이다. 이를 확률밀도함수라 부른다. 여기에서 항공기가 1.5시간에서 2시간 연착할 확률은 빗금 친 영역의 면적이 된다.

예제 14

어느 회사의 사장이 사무실에 도착하는 시간은 오전 8시와 10시 사이인 것으로 알려졌으며 1000일간의 자료를 히스토그램으로 표현한 것이 아래 그림과 같다고 하자.

(a) 도착시간에 대한 분포를 설명할 수 있는 확률모형을 제시해 보자.
(b) 사장이 8시 45분에서 9시 25분 사이에 도착할 확률을 계산해 보자.
(c) 사장이 9시 36분 이후에 도착할 확률을 계산해 보자.

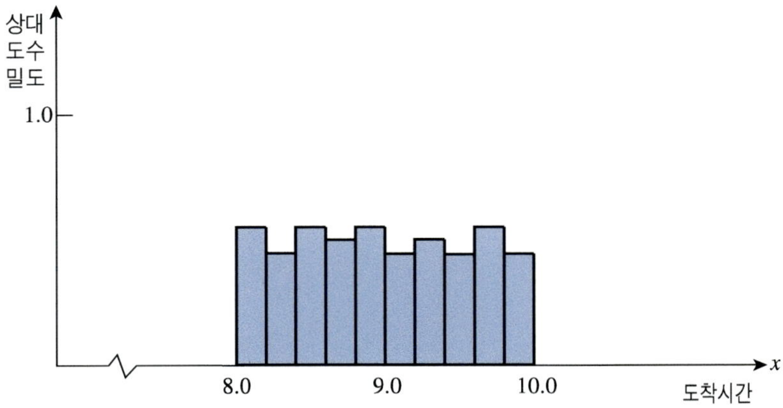

그림 3.10 상대도수 밀도 히스토그램

<풀이>

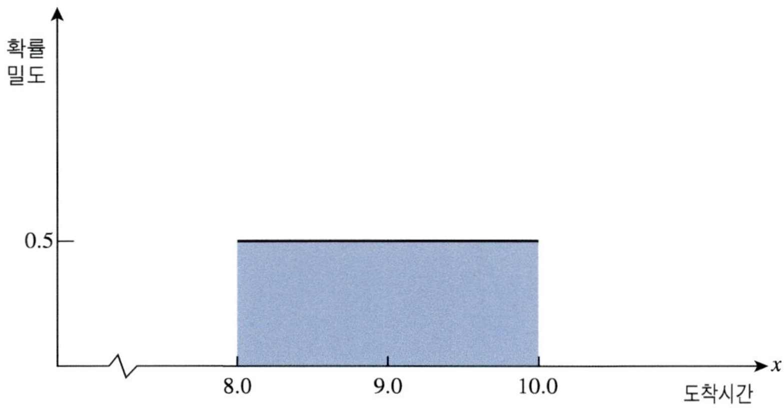

그림 3.11 도착시간에 대한 확률밀도 함수

(a) 직사각형의 높이가 거의 같기 때문에 확률모형으로서 위와 같은 그림이 적절하다고 판단된다. 위 그림에서 구간의 길이는 2가 되고 사각형 아래의 면적이 1이 되어야 하므로 구간내의 모든 점에서의 확률밀도함수는 0.5가 된다.

(b) $P(8.75 < X < 9.42)$을 구하는 문제와 같다. 이는 아래 그림의 빗금친 부분의 면적을 구하는 문제와 일치한다. 사각형의 밑변의 길이는 $9.42-8.75=0.67$이므로 빗금친 부분의 면적은 $(0.67)(0.5)=0.335$가 된다.

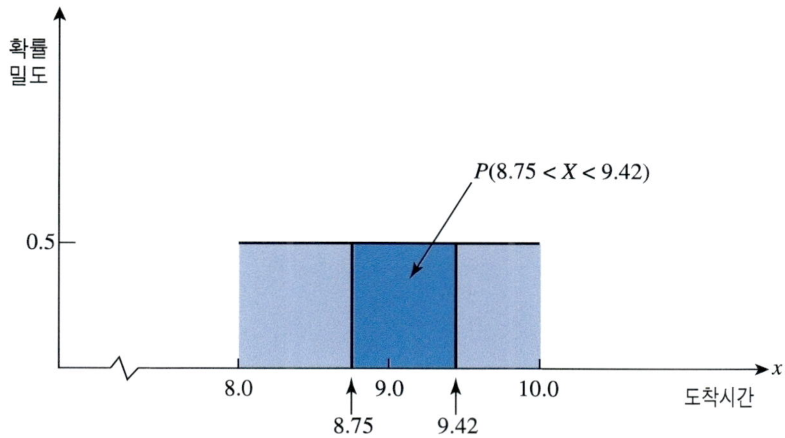

그림 3.12 $P(8.75 < x < 9.42)$

(c) $P(X > 9.6)$을 구하는 문제와 같다. 즉

$(10-9.6)(0.5) = 0.2$

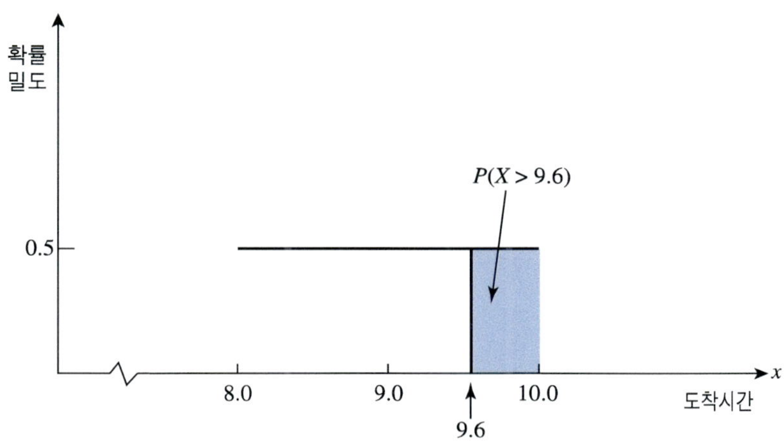

그림 3.13 $P(x > 9.6)$

연습문제

1. **주사위의 각 눈이 나타날 확률이 다음과 같다고 하자.**

$$P(\{1\})=\frac{1}{3},\ P(\{2\})=\frac{1}{4},\ P(\{3\})=\frac{1}{12}$$

$$P(\{4\})=\frac{1}{12},\ P(\{5\})=\frac{1}{6},\ P(\{6\})=\frac{1}{12}$$

(a) 3의 배수가 나타날 확률을 구하라.
(b) 눈의 값이 짝수인 확률을 구하라.
(c) 눈의 값이 짝수이거나 3의 배수일 확률을 구하라.

2. **TV 쇼에서 임의로 한 방청객을 골라 바구니에 들어있는 1부터 100까지의 숫자가 적혀있는 공을 하나 끄집어내도록 한다. 만약 그 숫자가 12 혹은 9에 의해서 나누어지는 숫자라면 3박4일간의 무료 제주도 여행권이 주어진다. 그 방청객이 제주도 여행권을 얻을 확률을 다음 절차에 따라 구해보자.**

(a) 표본공간을 만들어라.
(b) A를 12에 의해 나누어지는 수, B를 9에 의해 나누어지는 수라 할 때 사건 A, B를 표현하라.
(c) P(A), P(B), $P(A\cap B)$를 구하라.
(d) 무료 제주도 여행권을 얻을 확률을 구하라.

3. **복주머니 속에 빨간공 3개, 파란공 4개, 흰공 5개가 있다고 하자. 하나의 공을 꺼낼 때 그 공이 빨강 혹은 흰 공일 확률을 구하라.**

4. **다섯 종목의 주식에 투자하고 있는 사람이 지난 6개월간의 주식시장 동향을 분석한 결과 그가 소유한 주식들 중 가격이 오를 확률이 다음과 같다는 것을 알았다.**

	오를 확률
5종목 모두 가격이 오를 확률	0.08
4종목만 가격이 오를 확률	0.1
3종목만 가격이 오를 확률	0.22
2종목만 가격이 오를 확률	0.3
1종목만 가격이 오를 확률	0.2
오르는 종목이 없을 확률	0.1

(a) 적어도 한 종목이 오를 확률은?
(b) 기껏해 네 종목이 오를 확률은?

5. **증권분석가들은 월요일에 종합주가지수가 오를 확률이 0.6이라 한다. 한편 월요일에 주가지수가 올랐는데 그 다음날인 화요일에도 오를 확률은 0.3이라 한다. 주가지수가 월요일, 화요일 모두 오를 확률을 구하라.**

6. **1부터 9까지의 정수 중 하나가 임의로 뽑혔다. 그리고 공정한 동전과 주사위가 던져졌다.**

(a) 정수들 중 홀수가 뽑힐 확률을 구하라.
(b) 동전의 앞면이 나타날 확률을 구하라.
(c) 주사위의 눈이 3의 배수가 나올 확률을 구하라.
(d) 정수는 홀수가 나오고 동전은 앞면이 나오고 주사위의 눈은 3의 배수가 나올 확률을 구하라.

7. **다음 그림은 신호가 A에서 B로 전달되는 과정을 그린 것이다. 신호는 4개의 릴레이가 모두 접속되어야만 전달이 가능한데 각 릴레이 R_1, R_2, R_3, R_4의 접속 확률은 0.5, 0.7, 0.8, 0.8 이다. 각 릴레이의 작동은 서로 독립이라 할 때 신호가 B까지 전해질 확률을 구하라.**

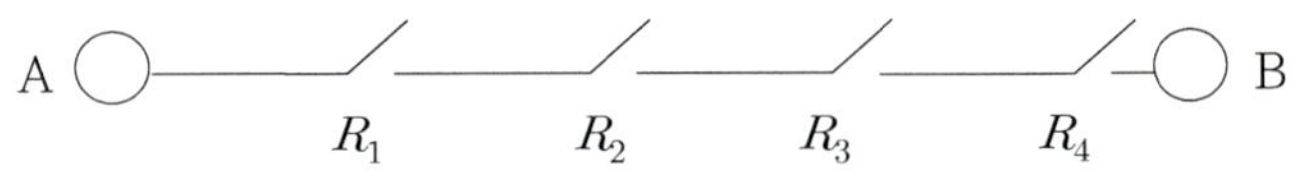

8. P.C조립 회사에서 쓰는 칩의 60%는 A사 제품이고 나머지는 B사 제품이다. 한편 칩의 불량률은 A사의 경우 0.35, B사의 경우 0.25라고 한다. 조립과정에서 칩이 불량이라는 것을 확인하였다면 그 칩이 A사 제품일 확률을 구하라.

9. 세 명의 자녀를 계획하고 있는 신혼부부가 있다고 하자. 가능한 자녀의 성별에 관한 나무 그림을 그려라.

10. 창업동아리에서 3명의 회원이 회장후보자로 추천되었다. 김군이 선출될 확률은 0.3, 이군이 선출될 확률은 0.5, 박군이 선출될 확률은 0.2라 한다. 김군이 회장에 당선되면 회비를 인상할 확률이 0.8, 이군과 박군은 각각 0.1과 0.4이다.

(a) 동아리 회원의 회비가 인상될 확률을 구하라.

(b) 나무 그림을 그려라.

(c) 회비가 인상되었을 때 그것이 박군에 의한 인상일 확률을 구하라.

11. 확률분포가 다음과 같을 때 누적분포함수를 구하라.

X	0	1	2
$P(X=x)$	0.04	0.32	0.64

12. $Var(X)=E(X-\mu)^2=E(X^2)-\mu^2$임을 증명하라.

13. 하나의 동전을 세 번 던졌을 때 나오는 앞면의 수를 X, 처음 두 번의 시행에서 나오는 뒷면의 수를 Y라 할 때 X와 Y의 주변분포를 구하라.

14. 13의 예에서 공분산을 구하라.

제 4 장

이산형 확률분포

C/H/A/P/T/E/R 04

이산형 확률분포

4.1 베르누이분포

생산라인을 통과하는 하나의 제품에 대해 품질검사를 한 후 양품이면 "1", 불량품이면 "0"을 기록한다고 하자. 이 때 확률변수 X를 제품의 품질검사결과라 하고 $P(X=1)=p$라 하자. 이를 확률분포표를 이용하여 정리하면 다음과 같다.

표본공간	0	1
$P(X=x)$	$1-p$	p

위 확률분포표를 수식으로 다음과 같이 간단히 표현할 수 있는데

$$P(x)=p^{x}(1-p)^{1-x}, \qquad x=0,1$$

이 확률분포를 베르누이분포(Bernoulli distribution)라 한다. 흔히 실험의 결과가 '성공'과 '실패' 두 가지로 나타나는 시행을 베르누이시행(Bernoulli trial)이라고 한다.

확률변수X가 베르누이분포를 따를 때 X의 기대값은

$$\begin{aligned} E(X) &= \sum_{x} xP(x) \\ &= 0\times P(X=0)+1\times P(X=1) \\ &= 0\times(1-p)+1\times p \\ &= p \end{aligned}$$

즉, 만약 생산품의 10%가 불량품이라면 생산라인을 통과하는 각 제품을 조사할 때 평균 0.1개의 불량품을 관측할 수 있다.

한편 베르누이분포를 따르는 확률변수 X의 분산은

$$\begin{aligned} V(X) &= E(X^2) - [E(X)]^2 \\ &= \sum_x x^2 P(x) - p^2 \\ &= 0^2 \times (1-p) + 1^2 \times p - p^2 \\ &= p - p^2 = p(1-p) \end{aligned}$$

4.2 이항분포

생산라인에서 하나의 제품에 대한 품질검사대신에 n개의 제품을 독립적으로 품질검사하고 그 결과를 기록한다고 하자. 검사 후 양품은 '1'로 불량품은 '0'으로 표기하기로 한다. 이때 각제품의 품질검사는 베르누이 시행이 되며 우리의 관심은 양품의 수, $Y = \sum_{i=1}^{n} X_i$에 있다. 특별히 $n=5$인 경우를 예로 들어 Y의 확률분포를 구해보도록 하자. 각 제품의 품질검사에서 양품판정을 받을 확률을 p라 하면 불량품판정을 받을 확률은 $1-p$가 된다. $Y=5$는 양품이 5개 불량품이 0개인 경우를 말한다. 따라서

$$\begin{aligned} P(Y=5) &= P(X_1=1,\ X_2=1,\ X_3=1,\ X_4=1,\ X_5=1) \\ &= P(X_1=1)P(X_2=1)P(X_3=1)P(X_4=1)P(X_5=1) \\ &= P^5(1-P)^0 = \binom{5}{5} p^5 (1-p)^0 \end{aligned}$$

$Y=4$는 양품이 4개, 불량품이 1개인 경우를 말한다. 따라서

$$\begin{aligned} P(Y=4) = & P(X_1=1,\ X_2=1,\ X_3=1,\ X_4=1,\ X_5=0) \\ & + P(X_1=1,\ X_2=1,\ X_3=1,\ X_4=0,\ X_5=1) \\ & + P(X_1=1,\ X_2=1,\ X_3=0,\ X_4=1,\ X_5=1) \\ & + P(X_1=1,\ X_2=0,\ X_3=1,\ X_4=1,\ X_5=1) \\ & + P(X_1=0,\ X_2=1,\ X_3=1,\ X_4=1,\ X_5=1) \end{aligned}$$

$$=\binom{5}{4}p^4(1-p)^1$$

$Y=3$은 양품이 3개 불량품이 2개인 경우를 말한다. 따라서

$$\begin{aligned}P(Y=3)=&P(X_1=1,\ X_2=1,\ X_3=1,\ X_4=0,\ X_5=0)\\&+P(X_1=1,\ X_2=1,\ X_3=0,\ X_4=1,\ X_5=0)\\&+P(X_1=1,\ X_2=0,\ X_3=1,\ X_4=1,\ X_5=0)\\&+P(X_1=0,\ X_2=1,\ X_3=1,\ X_4=1,\ X_5=0)\\&+P(X_1=0,\ X_2=1,\ X_3=1,\ X_4=0,\ X_5=1)\\&+P(X_1=0,\ X_2=1,\ X_3=0,\ X_4=1,\ X_5=1)\\&+P(X_1=0,\ X_2=0,\ X_3=1,\ X_4=1,\ X_5=1)\\&+P(X_1=1,\ X_2=0,\ X_3=1,\ X_4=0,\ X_5=1)\\&+P(X_1=1,\ X_2=0,\ X_3=0,\ X_4=1,\ X_5=1)\\&+P(X_1=1,\ X_2=1,\ X_3=0,\ X_4=0,\ X_5=1)\\=&\binom{5}{3}p^3(1-p)^2\end{aligned}$$

$Y=2$은 양품이 2개 불량품이 3개인 경우를 말한다. 따라서

$$\begin{aligned}P(Y=2)=&P(X_1=0,\ X_2=0,\ X_3=0,\ X_4=1,\ X_5=1)\\&+P(X_1=0,\ X_2=0,\ X_3=1,\ X_4=0,\ X_5=1)\\&+P(X_1=0,\ X_2=1,\ X_3=1,\ X_4=0,\ X_5=1)\\&+P(X_1=1,\ X_2=0,\ X_3=0,\ X_4=0,\ X_5=1)\\&+P(X_1=1,\ X_2=0,\ X_3=0,\ X_4=1,\ X_5=0)\\&+P(X_1=1,\ X_2=0,\ X_3=1,\ X_4=0,\ X_5=0)\\&+P(X_1=1,\ X_2=1,\ X_3=0,\ X_4=0,\ X_5=0)\\&+P(X_1=0,\ X_2=1,\ X_3=0,\ X_4=1,\ X_5=0)\\&+P(X_1=0,\ X_2=1,\ X_3=1,\ X_4=0,\ X_5=0)\\&+P(X_1=0,\ X_2=0,\ X_3=1,\ X_4=1,\ X_5=0)\end{aligned}$$

$$=\binom{5}{2}p^2(1-p)^3$$

$Y=1$은 양품이 1개 불량품이 4개인 경우를 말한다. 따라서

$$\begin{aligned}P(Y=1)=&P(X_1=0,\ X_2=0,\ X_3=0,\ X_4=0,\ X_5=1)\\&+P(X_1=0,\ X_2=0,\ X_3=0,\ X_4=1,\ X_5=0)\\&+P(X_1=0,\ X_2=0,\ X_3=1,\ X_4=0,\ X_5=0)\\&+P(X_1=0,\ X_2=1,\ X_3=0,\ X_4=0,\ X_5=1)\\&+P(X_1=1,\ X_2=0,\ X_3=0,\ X_4=0,\ X_5=0)\\=&\binom{5}{1}p^1(1-p)^4\end{aligned}$$

$Y=0$은 양품이 전혀 없는 경우를 말한다. 따라서

$$\begin{aligned}P(Y=0)=&P(X_1=0,\ X_2=0,\ X_3=0,\ X_4=0,\ X_5=0)\\=&\binom{5}{0}p^0(1-p)^5\end{aligned}$$

지금까지의 결과를 종합해보면 5개의 제품에 대한 품질검사 결과 양품의 수, Y에 대한 확률분포는 다음과 같다.

$$P(Y=y)=\binom{5}{y}p^y(1-p)^{5-y},\qquad y=0,\ 1,\ 2,\ 3,\ 4,\ 5$$

제품의 수가 n 인 경우로 위 확률분포를 일반화하면

$$P(Y=y)=\binom{n}{y}p^y(1-p)^{n-y},\qquad y=0,\ 1,\ 2,\ \cdots,\ n$$

이 된다. 이때 Y의 확률분포를 이항분포(binomial distribution)라 하고 $B(n,\ p)$로 나타낸다. 한편 위 분포함수의 식은 Y의 확률밀도함수라 한다.

이항분포의 평균과 분산

이산형 분포에서의 평균과 분산을 구하는 방법을 적용하기 위해 $n=3$인 경우로 시작하

면 다음과 같은 확률분포표를 구할 수 있다.

성공의 수(x)	$P(x)$	$x \times P(x)$	$x^2 \times P(x)$
0	$(1-p)^3$	$0 \times (1-p)^3$	$0^2 \times (1-p)^3$
1	$3p(1-p)^2$	$1 \times 3p(1-p)^2$	$1^2 \times 3p(1-p)^2$
2	$3p^2(1-p)$	$2 \times 3p^2(1-p)$	$2^2 \times 3p^2(1-p)$
3	p^3	$3 \times p^3$	$3^2 \times p^3$

실패확률 $1-p$를 q라 하면

$$\begin{aligned}\mu &= 0 \times q^3 + 1 \times 3pq^2 + 2 \times 3p^2q + 3p^3 \\ &= 3p(q^2 + 2pq + p^2) \\ &= 3p\end{aligned}$$

일반화하면 이항분포를 따르는 확률변수 X의 평균은 $\mu = np$가 된다.
분산을 구하기 위해서

$$\sigma^2 = \sum_{x=0}^{n} x^2 p(x) - \mu^2$$

을 이용하자. 우선,

$$\begin{aligned}\sum_{x=0}^{n} x^2 p(x) &= 0^2 \times q^3 + 1^2 \times (3pq^2) + 2^2 \times (3p^2q) + 3^2 \times p^3 \\ &= 3pq^2 + 12p^2q + 9p^3\end{aligned}$$

이므로

$$\begin{aligned}\sigma^2 &= 3pq^3 + 12p^2q + 9p^3 — (3p)^2 \\ &= 3pq(p+q) \\ &= 3pq\end{aligned}$$

따라서 이항분포를 따르는 확률변수 X의 분산은 npq가 된다.

▶ 이항분포의 평균과 분산

$$E(Y)=E[\sum_{i=1}^{n}X_i]=\sum_{i=1}^{n}E(X_i)=\sum_{i=1}^{n}p=np$$

$$V(Y)=V[\sum_{i=1}^{n}X_i]=\sum_{i=1}^{n}V(X_i)=\sum_{i=1}^{n}p(1-p)=np(1-p)$$

예제 1

어느 대학에서 수시모집을 하는데 합격자 중 10%가 등록을 하지 않는다고 한다. 수시 합격자 20명을 임의로 선정하였을 때 미등록생의 수를 X라 하고 다음을 구하라.

① 확률변수 X의 확률밀도함수를 구하라.
② 확률변수 X의 평균과 분산을 구하라.

<풀이>

$$P(X=x)=\binom{n}{x}p^x(1-p)^{n-x}$$
$$=\binom{20}{x}(0.1)^x(0.9)^{20-x},\quad x=0,\ 1,\ 2,\ \cdots,\ 20$$
$$E(X)=np=20\times 0.1=2$$
$$V(X)=np(1-p)=20\times 0.1\times 0.9=1.8$$

4.3 기하분포

로케트 발사 시험장에서 로케트가 시험발사 된다고 하자. i 번째 시험발사에서 성공을 할 경우 $X_i=1$, 실패할 경우 $X_i=0$인 베르누이 시행이 된다. 매 시험발사 때마다 성공의 확률 p는 일정하다고 할 때 실험자의 관심은 첫 번째 성공이 일어날 때까지의 시험발사 횟수가 된다. 만약 Y를 첫 번째 성공이 일어났을 때의 시행횟수라 하면, 매 시행은 서로 독립이므로

$$P(Y=y)=P(y)=P(X_1=0,\ X_2=0,\cdots,\ X_{y-1}=0,\ X_y=1)$$
$$=P(X_1=0)P(X_2=0)\cdots P(X_{y-1}=0)P(X_y=1)$$
$$=(1-p)^{y-1}p,\qquad y=1,\ 2,\ \cdots$$

이 된다. 이 때 확률변수 Y는 기하분포(geometric distribution)를 따른다고 한다. 기하분포를 따르는 확률변수는 앞서 설명한 로켓발사의 경우 외에도 어느 상점에서 첫 판매가 이루어질 때까지 방문한 손님의 수, 농업용수를 담수하는 댐이 넘칠 때까지 걸리는 햇수(몇 년), 첫 번째 암환자가 발견될 때까지 진찰받은 사람의 수 등 대기시간의 길이에 관한 모형에 널리 이용된다.

확률변수 Y가 기하분포를 따르고 $p=0.5$일 때의 $P(y)$에 대한 확률 히스토그램이 다음과 같다.

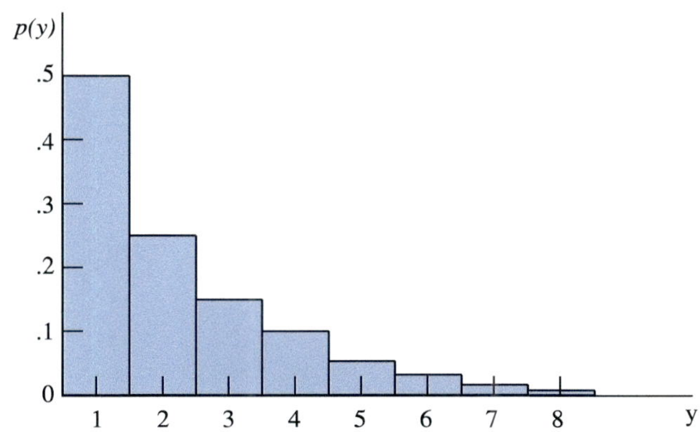

그림 4.1 $P=0.5$일 때의 기하분포

예제 2

어떤 사람이 자동차 운전면허시험에 합격할 때까지 응시한 시험의 횟수를 X라 할 때 확률밀도함수를 구하고 3번째 응시하여 합격할 확률을 구하라.

<풀이>

$P(x)=(1-p)^{x-1}p$ 이므로 $P(X=3)=(1-p)^2p$ 가 됨.

기하분포의 평균과 분산

$$E(Y)=\sum_{y=1}^{\infty} yp(1-p)^{y-1}$$
$$=p\sum_{y=1}^{\infty} y(1-p)^{y-1}$$
$$=p[1+2(1-p)+3(1-p)^2+4(1-p)^3+\cdots]$$

이와 같은 무한급수는 다음과 같이 표현 가능하다.

$$\begin{aligned}E(Y) =p[1+(1-p)+(1-p)^2+(1-p)^3+\cdots \\ +(1-p)+(1-p)^2+(1-p)^3+\cdots \\ +(1-p)^2+(1-p)^3+\cdots \\ +(1-p)^3+\cdots \\ +\cdots]\end{aligned}$$

$$=p[\frac{1}{1-(1-p)}+\frac{1-p}{1-(1-p)}+\frac{(1-p)^2}{1-(1-p)}+\cdots]$$
$$=1+(1-p)+(1-p)^2+\cdots$$
$$=\frac{1}{1-(1-p)}$$
$$=\frac{1}{p}$$

$$V(Y)=\frac{1-p}{p^2}$$

$V(Y)$에 대해서는 뒤에서 설명할 것이다.

▶ 기하분포의 평균과 분산

$$E(Y) = \frac{1}{p}$$

$$V(Y) = \frac{1-p}{p^2}$$

예제 3

반도체 생산라인의 불량률은 0.004라 한다. 첫 번째 불량품이 나타날 때까지 몇 개의 제품을 검사해야 하는가?

<풀이>

확률변수 X를 첫 불량품이 발견될 때까지 검사되어지는 제품의 수라 하면 X는 기하분포를 따르고 이 때 $E(X)$는 다음과 같이 계산된다.

$$E(X) = \frac{1}{p} = \frac{1}{0.004} = 250$$

4.4 음이항분포

앞에서 첫 번째 성공이 일어날 때까지의 시행횟수와 관련된 기하분포에 대해서 설명하였다. 여기에서는 두 번째 성공, 세 번째 성공, 더 나아가 r번째 성공이 일어날 때까지 걸리는 시행횟수와 관련된 분포에 관심이 있다. 이와 같은 경우의 확률분포를 음이항분포(negative binomial distribution)라 한다.

성공의 확률이 P인 독립적인 베르누이시행을 계속하여 r번째 성공이 일어날 때까지 시행수를 Y라 하면 Y의 분포는 다음과 같이 구할 수 있다.

$P(Y=y) = P[(r-1)$번의 성공을 포함하여 총$(y-1)$번의 시행이 있었다.

그리고 y번째 시행이 성공이었다.$]$

각 베르누이 시행은 독립이므로

$=P[(r-1)$번의 성공을 포함하여 총$(y-1)$번의 시행이 있었다.$]\times P[y$번째 시행이 성공이었다.$]$

우변의 첫 부분은 이항분포를 나타내며 두 번째 부분의 확률은 P가 되므로

$$=\binom{y-1}{r-1}p^{r-1}(1-p)^{y-r}\times p$$

$$=\binom{y-1}{r-1}p^{r}(1-p)^{y-r},\ \ y=r,\ r+1,\cdots$$

이와 같은 확률분포를 음이항분포라 하며 $NB(r,\ p)$로 표시한다.

예제 4

프로농구 결승에 진출한 두 팀은 7전 4승이면 우승을 한다. 결승에 오르기 전 두 팀의 전적을 볼 때 A팀이 B팀을 이길 확률은 0.52라고 한다. 여기에서 확률변수 X를 A팀이 우승할 때까지의 경기의 수라 할 때 X의 확률밀도함수와 7번째 경기에서 우승할 확률을 구하라.

<풀이>

A팀이 4번 이길 때까지의 경기수를 X라 하면 X는 음이항분포 $NB(4,\ 0.52)$를 따른다. 따라서

$$P(x)=\binom{x-1}{r-1}p^{r}(1-p)^{x-r}$$

$$=\binom{x-1}{4-1}(0.52)^4(1-0.52)^{x-4},\quad x=4,\ 5,\ 6,\ 7$$

이므로

$$P(X=7)=P(7)=\binom{6}{3}(0.52)^4(1-0.52)^3=0.1617$$

음이항분포의 평균과 분산

음이항분포를 따르는 확률변수 Y의 평균과 분산은 기하분포와 유사한 방법으로 구할 수 있다. Y를 r번째 성공이 일어날 때의 시행횟수라 하자. w_1은 첫 번째 성공이 일어날 때의 시행횟수, w_2를 첫 번째 성공과 두 번째 사이의 시행횟수(두 번째 성공이 일어난 시도를 포함하여), w_3를 두 번째 성공과 세 번째 성공 사이의 시행횟수라 하자. 그러면 시행의 결과는 다음과 같이 표현된다.

$$\underbrace{\text{FFF}\cdots\text{FS}}_{w_1}\quad\underbrace{\text{F}\cdots\text{FS}}_{w_2}\quad\underbrace{\text{F}\cdots\text{FS}}_{w_3}\quad\cdots$$

여기에서 F는 실패, S는 성공을 나타낸다.

이제 위 배열을 $Y=\sum_{i=1}^{r} w_i$로 표현하자. 여기에서 $w_i(i=1, 2, \cdots)$는 서로 독립인 기하분포를 따른다. 따라서

$$E(Y)=\sum_{i=1}^{r}E(w_i)=\sum_{i=1}^{r}\left(\frac{1}{p}\right)=\frac{r}{p}$$

그리고

$$V(Y)=\sum_{i=1}^{r}V(w_i)=\sum_{i=1}^{r}\frac{1-p}{p^2}=\frac{r(1-p)}{p^2}$$

▶ 음이항분포의 평균과 분산

$$E(Y)=\frac{r}{p}$$

$$V(Y)=\frac{r(1-p)}{p^2}$$

예제 5

가구방문을 통하여 인터넷 접속시 어려움을 조사하려 한다. 지난번 조사 때의 경험으로 보아 세 가구를 방문하였을 때 한 가구가 인터넷을 이용하고 있는 것으로 나타났다고 한다. 인터넷을 접속하는 100가구를 인터뷰하려면 몇 가구를 방문해야 하는가?

<풀이>

X를 방문해야할 가구의 수라 하면 X는 음이항분포 $NB(100, \frac{1}{3})$를 따른다. 따라서

$$E(X)=\frac{r}{p}=\frac{100}{\frac{1}{3}}=300\text{가구}$$

4.5 포아송분포

주중 특정시간대에 교차로에서 발생하는 교통사고의 수에 대한 확률분포를 생각하자. 이 예에서 1주일이라는 시간을 n개의 부분구간으로 나누어 생각하면 각 부분구간은 0보다 큰 확률을 가지고 기껏해야 하나의 사고가 일어나기에도 너무 짧다.

어느 부분구간에서 하나의 사고가 발생할 확률을 p라 하면

$$P(\text{부분구간에서 사고가 없다})=1-p$$
$$P(\text{부분구간에서 한번의 사고발생})=p$$
$$P(\text{부분구간에서 한번이상 사고발생})=0$$

라고 할 수 있다.

그러면 해당 주중에 총교통사고의 수는 한 번의 사고가 발생한 부분구간들의 수가 된다. 만약 교통사고의 발생이 각 부분구간에서 서로 독립적으로 일어난다면 교통사고의 총수는 이항분포를 따른다.

비록 부분구간을 선택하는 일정한 방법이 있는 것은 아니지만 n이나 p를 모르기 때문에 1주일을 상당히 큰 수 n으로 나눈다고 생각하자. 그러면 이렇게 작은 부분시간 내에서 하나의 사고가 발생할 확률은 상당히 작을 것이다. 즉 $\lambda=np$라 하고 $n\to\infty$일 때 이항분포의 극한을 취하면 포아송분포를 얻는다.

포아송분포는 프랑스의 수학자 포아송(Poisson)이 이항분포로부터 근사값을 구하기 위해 제안한 것으로 확률변수 $X \sim B(n, p)$에서 n이 충분히 크고 p가 충분히 작을 때 $np=\lambda$라 하면 확률변수 X는 평균과 분산이 λ인 포아송분포를 따른다고 하며 확률밀도함수는 다음과 같다.

$$P(x)=\frac{\lambda^x e^{-\lambda}}{x!}, \quad x=0, 1, 2, \cdots, \quad \lambda > 0$$

이제 이항분포로부터 포아송분포를 유도해보자.

$np=\lambda$이므로 $p=\dfrac{\lambda}{n}$를 이항분포의 확률밀도함수에 대입하고 n에 대한 극한을 취하면, 즉

$$\begin{aligned}
&\lim_{n\to\infty}\binom{n}{x}\left(\frac{\lambda}{n}\right)^x\left(1-\frac{\lambda}{n}\right)^{n-x} \\
&=\lim_{n\to\infty}\frac{\lambda^x}{x!}\left(1-\frac{\lambda}{n}\right)^n\frac{n(n-1)\cdots(n-x+1)}{n^x}\left(1-\frac{\lambda}{n}\right)^{-x} \\
&=\frac{\lambda^x}{x!}\lim_{n\to\infty}\left(1-\frac{\lambda}{n}\right)^n\left(1-\frac{\lambda}{n}\right)^{-x}\left(1-\frac{1}{n}\right)\left(1-\frac{2}{n}\right)\cdots\left(1-\frac{x-1}{n}\right)
\end{aligned}$$

여기에서 $\lim_{n->\infty}\left(1-\dfrac{\lambda}{n}\right)^n=e^{-\lambda}$이므로 극한은

$$P(x)=\frac{\lambda^x e^{-\lambda}}{x!}, \ x=0, \ 1, \ 2, \ \cdots$$

가 된다. λ는 단위시간(구간, 길이 등) 내에서의 평균발생수를 나타낸다.

예제 6

어떤 제조회사에서 매주 3건 정도의 산재사고가 발생한다. 특정 주간에 단 한 건의 산재사고도 발생하지 않을 확률, 4건 이하의 산재사건이 발생할 확률, 4건의 산재사건이 발생할 확률을 구하라.

<풀이>

$$P(x)=\frac{\lambda^x e^{-\lambda}}{x!}=\frac{3^0 e^{-3}}{0!}=e^{-3}=0.05$$

$$P(X\le 4)=\sum_{x=0}^{4}\frac{3^x e^{-3}}{x!}=0.815$$

$$P(X\le 3)=\sum_{x=0}^{3}\frac{3^x e^{-3}}{x!}=0.647$$

$$P(X=4)=P(X\le 4)-P(X\le 3)=0.815-0.647=0.168$$

포아송분포의 평균과 분산

$$E(X)=\sum_x xP(x)=\sum_{x=0}^{\infty}x\frac{\lambda^x e^{-\lambda}}{x!}=\sum_{x=1}^{\infty}\frac{\lambda\lambda^{x-1}e^{-\lambda}}{(x-1)!}$$

$$=\lambda e^{-\lambda}\sum_{x=1}^{\infty}\frac{\lambda^{x-1}}{(x-1)!}$$

$$=\lambda e^{-\lambda}\left(1+\lambda+\frac{\lambda^2}{2!}+\frac{\lambda^3}{3!}+\cdots\right)$$

$$=\lambda e^{-\lambda}e^{\lambda}=\lambda$$

$V(X)=\lambda$는 $E(X^2)=E[X(X-1)+E(X)]$을 이용하여 보일 수 있다.

▶ 포아송분포의 평균과 분산

$$E(Y)=\lambda,\quad V(Y)=\lambda$$

예제 7

어느 기종의 컴퓨터는 1,000개의 부품이 필요하다고 한다. 그리고 하나의 부품이 구입 1년 이내에 고장날 확률은 0.0022라 한다. 각 부품은 서로 독립적으로 기능을 수행한다고 할 때 다음 확률을 구하라.

(a) 1년 내에 3개의 부품이 고장날 확률을 구하라.

(b) 1년 내에 1개에서 3개 정도의 부품이 고장날 확률을 구하라.

<풀이>

(a) X를 고장난 부품의 수라 하면 $n=1{,}000$, $p=0.0022$가 되므로 이항분포를 이용한 정확한 확률은

$$B(1{,}000\ ,0.0022)=\binom{1{,}000}{3}(0.0022)^3(0.9978)^{997}$$

이 된다. 그러나 위 경우 n이 크고 p가 작으므로 $\lambda=np$를 이용한 포아송분포를 이용할 수 있다.

$$B(1{,}000\ ,0.0022)\simeq P(X=3)\simeq\frac{(2.2)^3e^{-2.2}}{3!}\simeq 0.1966$$

(b) $$P(1\le X\le 3)\simeq\frac{(2.2)^1e^{-2.2}}{1!}+\frac{(2.2)^2e^{-2.2}}{2!}+\frac{(2.2)^3e^{-2.2}}{3!}$$

$$=0.2438+0.2681+0.1966$$

$$=0.7085$$

4.6 초기하 분포

크기가 N인 유한 이항모집단(finite binomial population)으로부터 크기가 n인 확률표본을 추출할 때 k개로 구성된 성공그룹에서 x개를 추출하고, $(N-k)$개로 구성된 실패그룹에서 $(n-x)$를 추출한다. 확률변수 X를 성공그룹에서 추출된 수라고 할 때, X의 확률분포를 초기하분포(hypergeometric distribution)라고 하며 확률밀도함수는 다음과 같다.

$$P(x)=\frac{\binom{k}{x}\binom{N-k}{n-x}}{\binom{N}{n}},\ x=0,\ 1,\ 2,\ \cdots,\ \min(k,\ n)$$

여기에서 $\min(k,n)$은 k와 n 중 작은 수를 말한다.

예제 8

부품상자에 9개의 양품과 3개의 불량품이 들어있다. 임의로 4개의 부품을 꺼냈을 때 불량품의 수를 X라 할 때 확률변수 X의 확률밀도함수를 구하라.

<풀이>

$$P(x)=\frac{\binom{3}{x}\binom{9}{4-x}}{\binom{12}{4}},\quad x=0,\ 1,\ 2,\ 3$$

▶ 초기하분포의 평균과 분산

$$E(X)=n\left(\frac{k}{N}\right)$$

$$V(X)=n\left(\frac{k}{N}\right)\left(1-\frac{k}{N}\right)\left(\frac{N-n}{N-1}\right)$$

예제 9

주머니에 10원짜리 동전 3개, 100원짜리 동전 7개가 들어 있다. 주머니에서 임의로 두개의 동전을 꺼낼 때 나오는 10원짜리 동전의 개수를 X라 하고 다음을 구하라.

(a) X의 확률밀도함수를 구하라.
(b) X의 평균과 분산을 구하라.
(c) 10원짜리 동전이 나오지 않을 확률을 구하라.
(d) 적어도 하나의 10원짜리 동전이 나올 확률을 구하라.

<풀이>

(a) $P(x)=\frac{\binom{k}{x}\binom{N-k}{n-x}}{\binom{N}{n}}=\frac{\binom{3}{x}\binom{7}{2-x}}{\binom{10}{2}},\quad x=0,1,2$

(b) $E(X)=n\left(\frac{k}{N}\right)=2\times\frac{3}{10}=0.6$

$$V(X)=n\left(\frac{k}{N}\right)\left(1-\frac{k}{N}\right)\left(\frac{N-n}{N-1}\right)=2\left(\frac{3}{10}\right)\left(\frac{7}{10}\right)\left(\frac{10-2}{10-1}\right)=0.37$$

(c) $P(X=0)=\dfrac{\binom{3}{0}\binom{7}{2}}{\binom{10}{2}}=0.4667$

(d) $P(X\geq 1)=P(X=1)+P(X=2)=0.4667+0.4667=0.9334$

연습문제

1. 어느 병원의 직원은 10명인데 8명은 간호원이고 2명은 의사라고 한다. 직원들의 고유번호를 이용하여 임의로 2명을 뽑았을 때 간호원이 1명 이하일 확률을 초기하분포와 이항분포를 이용하여 구하라.

2. 어떤 회사에서 하루 100개의 제품을 생산하여 납품하고 있다. 인수회사의 검사원이 임의로 2개를 조사하여 그중 불량품이 1개 이상 나타나면 전체 물량을 인수하지 않는다고 하자. 불량률이 10%일 때 그 날의 생산품이 납품될 확률을 구하라.

3. 공정한 동전을 5회 던지는 실험을 생각하자. 이때 앞면의 수를 X라 하고 다음 각각에 답하여라.

(a) X의 확률밀도함수를 구하라.
(b) X의 평균과 분산을 구하라.
(c) 앞면이 3번 나올 확률을 구하라.
(d) 5번 모두 앞면이 나타날 확률을 구하라.
(e) 2번은 앞면이 나타날 확률을 구하라.
(f) 적어도 한번은 앞면이 나타날 확률을 구하라.
(g) 기껏해야 앞면이 2번 나타날 확률을 구하라.

4. 어떤 사람이 하루 평균 5회 정도의 휴대전화를 받는다. 전화 받는 회수 X가 포아송분포를 따른다고 가정하고 X의 확률밀도함수와 평균, 분산을 구하라.

5. 주머니 속에 백원짜리 동전 3개, 10원짜리 동전 7개가 들어 있다. 임의로 2개를 꺼낼 때 백원짜리 동전의 수를 X라 하고 다음 물음에 답하라.

(a) X의 확률밀도함수를 구하라.
(b) X의 평균과 분산을 구하라.
(c) 백원짜리 동전이 하나도 없을 확률을 구하라.

(d) 적어도 하나는 백원짜리 동전일 확률을 구하라.
(e) 기껏해야 하나가 백원짜리 동전일 확률을 구하라.

6. 어떤 학생이 정보처리기사 자격시험에 합격할 확률은 0.6이다. 이 학생이 자격증을 취득할 때까지의 응시횟수를 X라 할 때 다음 물음에 답하라.

(a) X의 확률밀도함수를 구하라.
(b) X의 평균과 분산을 구하라.
(c) 5번째 시도에서 합격할 확률을 구하라.

7. 어느 고속도로에서 하루 평균 0.5회 교통사고가 발생한다. 하루 동안 발생하는 교통사고의 수를 X라 하고, X는 포아송분포를 따른다고 가정하자.

(a) 어느 날 교통사고가 일어나지 않을 확률을 구하라.
(b) X의 평균과 분산을 구하라.

8. 컴퓨터 칩을 생산하는 공장에서 불량률이 0.0005라고 한다. 하루동안 생산된 제품 중에서 임의로 100개를 추출하여 조사한다고 하자. 이때 X를 불량품의 수라 하고 X는 이항분포를 따른다고 가정하자.

(a) 불량품의 수가 3개 이상일 확률을 구하라.
(b) 포아송분포를 이용하여 (a)의 확률을 구하라.

9. 무점포 세일즈 회사를 운영하는 사람이 100통의 전화를 걸면 그 중 23건 판매에 성공한다고 한다. 이 세일즈맨이 전화를 통해 첫 판매를 하는데 전화를 4번 혹은 5번 걸 확률을 구하라.

10. 제약회사에서 예방률이 0.9인 독감예방 백신을 개발하였다. 어느 초등학교에서 임의로 추출된 10명의 어린이에게 이 백신을 투약하고 독감에 걸리지 않은 학생의 수를 X라 하였을 때 다음 물음에 답하라.

(a) X의 확률밀도함수를 구하라.

(b) 10명 전원이 독감에 걸리지 않을 확률을 구하라.
(c) 7명의 어린이가 독감에 걸리지 않을 확률을 구하라.
(d) X의 평균과 분산을 구하라.

11. 골프선수가 10m 거리에서 공을 쳐 홀에 넣을 확률이 0.75라 한다. 5개의 공을 쳤을 때 홀에 들어간 공의 수를 X라 하고 다음 질문에 답하라.

(a) X의 확률밀도함수를 구하라.
(b) 정확히 3개의 공이 홀에 들어갈 확률을 구하라.
(c) 적어도 2개의 공이 홀에 들어갈 확률을 구하라.
(d) X의 평균과 분산을 구하라.

12. 어느 공장에서 생산되는 CD의 불량률이 1%라고 한다. 임의로 100장의 CD를 조사했을 때 불량 CD의 수를 X라 하고 다음 질문에 답하라.

(a) 확률밀도함수를 구하라.
(b) 위의 확률은 포아송분포로 구하라.

13. 백화점 식품코너에서 유통만기일이 지난 3개의 제품을 처분하지 못한 상태에서 새로운 제품이 57개 들어와 섞였다고 한다. 5개의 제품을 표본추출할 때 1개가 유통기간이 지난 제품일 확률을 구하라.

14. 1,000장의 CD 중에서 평균 1장씩의 불량품이 생산된다면 CD검사 중 5번째 CD가 처음 불량품으로 발견될 확률을 구하라.

제5장

연속형 확률분포

C/H/A/P/T/E/R 05

연속형 확률분포

5.1 연속형 확률변수

4장에서 다룬 확률변수들은 이산형으로 각각을 셀 수 있는 유한개의 값을 갖는 것을 가정하고 있다. 그러나 많은 확률변수들은 셀 수 있는 한계를 넘어서는 값을 갖고 있다. 성인들의 몸무게는 40kg에서 100kg 사이의 모든 값을 취할 수 있으며, 매년 1월의 적설량은 0에서 100cm사이의 어떠한 값도 가능하다. 광석에 포함된 순도는 0에서 1 사이의 값을 가질 수 있다.

즉, 확률변수는 실수의 구간 내에서 어떠한 값도 취할 수 있다. 이러한 확률변수를 연속형 확률변수라 한다. 여기에서는 연속형 확률변수의 확률분포에 대해 설명하기로 하겠다.

건전지의 수명을 측정하는 실험자를 생각하자. 이 경우 실험의 결과 확률변수 X가 취할 수 있는 값은 무한하다. 따라서 가능한 실험결과 각각에 확률을 대응시킬 수는 없다.

어느 공장에서 하루동안 생산된 건전지 중에서 임의로 50개를 골라 수명을 측정한 결과가 다음과 같다.

[표 5.1] 건전지의 수명 (단위 : 100시간)

0.406	0.685	4.778	1.725	8.223
2.343	1.401	1.507	0.294	2.230
0.538	0.234	4.025	3.323	2.920
5.088	1.458	1.064	0.774	0.761
5.587	0.517	3.246	2.330	1.064
2.563	0.511	2.782	6.426	0.836
0.023	0.225	1.514	3.214	3.810
3.334	2.325	0.333	7.514	0.968
3.491	2.921	1.624	0.334	4.490
1.267	1.702	2.634	1.849	0.186

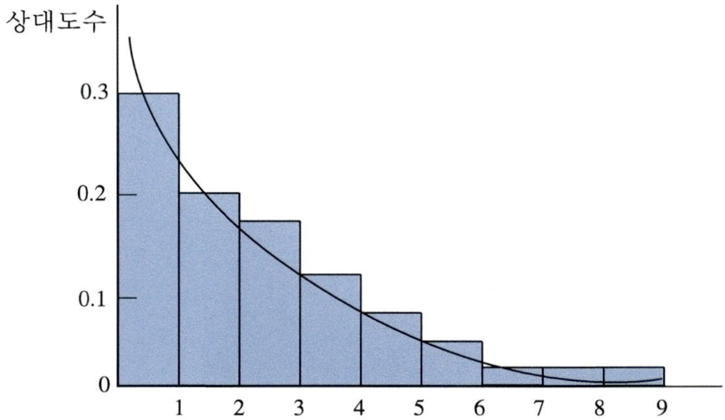

그림 5.1 건전지 수명자료의 상대도수

[그림 5.1]은 위 자료에 대한 상대도수 그래프를 보여 주고 있다. 50개의 관측치 중 32%가 첫 번째 구간에 있으며 22%가 두 번째 구간에 있다. 즉 건전지의 수명이 큰 쪽 구간으로 갈수록 관측치가 급격히 감소함을 알 수 있다.

위 그림은 관측치들의 분포뿐만 아니라 확률변수 X의 가능한 확률모형도 제시하고 있다. 위 그림은 음의 지수함수 곡선

$$f(x)=\frac{1}{2}e^{-\frac{x}{2}},\ x>0$$

과 유사하며 관측값들이 곡선에 잘 적합하고 있다. 따라서 확률변수 X에 대한 수학적 모형으로 지수함수를 가정할 수 있다.

소비자들이 실험에 이용된 것과 같은 브랜드의 건전지를 구입하는 경우 400시간 이상 지속될 확률을 구하고 싶을 것이다.

이 확률은 위 그림에서 X축의 값이 4인 점에서 오른쪽으로 곡선 아래 부분의 면적을 구함으로써 계산 가능하다.

$$\int_{4}^{\infty}\frac{1}{2}e^{-\frac{x}{2}}dx=0.135$$

계산된 값은 건전지 수명자료에서 4 이상의 값을 갖는 자료의 비율, $\frac{8}{50}=$ 0.16과 가깝다. 마찬가지로 900시간 이상 지속될 확률을 구하고 싶다면

$$\int_{9}^{\infty} \frac{1}{2} e^{-\frac{x}{2}} dx = 0.011$$

과 같이 구할 수 있다. 그러나 표본에는 9를 초과하는 관측치가 없다.

확률변수 X의 상대도수의 변화를 모형화하는 함수 $f(x)$를 확률밀도함수라 한다.

확률변수 X가 실수의 구간에서 무한한 값을 취할 수 있다면 이를 연속형 확률변수라 하고 다음과 같은 조건을 만족하는 함수, $f(x)$를 확률밀도함수(probability density function)라 한다.

1. $f(x) \geq 0, \ -\infty < x < \infty$
2. $\int_{-\infty}^{\infty} f(x) dx = 1$
3. $P(a \leq x \leq b) = \int_{a}^{b} f(x) dx$

참고로, 연속형 확률변수 X에 대해서

$$P(X = a) = \int_{a}^{a} f(x) dx = 0$$

연속형 확률변수의 확률계산에서 확률변수 X가 특정한 값을 취할 확률을 0으로 할당하는 것은 전혀 문제가 되지 않는다. 왜냐하면 연속형 확률변수 X가 취할 수 있는 값은 무한하기 때문이다. 예를 들어, 건전지의 수명이 529.789시간일 확률은 얼마인가? 이 사건에 확률 0을 할당하는 것이 표본공간에 존재하는 하나의 값을 무시한다기보다는 그 사건이 일어날 가능성이 극히 작다는 의미로 이해하면 되겠다.

예제 1

건전지수명자료에 대한 확률밀도함수가 다음과 같다.

$$f(x) = \begin{cases} \frac{1}{2} e^{-\frac{1}{2}x} & , \ x > 0 \\ 0 & , \ x \leq 0 \end{cases}$$

건전지의 수명이 200시간 보다 작거나 400시간 이상일 확률을 구하라.

<풀이>

$$\int_0^2 \frac{1}{2}e^{-\frac{x}{2}}dx + \int_4^\infty \frac{1}{2}e^{-\frac{x}{2}}dx = (1-e^{-1}) + e^{-2} = 1-0.368+0.135 = 0.767$$

예제 2

건전지 수명의 자료에서 이미 200시간 사용한 건전지가 앞으로 300시간 이상 지속할 확률을 구하라.

<풀이>

$$P(X>3 \mid X>2) = \frac{P(X>3)}{P(X>2)}$$

$$= \frac{\int_3^\infty \frac{1}{2}e^{-\frac{x}{2}}dx}{\int_2^\infty \frac{1}{2}e^{-\frac{x}{2}}dx} = \frac{e^{-\frac{3}{2}}}{e^{-1}} = e^{-\frac{1}{2}}$$

$$= 0.606$$

확률변수 X에 대한 분포함수를 다음과 같이 정의한다.

$$F(b) = P(X \le b)$$

만약 X가 확률밀도함수 $f(x)$를 갖는 연속형 확률변수라면

$$F(b) = \int_{-\infty}^{b} f(x)dx$$

가 된다.

예제 3

건전지 수명자료에서 확률변수 X는 다음과 같은 확률밀도함수를 갖는다.

$$f(x)=\begin{cases}\frac{1}{2}e^{-\frac{x}{2}}, & x>0\\ 0, & x\le 0\end{cases}$$

따라서

$$\begin{aligned}F(b)=P(X\le b)&=\int_0^b \frac{1}{2}e^{-\frac{x}{2}}dx\\ &=1-e^{-\frac{b}{2}}, \quad b>0\\ &=0, \quad b\le 0\end{aligned}$$

[그림 5.2]는 이 분포함수를 보여주고 있다.

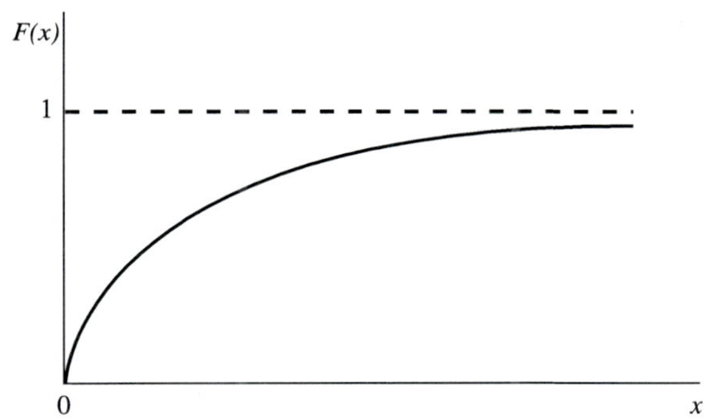

그림 5.2 연속확률변수에 대한 분포함수

예제 4

확률밀도함수가 다음과 같다.

$$f(x)=\begin{cases}0, & x<0\\ x, & 0\le x\le 1\\ \frac{1}{2}, & 1<x\le 2\\ 0, & x>2\end{cases}$$

(a) 확률밀도함수 $f(x)$를 그려라.

(b) $F(b)$를 구하라.

(c) $P(X > 1.5)$를 구하라.

<풀이>

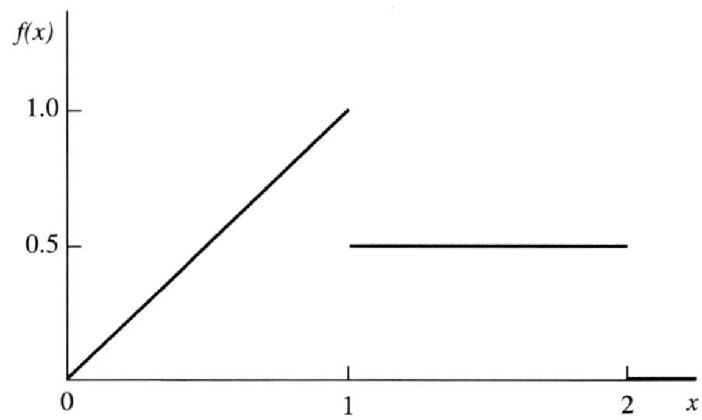

그림 5.3 확률밀도함수

$$F(b) = \int_{-\infty}^{b} f(x)dx$$

$$= \begin{cases} 0 & , \ b < 0 \\ \int_0^b x dx = \dfrac{b^2}{2} & , \ 0 \le b \le 1 \\ \dfrac{1}{2} + \int_1^b \dfrac{1}{2} dx = \dfrac{1}{2} + \dfrac{b-1}{2} = \dfrac{b}{2} & , \ 1 < b \le 2 \\ 1 & , \ b > 2 \end{cases}$$

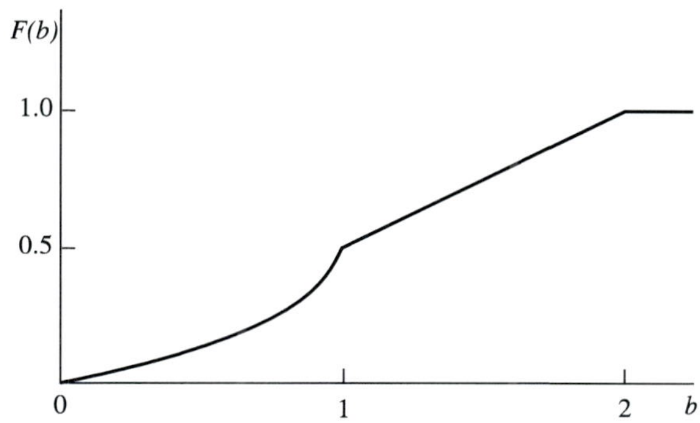

그림 5.4 분포함수

$$P(X>1.5)=1-P(X\leq 1.5)=1-F(1.5)$$
$$=1-\frac{1.5}{2}=0.25$$

5.2 연속형 확률변수의 기대값

확률밀도함수가 $f(x)$인 연속형 확률밀도함수의 기댓값과 분산은 다음과 같이 구한다.

$$E(X)=\int_{-\infty}^{\infty} xf(x)dx$$
$$V(X)=E(X-\mu)^2=\int_{-\infty}^{\infty}(x-\mu)^2 f(x)dx$$
$$=E(X^2)-\mu^2$$

예제 5

확률밀도함수가 다음과 같을 때 X의 평균과 분산을 구하라.

$$f(x)=\begin{cases}3x^2, & 0\leq x\leq 1\\ 0\ , & \text{다른영역에서}\end{cases}$$

<풀이>

$$E(X)=\int_{-\infty}^{\infty} xf(x)dx$$

$$=\int_0^1 x(3x^2)dx$$

$$=\int_0^1 3x^3dx$$

$$=\frac{3}{4}$$

$$E(X^2)=\int_{-\infty}^{\infty} x^2f(x)dx$$

$$=\int_0^1 x^2(3x^2)dx$$

$$=\int_0^1 3x^4dx$$

$$=\frac{3}{5}$$

따라서 $V(X)=E(X^2)-\mu^2$

$$=\frac{3}{5}-\left(\frac{3}{4}\right)^2=0.0375$$

5.3 균등분포

확률변수 X가 구간 $(a,\ b)$에서 정의되고, 이 구간 내에서의 확률밀도가 동일한 확률분포를 균등분포(uniform distribution)라 하며 확률밀도함수는 다음과 같이 정의된다.

$$f(x)=\frac{1}{b-a},\ \ a\le x\le b$$

균등분포의 확률밀도함수는 $(a,\ b)$에서 정의되며 아래 그림과 같다.

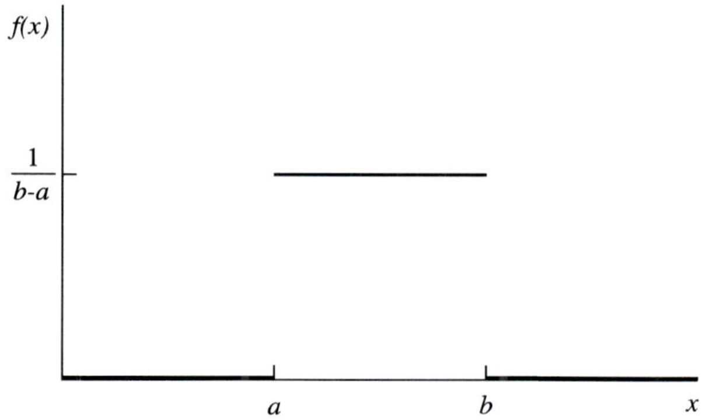

그림 5.5 균등분포의 확률밀도함수

$$F(x)=\int_{a}^{x}\frac{1}{b-a}dx=\frac{x-a}{b-a} \qquad a\le x\le b$$

균등분포의 평균과 분산

$$E(X)=\int_{-\infty}^{\infty}xf(x)dx=\int_{a}^{b}x\left(\frac{1}{b-a}\right)dx$$
$$=\left(\frac{1}{b-a}\right)\left(\frac{b^2-a^2}{2}\right)=\frac{a+b}{2}$$

균등분포를 따르는 확률변수의 평균이 구간의 중앙에 놓여있다는 것은 직관적으로도 받아들일 수 있는 것이다. 균등분포의 분산은 $V(X)=E(X-\mu)^2=E(X^2)-\mu^2$를 이용하여 구한다.

$$E(X^2)=\int_{-\infty}^{\infty}x^2f(x)dx$$
$$=\int_{a}^{b}x^2\left(\frac{1}{b-a}\right)dx$$
$$=\left(\frac{1}{b-a}\right)\left(\frac{b^3-a^3}{3}\right)=\frac{b^2+ab+a^2}{3}$$

따라서

$$V(X)=\frac{b^2+ab+a^2}{3}-\left(\frac{a+b}{2}\right)^2$$
$$=\frac{1}{12}(b-a)^2$$

▶ 균등분포의 평균과 분산

$$E(X) = \frac{a+b}{2} \quad V(X) = \frac{1}{12}(b-a)^2$$

예제 6

확률변수 X가 구간 $(0,\ 1)$에서 균등분포를 따른다. 이 때 확률밀도함수, 분포함수를 구하고, 평균과 분산을 구하라.

<풀이>

$$f(x) = \begin{cases} 1, & 0 < x < 1 \\ 0, & \text{다른영역에서} \end{cases}$$

$$F(X) = \begin{cases} 0, & x < 0 \\ x, & 0 \le x < 1 \\ 1, & x \ge 1 \end{cases}$$

$$E(X) = \frac{a+b}{2} = \frac{0+1}{2} = \frac{1}{2}$$

$$V(X) = \frac{1}{12}(1-0)^2 = \frac{1}{12}$$

5.4 지수분포

양의 값을 갖는 연속형 확률변수 X가 확률밀도함수

$$f(x) = \begin{cases} \frac{1}{\theta} e^{-\frac{x}{\theta}}, & x \ge 0,\ \theta > 0 \\ 0\ , & \text{다른영역에서} \end{cases}$$

을 가질 때 X의 분포를 지수분포(exponential distribution)라 한다. 여기에서 모수 θ는 곡선의 감소율을 결정하는 상수이다. 지수분포는 $X \sim EXP(\theta)$로 표기한다. [그림 5.6]은 θ에 따른 지수분포의 변화를 보여 주고 있다.

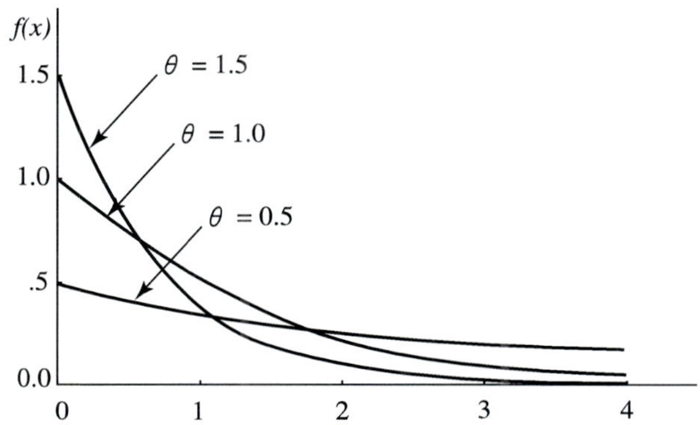

그림 5.6 θ에 따른 지수분포의 변화

지수분포의 평균과 분산

지수분포의 기대값은 감마함수

$$\Gamma(\alpha)=\int_0^{\infty} x^{\alpha-1}e^{-x}dx, \quad \alpha \geq 1$$

을 이용함으로서 쉽게 구할 수 있다.

부분적분에 의하여 $\Gamma(\alpha+1)=\alpha\Gamma(\alpha)$임을 보일 수 있으며 양의 정수 n에 대하여 $\Gamma(n)=(n-1)!$이 된다. 양의 값을 갖는 상수 α, β에 대하여

$$\int_0^{\infty} x^{\alpha-1}e^{-\frac{x}{\beta}}dx$$

을 $y=\dfrac{x}{\beta}$ 혹은 $x=\beta y$, $dx=\beta dy$로 변환하여 전개하면

$$\int_0^{\infty}(\beta y)^{\alpha-1}e^{-y}\beta dy=\beta^{\alpha}\int_0^{\infty}y^{\alpha-1}e^{-y}dy=\beta^{\alpha}\Gamma(\alpha)$$

이 된다.

위 결과를 이용하면 지수분포의 기대값은

$$
\begin{aligned}
E(X) = \int_{-\infty}^{\infty} xf(x)dx &= \int_{0}^{\infty} x\frac{1}{\theta}e^{-\frac{x}{\theta}}dx \\
&= \frac{1}{\theta}\int_{0}^{\infty} xe^{-\frac{x}{\theta}}dx \\
&= \frac{1}{\theta}\Gamma(2)\theta^2 \\
&= \theta
\end{aligned}
$$

즉, 모수 θ가 지수분포의 평균이 된다.

지수분포의 분산을 구하기 위해 우선 $E(X^2)$을 구하자.

$$
\begin{aligned}
E(X^2) &= \int_{0}^{\infty} x^2\frac{1}{\theta}e^{-\frac{x}{\theta}}dx \\
&= \frac{1}{\theta}\Gamma(3)\theta^3 = 2\theta^2
\end{aligned}
$$

따라서

$$
\begin{aligned}
V(X) &= E(X^2) - \mu^2 \\
&= 2\theta^2 - \theta^2 = \theta^2
\end{aligned}
$$

한편 지수분포의 분포함수는 다음과 같이 간단한 형태를 갖는다.

$$
F(t) = 0, \quad t < 0
$$

$$
\begin{aligned}
F(t) = P(X \le t) &= \int_{0}^{t} \frac{1}{\theta}e^{-\frac{x}{\theta}}dx \\
&= -e^{-\frac{x}{\theta}} \\
&= 1 - e^{-\frac{t}{\theta}}, \quad t \ge 0
\end{aligned}
$$

예제 7

설탕 정제공장에서 하루에 정제하는 양 X는 평균이 4톤 정도인 지수분포를 따른다고 한다. 어느 공장에서 4톤 이상 정제할 확률을 구하라.

<풀이>

$$P(X>4)=\int_4^{\infty} f(x)dx=\int_4^{\infty}\frac{1}{4}e^{-\frac{x}{4}}dx$$
$$=-e^{-\frac{x}{4}}\Big|_4^{\infty}$$
$$=e^{-1}$$
$$=0.37$$

분포함수의 성질을 이용하여 다음과 같이 구할 수도 있다.

$$P(X\geq 4)=1-P(X<4)=1-(1-e^{-\frac{4}{4}})=e^{-1}$$

지수분포와 포아송분포와의 관계

어떤 사건의 발생이 단위 시간 내에서 평균이 λ인 포아송분포를 따른다고 하자. 이 때 X가 단위시간 $(0, t)$에서 발생하는 사건의 수라 하면 X는 평균이 λt인 포아송분포를 따른다. 이제 $t=0$인 시점에서 "첫 사건이 일어날 때까지 얼마나 기다려야 하는가?"를 알아보자.

Y를 첫 사건이 일어날 때까지 걸리는 시간의 길이라 하면

$$P(Y>t)=P[\text{구간}(0,t)\text{에서 } X=0]$$
$$=\frac{(\lambda t)^0 e^{-\lambda t}}{0!}=e^{-\lambda t}$$

즉 $Y>t$는 것은 확률변수 X가 구간 $(0, t)$에서 한번도 일어나지 않을 확률이다.

확률변수 Y의 분포함수는

$$F_Y(t)=P(Y\leq t)=1-P(Y>t)=1-e^{-\lambda t},\quad t>0$$

가 되고 분포함수 $F_Y(t)$는 $\lambda=\frac{1}{\theta}$인 지수분포의 형태를 취하며 미분하면, Y의 확률밀도함수는

$$f_Y(t)=\frac{d}{dt}F_Y(t)=\frac{d(1-e^{-\lambda t})}{dt}=\lambda e^{-\lambda t},\quad t>0$$

$$=\frac{1}{\theta}e^{-\frac{t}{\theta}} \quad t>0$$

가 되며 Y는 지수분포를 따른다.

예제 8

형광등 생산회사에서 형광등의 수명 X는 평균 1200시간인 지수분포를 따른다고 한다. 위 가정을 증명하기 위해 임의로 추출된 형광등이 1200시간 이내에 수명을 다할 확률을 계산하라.

<풀이>

$$P(X<1200)=\int_0^{1200}\frac{1}{1200}e^{-\frac{x}{1200}}dx = 1-e^{-1}=0.632$$

5.5 감마분포

양의 값을 갖는 연속형 확률변수 X가 확률밀도함수

$$f(X)=\begin{cases}\frac{1}{\Gamma(\alpha)\beta^{\alpha}}x^{\alpha-1}e^{-\frac{x}{\beta}}, & x\geq 0\end{cases}$$

를 가질 때, X의 분포를 감마분포(gamma distribution)라 한다. 여기에서 모수 α, β는 곡선의 모양을 결정하며 양의 값을 취하나 정수일 필요는 없다. 특별히 $\alpha=1$일 때 감마분포는 지수분포와 같다. 기호 $\Gamma(\alpha)$는 다음과 같이 정의된다. $X\sim GAMMA(\alpha,\beta)$로 표기한다.

$$\Gamma(\alpha)=\int_0^{\infty}x^{\alpha-1}e^{-x}dx$$

여기에서 $x=\frac{y}{\beta}(\beta>0)$이라 하면 위 식은 다음과 같이 표현된다.

$$\Gamma(\alpha)=\int_0^\infty \frac{1}{\beta^\alpha} y^{\alpha-1} e^{-\frac{y}{\beta}} dy$$

이제 위 식의 양변을 $\Gamma(\alpha)$로 나누어주면

$$1=\int_0^\infty \frac{1}{\Gamma(\alpha)\beta^\alpha} y^{\alpha-1} e^{-\frac{y}{\beta}} dy$$

이 되어 $f(X)$가 확률밀도함수가 됨을 알 수 있다.

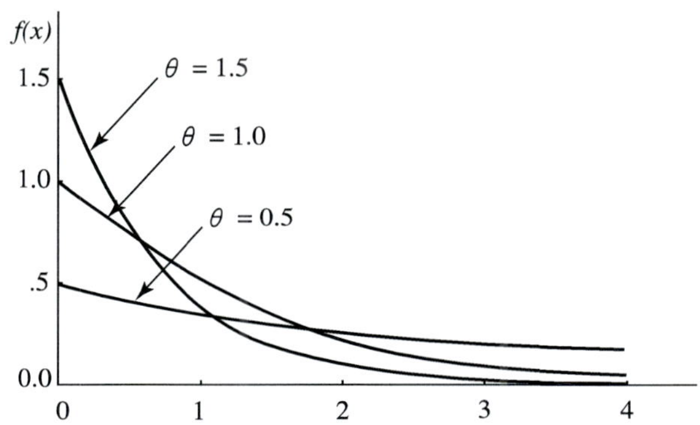

그림 5.7 $\beta=1$일 때 감마분포의 모양

감마분포의 평균과 분산

감마분포의 평균과 분산은 지수분포의 경우와 흡사하다.

$$\begin{aligned} E(X) &= \int_{-\infty}^\infty xf(x)dx = \int_0^\infty x\frac{1}{\Gamma(\alpha)\beta^\alpha} x^{\alpha-1} e^{-\frac{x}{\beta}} dx \\ &= \frac{1}{\Gamma(\alpha)\beta^\alpha}\int_0^\infty x^\alpha e^{-\frac{x}{\beta}} dx \\ &= \frac{1}{\Gamma(\alpha)\beta^\alpha}\Gamma(\alpha+1)\beta^{\alpha+1} = \alpha\beta \end{aligned}$$

마찬가지 방법으로

$E(X^2)=\alpha(\alpha+1)\beta^2$이므로

$$V(X)=E(X^2)-\mu^2$$

$$=\alpha(\alpha+1)\beta^2-\alpha^2\beta^2$$
$$=\alpha\beta^2$$

▶ 감마분포의 평균과 분산

$$E(X)=\alpha\beta \quad V(X)=\alpha\beta^2$$

확률변수 $X_1, X_2, X_3, \cdots, X_n$이 모수 α, β를 갖는 서로 독립인 감마확률변수라 하자. 만약

$$Y=\sum_{i=1}^{n} X_i$$

라 하면 Y는 모수가 $n\alpha$, β인 감마분포를 따른다. 이때 $E(Y)=n\alpha\beta$, $V(Y)=n\alpha\beta^2$이 된다.

예제 9

어떤 전자시스템의 수명을 X_1이라 하자. 이 시스템의 수명은 지수분포를 따르며 평균이 400시간이라 한다. 이 회사에서는 위 시스템이 갑자기 정지하였을 때를 대비하여 수명이 X_2인 동일한 시스템을 대기시켜 놓고 있다.
두 시스템이 독립적으로 작동된다고 가정하고 두 시스템의 총 수명에 대한 확률분포와 기대값을 구하라.

<풀이>

Y를 두 시스템의 작동시간의 합, 즉 $Y=X_1+X_2$라 하자. 이때 X_1과 X_2는 서로 독립인 지수분포를 따르며 각각 평균 $\beta=400$이다.
$\alpha=1$인 경우 감마분포는 지수분포와 같으므로 Y의 확률밀도함수는 다음과 같다.

$$f_y(y)=\frac{1}{\Gamma(2)400^2}ye^{-\frac{y}{400}}, \quad y>0$$

따라서 평균값은 다음과 같다.

$$E(Y) = \alpha\beta = 800$$

5.6 정규분포

연속형 확률분포 중에서 가장 널리 이용되는 분포가 정규분포라고 할 수 있다. 정규분포의 확률밀도함수는 아래 그림에서 보는 바와 같이 평균 μ를 중심으로 대칭이며 종 모양을 하고 있다. 종모양의 폭은 표준편차 σ에 의해 결정된다. 평균이 μ이고 분산이 σ^2인 정규분포를 따르는 확률변수 X의 확률밀도함수는 다음과 같다.

$$f(x) = \frac{1}{\sqrt{2\pi}\,\sigma} e^{-\frac{(x-\mu)^2}{2\sigma^2}}, \quad -\infty < x < \infty$$

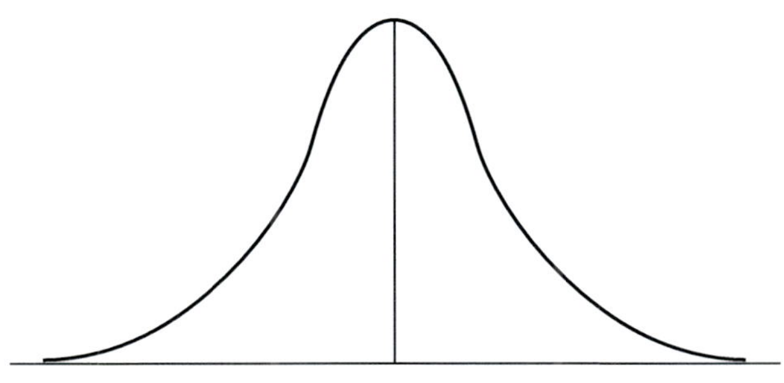

그림 5.8 정규분포의 확률밀도 함수

정규분포는 평균 μ와 분산 σ^2에 의해 위치와 모양이 결정되며 $N(\mu, \sigma^2)$로 표시한다. 아래 [그림 5.9]은 평균과 분산에 따른 정규분포의 모양을 나타낸 것이다.

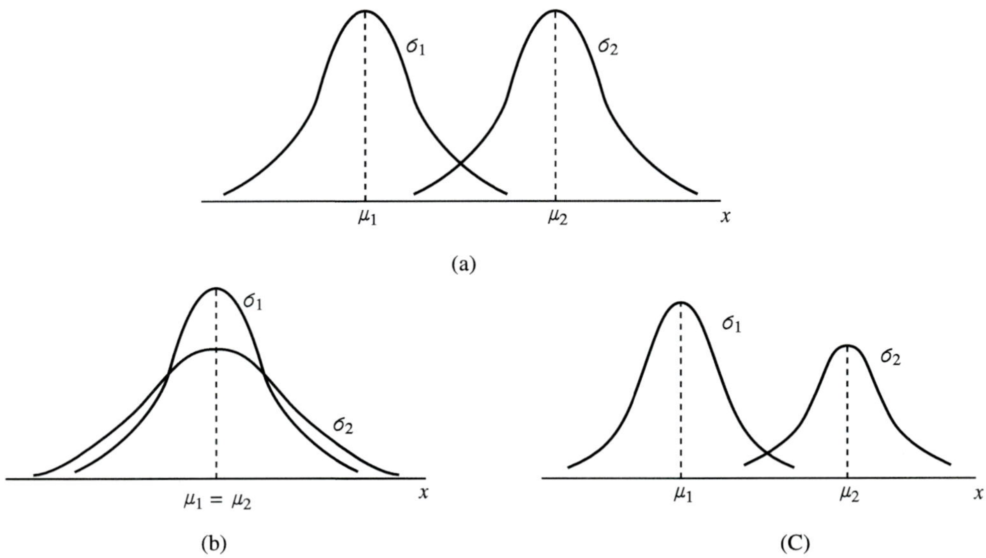

그림 5.9 두 정규분포의 비교

[그림 5.9]의 (a)는 분산은 같으나 평균이 다른 경우의 두 정규분포의 그래프이다. 두 그림은 X축 위에서의 위치만 다를 뿐 그 모양은 같다. (b)는 분산이 다르고 평균값이 같은 두 정규분포를 그린 것으로 X축 위의 중심위치는 같지만 그래프 모양은 다르다. 즉 분산이 큰 그래프가 중심위치에서 많이 흩어져 있음을 알 수 있다. (c)는 평균과 분산이 다른 두 정규분포를 나타낸 것으로 X축 위에서의 중심위치와 그래프의 흩어짐이 서로 다르다는 것을 알 수 있다.

정규분포의 중요한 성질중의 하나는 정규분포를 따르는 확률변수 X의 선형함수, $Y=aX+b$ (a, b는상수) 역시 정규분포를 따른다는 것이다. 즉 $X \sim N(\mu,\ \sigma^2)$ 경우, $E(Y)=a\mu+b$, $V(Y)=a^2\sigma^2$이므로 $Y \sim N(a\mu+b,\ a^2\sigma^2)$ 분포를 따른다.

확률변수 X가 정규분포를 따를 때 경험적으로 다음과 같은 특징을 알 수 있다.

이를 확률로 나타내면 다음과 같다.

$$P(|X-\mu| \leq 1\sigma) = P(\mu-1\sigma \leq X \leq \mu+1\sigma) = 0.6827$$
$$P(|X-\mu| \leq 2\sigma) = P(\mu-2\sigma \leq X \leq \mu+2\sigma) = 0.9545$$
$$P(|X-\mu| \leq 3\sigma) = P(\mu-3\sigma \leq X \leq \mu+3\sigma) = 0.9973$$

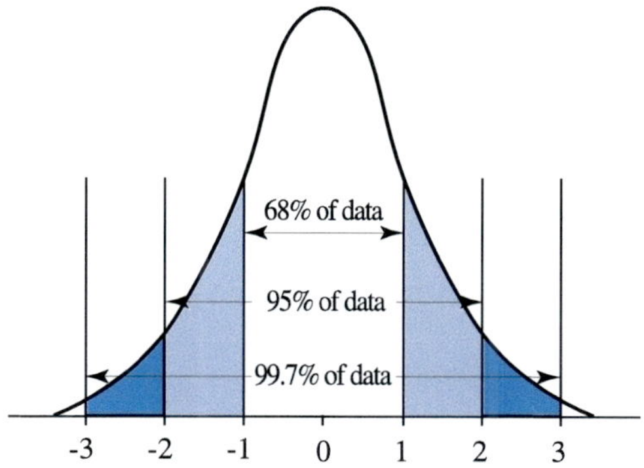

그림 5.10 정규분포에서의 경험적 확률

정규분포의 표준화

평균이 0이고 분산이 1인 정규분포를 표준정규분포(standard normal distribution)라 하고 $N(0,1)$으로 표기한다.

확률변수 X가 $N(\mu, \sigma^2)$을 따를 때, 다음과 같이 변수변환하여 새로운 확률변수 Z를 만들 수 있다.

$$Z = \frac{X - \mu}{\sigma}$$

이때 확률변수 Z는 표준정규분포를 따르며 이와 같은 관계를 정규확률변수의 표준화라고 한다.

표준정규분포의 확률밀도함수는

$$f(z) = \frac{1}{\sqrt{2\pi}} e^{-\frac{z^2}{2}}, \quad -\infty < z < \infty$$

이므로 경험적 확률은 다음과 같이 간단히 구할 수 있다.

$$P(|Z| \le 1) = P(-1 \le Z \le 1) = 0.6827$$
$$P(|Z| \le 2) = P(-2 \le Z \le 2) = 0.9545$$
$$P(|Z| \le 3) = P(-3 \le Z \le 3) = 0.9973$$

즉, 확률을 구하기 위해서 정규분포의 경우 모수 μ, σ^2을 알아야 하지만 표준정규분포의 경우 z축의 범위만 알면 된다. 이 관계를 그림으로 설명하면 다음과 같다.

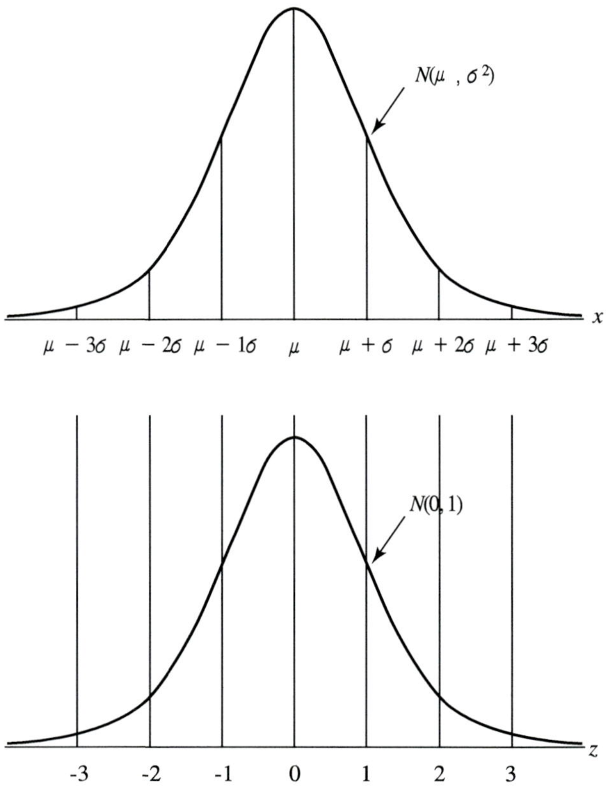

그림 5.11 정규분포와 표준정규분포의 관계

확률변수 X가 정규분포를 따를 때 $P(a \le X \le b)$을 구하는 경우를 생각하자.

$Z=\dfrac{X-\mu}{\sigma}$에 의해 표준화시키면

$$\begin{aligned} P(a \le X \le b) &= P\left(\frac{a-\mu}{\sigma} \le \frac{X-\mu}{\sigma} \le \frac{b-\mu}{\sigma}\right) \\ &= P(z_1 \le Z \le z_2) \end{aligned}$$

이 되므로 Z축에서 곡선 아래의 두 점 z_1과 z_2사이의 면적이 우리가 구하는 확률이 된다.

예제 10

확률변수 X가 $N(50,\ 10^2)$을 따를 때, $P(45 < X < 62)$를 계산하라.

<풀이>

$Z = \frac{X-\mu}{\sigma}$ 로 표준화 하면

$$\begin{aligned} P(45 \le X \le 62) &= P\left(\frac{45-50}{10} \le Z \le \frac{62-50}{10}\right) \\ &= P(-0.5 \le Z \le 1.2) \\ &= P(0 \le Z \le 1.2) + P(0 \le Z \le 0.5) \\ &= 0.3849 + 0.1915 \\ &= 0.5764 \end{aligned}$$

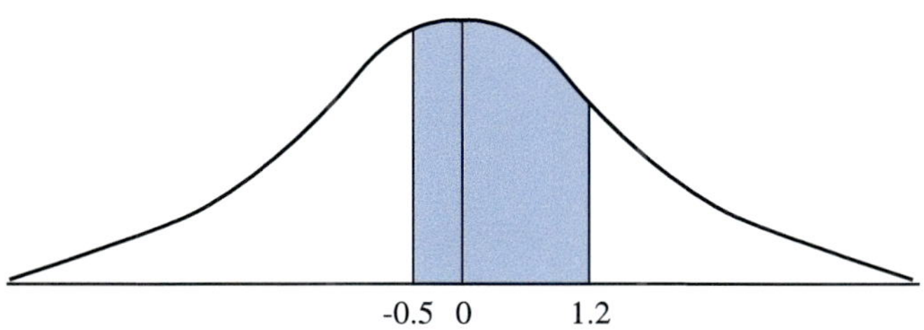

예제 11

평균수명이 3년이고 분산이 0.25년인 정규분포를 따르는 배터리의 수명이 2.3년 이하일 확률을 구하라.

<풀이>

$$\begin{aligned} P(X \le 2.3) &= P\left(\frac{X-\mu}{\sigma} \le \frac{2.3-3}{0.5}\right) \\ &= P(Z \le -1.4) \\ &= 0.5 - P(0 < Z < 1.4) \\ &= 0.5 - 0.4192 \\ &= 0.0808 \end{aligned}$$

이항분포와 정규분포의 관계

확률변수 X가 평균이 np이고 분산이 $np(1-p)$인 이항분포 즉, $X \sim B(n, p)$를 따를 때 성공의 확률 p가 0이거나 1에 가깝지 않다면 확률변수, $Z=\dfrac{X-np}{\sqrt{np(1-p)}}$는 근사적으로 표준정규분포를 따른다.

$X \sim B(15, 0.4)$일 때 이항분포의 확률막대그래프는 $\mu=np=15(0.4)=6$, $\sigma^2=np(1-p)=15(0.4)(0.6)=3.6$ 인 정규분포의 확률밀도함수에 근사적으로 접근한다. 이항분포를 따르는 확률변수 X의 한점 $X=x$에서의 정확한 확률은 x를 중심으로 밑변의 길이가 1이고 높이가 $P(X=x)$인 직사각형의 면적이다. 그리고 이면적은 근사적인 정규분포의 확률밀도함수에서 $(x-\frac{1}{2})$과 $(x+\frac{1}{2})$사이의 면적과 비슷하다. 이와 같이 1/2씩 가감하는 과정을 이산형분포에서 연속형분포의 근사를 위한 연속성수정(continuity correction)이라 부른다.

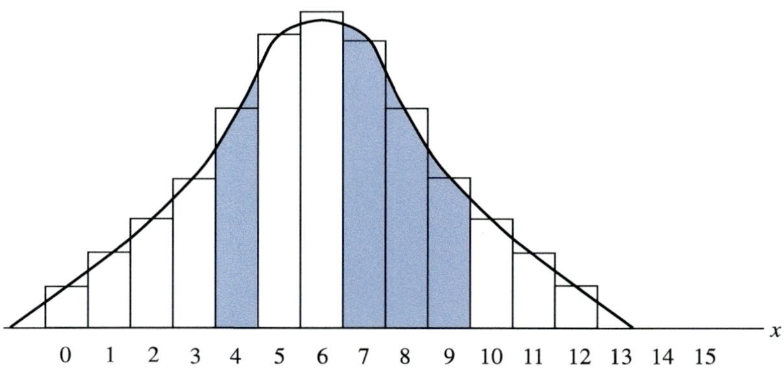

그림 5.12 이항분포의 정규분포근사

위 그림에서 $P(X=4)$의 확률을 구해보자.

우선 이항분포를 이용하면

$$P(X=4)=\binom{15}{4}(0.4)^4(0.6)^{11}$$
$$=0.127$$

정규분포근사를 이용하면

$$\begin{aligned} P(X=4) &= P(3.5 \le X \le 4.5) \\ &= P\left(\frac{3.5-6}{\sqrt{3.6}} \le Z \le \frac{4.5-6}{\sqrt{3.6}}\right) \\ &\simeq P(-1.32 \le Z \le -0.79) \\ &\simeq 0.1214 \end{aligned}$$

한편, 확률변수 $X \sim B(n,\ p)$일 때 n이 충분히 크고 p가 0에 가까우면 평균이 $\lambda = np$인 포아송분포에 근사함을 알고 있다.

예제 12

$X \sim B(100,\ 0.5)$**일 때 다음 확률을 근사적으로 구해 보자.**

(a) $P(X > 40)$

(b) $P(50 < X < 60)$

<풀이>

$\mu = np = 50,\ \ \sigma^2 = np(1-p) = 25$

(a) $$\begin{aligned} P(X > 40) &= P(X \ge 40.5) \\ &= P\left(\frac{X-\mu}{\sigma} \ge \frac{40.5-50}{5}\right) \\ &= P(Z \ge -1.9) \\ &= 0.9713 \end{aligned}$$

(b) $$\begin{aligned} P(50 \le X \le 60) &= P(49.5 \le X \le 59.5) \\ &= P\left(\frac{49.5-50}{5} \le Z \le \frac{59.5-50}{5}\right) \\ &= P(-0.1 \le Z \le 1.9) \\ &= 0.5111 \end{aligned}$$

연습문제

1. 확률변수 X가 $N(30,\ 25)$ 따를 때 다음 각 확률을 구하라.

(a) $P(X \geq 32.5)$ (b) $P(X \leq 40)$ (c) $P(X \leq 37.5)$
(d) $P(35 \leq X \leq 40)$ (e) $P(22.5 \leq X \leq 25)$ (f) $P(25 \leq X \leq 32.5)$

2. 확률변수 X가 $N(100,\ 225)$ 따를 때 다음 각 경우에 x를 구하라.

(a) $P(X \leq x) = 0.9793$(b) $P(X \geq x) = 0.1492$

3. 야간경비회사에서 비상사태 발생 시 현장에 도착하는 데 걸리는 시간 X(단위 : 분)는 $\theta = 5$인 지수분포를 따른다고 할 때 다음 물음에 답하라.

(a) X의 확률밀도함수와 분포함수를 구하라.
(b) X의 평균과 분산을 구하라.
(c) 현장에 도착하는 데 걸리는 시간이 15분 이내일 확률을 구하라.

4. 예, 아니오로 답하는 100개의 문제가 주어졌다. 이 시험에 합격하기 위해서 적어도 55개의 문제를 맞추어야 한다고 할 때 다음 물음에 답하라.

(a) 시험공부를 전혀 하지 않은 학생이 100개의 문제를 임의로 답하였을 때 이 학생이 시험에 합격할 확률을 정규분포 근사로 구하라.
(b) 출제자는 시험공부를 전혀 하지 않은 학생이 임의로 답을 했을 때 시험에 합격할 확률을 0.1 이하로 하고 싶어한다. 이 상황에서 시험공부를 전혀 하지 않은 학생이 합격하려면 몇 문제를 맞춰야 하는가?

5. 어떤 TV가 고장나기까지의 시간(년)을 나타내는 확률변수를 X라 하자. X의 평균이 $\theta = \frac{1}{5}$이다. 이 TV가 8년 이상 작동할 확률을 구하라.

6. 일정온도 X에서 작동하는 열 감지시스템은 다음과 같은 확률밀도함수를 갖는다.

$$f(x) = \begin{cases} \dfrac{1}{2} & 59 \le x \le 61 \\ 0 & \text{다른곳에서} \end{cases}$$

확률변수 X의 평균과 분산을 구하라.

7. 어느 지역에서 하루 중 태양복사열은 다음과 같은 확률밀도함수를 갖는다.

$$f(x) = \begin{cases} \dfrac{3}{32}(x-2)(6-x) & 2 \le x \le 6 \\ 0 & \text{다른곳에서} \end{cases}$$

확률변수 X의 평균을 구하라.

8. 환경단체에서 어느 호수의 물을 채취해 측정한 PH농도 X는 다음과 같은 확률밀도함수를 갖는다.

$$f(x) = \begin{cases} \dfrac{3}{8}(7-x)^2 & 5 \le x \le 7 \\ 0 & \text{다른곳에서} \end{cases}$$

확률변수 X의 기대값과 분산을 구하라.

9. 확률변수 X가 구간 (a, b)에서 균등분포를 따를 때 다음을 구하라.

(a) 분포함수를 구하라.

(b) $P(X > c)$를 구하라. (단, c는 a와 b사이의 어느 한 점)

(c) $P(X > d \mid X > c)$를 구하라.

10. 설탕공장에 3개의 생산라인이 있으며 하루에 각 라인의 설탕 정제량은 평균 4톤인 지수분포를 따른다고 한다. 각 생산라인이 독립적으로 작동한다고 할 때 어느 날 두 생산라인에서 4톤 이상 정제할 확률을 구하라.

11. 10번 문제에서의 어느 생산라인을 생각하자. 하루에 어느 정도의 설탕재료를 보관하고 있어야 재료의 부족으로 라인이 정지해야 할 확률이 0.05가 되겠는가?

12. 확률변수 X가 평균이 θ인 지수분포를 따를 때

$$P(X > a+b \mid X > a) = P(X > b)$$

임을 증명하라.

13. 북미지역에서 발생한 지진의 정도는 리히터 지진계로 평균 2.4인 지수분포를 따른다고 한다.

(a) 다음에 발생하는 지진의 강도가 3.0을 넘을 확률을 구하라.
(b) 지진의 강도가 2와 3 사이일 확률을 구하라.

14. 전기시스템의 수명을 X_1이라고 하자. 이 때 X_1은 평균이 400시간인 지수분포를 따른다고 한다. 이 회사에서는 만일의 경우를 대비하여 같은 기종의 수명이 X_2인 시스템을 대기시켜 놓고 있다.

(a) 전기시스템의 총 수명에 대한 확률밀도함수를 구하라.
(b) 시스템의 총 수명에 대한 기댓값을 구하라.

15. 장마철에 내리는 총 강수량은 $\alpha=1.6$, $\beta=2.0$인 감마분포를 따른다고 한다. 장마철에 내리는 총 강수량의 평균과 분산을 구하라.

16. 고급 전원주택지에 2채의 집이 지어지고 있다. 주택이 완성되기 위해서는 보안시스템의 설치 및 시험가동이 필수적이라고 한다. 보안시스템의 설치 및 시험가동에 걸리는 시간은 평균 10시간인 지수분포를 따른다고 한다. 2채의 주택에 대한 시스템설치가 독립적으로 시행된다고 할 때 2개의 시스템을 설치 완료하는 데 걸리는 총시간의 평균과 분산을 구하라.

17. 은행창구에서 서비스를 받는데 걸리는 시간은 평균이 3.2분인 지수분포를 따른다고 한다. 기다리고 있는 3명의 손님이 서비스를 마치는데 걸리는 시간의 확률밀도함수, 평균, 분산을 구하라.

18. Z가 표준정규분포를 따른다고 할 때 다음을 구하라.

(a) $P(Z \le 1)$
(b) $P(Z > 1)$
(c) $P(Z < -1.5)$
(d) $P(-1.5 \le Z \le 0.5)$

19. 제약회사에서 자동화기계를 통해 각 유리병에 16g씩의 물약을 담고 있다. 과거의 경험으로부터 병 속에 담겨지는 물약의 표준편차가 1g정도라 할 때 어떤 병 속에 17g 이상의 약물이 담겨질 확률을 구하라.

20. 토플시험 성적이 평균 480점, 표준편차가 100점인 정규분포를 따른다고 할 때 다음 물음에 답하라.

(a) 550점 이하의 성적을 받는 학생은 몇 %나 되는가?
(b) 어느 학생이 700점 이상의 점수를 받을 확률은?

21. 미국 프로야구의 평균 타율은 평균 0.344, 표준편차 0.022인 정규분포를 따른다고 한다.

(a) 1941년 Ted Williams의 타율은 0.406, 1980년 George Brett의 타율은 0.390이었다. 두 선수를 비교하기 위해 z값을 구하고 비교하라.
(b) 타율이 0.4를 넘을 확률을 구하라.

제 6 장

표본분포

CHAPTER 06

표본분포

6.1 표본추출

대통령 선거를 앞두고 각 정당은 전체 유권자들로부터 지지율을 알고 싶어한다. 전국적인 지지율을 조사하기 위해서 전국의 모든 유권자들에게 지지여부를 물어 지지율을 조사한다는 것은 사실상 불가능하다. 따라서 전체 유권자중의 일부를 선택하여 지지율을 추정하는 방법을 택하게 된다. 즉 모집단으로부터 추출된 표본을 통해 지지여부를 조사하고 그를 통해 지지율을 추정한다. 그러나 모집단에서 추출된 표본은 모집단의 일부분에 지나지 않기 때문에 모집단의 모수와 표본을 통해 추정한 모수의 추정치 간에 차이가 생길 수 밖에 없다. 따라서 이러한 오차를 최소화하는 표본추출방법을 생각해야하며 아울러 모수와 추정치와의 관계를 알아보는 것도 중요하다고 생각한다.

이 장에서는 표본추출방법과 추출된 표본의 분포에 대해서 설명하도록 하겠다.

모집단의 모수에 관한 정보를 수집하는 방법은 크게 전수조사(census)와 표본조사(sample survey)로 구분된다. 전수조사는 관심의 대상이 되는 모든 개체를 조사하여 모집단의 특성을 측정하는 방법이고 표본조사는 모집단의 일부 개체를 추출하여 특성을 측정하는 방법이다.

한편 표본조사를 위해서는 표본이 추출되어야 하는데 표본추출방법은 모집단을 구성하는 개체들이 표본에 추출되어진 가능성을 갖도록 하는 확률추출방법과 표본에 추출되어질 가능성이 같지 않은 비확률추출방법으로 구분된다. 다시 말해서 비확률추출방법은 주관적인 판단에 의해 표본을 추출하는 방법으로 대표성 있는 표본이 추출되기 어렵다. 확률추출방법은 모집단에 속한 모든 개체에 대해 사전에 일정한 추출확률이 주어지는 표본추출방법이다. 예를 들어, 주머니에 5개의 동전이 있다고 하자. 그리고 각 동전이 뽑힐 확률이 동일할 때 1개의 동전을 뽑는다고 하면 이때 각 동전이 뽑힐 확률은 $\frac{1}{5}$로 동일하다고 할 수 있다. 이와 같이 모집단을 구성하는 각 개체가 추출될 확률이 정해져있는 확률추출법을 이용하여 표본을 추출하면 수리적 방법을 이용한 추정이 용이해지며 생산된 통계량의 신뢰성이 높아진다. 확률추출법에는 단순임의추출법(simple random sampling), 층화추출법(stratified random sampling), 집락추출법(cluster sampling) 등이 있다.

한편 주머니 속의 5개 동전 중에서 3개의 동전을 추출할 때 한번 추출한 동전을 주머니 속에 돌려놓고 다시 추출하는 방법을 복원추출이라 하며 한번 추출된 동전을 되돌리지 않은 상태에서 다시 추출하는 방법을 비복원추출이라 한다. 이제 가장 단순한 확률추출법 중의 하나이면서 다른 확률추출법의 기본이 되는 단순임의 추출법에 대해 설명하겠다.

6.2 단순임의 추출법

크기가 $N=5$인 모집단에서 크기가 $n=3$인 비복원 표본을 추출하는 경우를 생각하자. 여기에서 모집단을 $U=\{1,2,3,4,5\}$라 하면 가능한 표본은 다음과 같다.

$$\{1,2,3\} \quad \{1,2,4\} \quad \{1,2,5\} \quad \{1,3,4\} \quad \{1,3,5\}$$
$$\{1,4,5\} \quad \{2,3,4\} \quad \{2,3,5\} \quad \{2,4,5\} \quad \{3,4,5\}$$

즉 크기가 $N=5$인 모집단에서 추출될 수 있는 $n=3$인 표본은 10개이며 10개의 가능한 표본이 추출될 확률은 $\frac{1}{10}$이다. 이와 같은 방법으로 추출된 표본이 단순임의 표본이며 이러한 추출법을 단순임의 추출법이라 한다.

이제 크기가 N인 모집단에서 크기가 n인 단순임의 표본이 추출되었을 때 추정량에 대해 알아보자.

$$\text{모평균 } \mu = \frac{1}{N}\sum_{i=1}^{N} y_i$$

$$\text{표본평균 } \hat{\mu} = \bar{y} = \frac{1}{n}\sum_{i=1}^{n} y_i$$

표본이론에 의하면 표본평균 $\bar{y}$의 성질을 다음과 같이 정리할 수 있다.

$$E(\bar{y}) = \mu$$

$$V(\bar{y}) = \frac{N-n}{N-1}\frac{\sigma^2}{n}$$

여기에서 $\sigma^2 = \frac{1}{N}\sum_{i=1}^{N}(y_i - \mu)^2$ 이다.

예제 1

앞의 예에서 가능한 표본의 표본평균과 표본분산을 구하고 기대값을 구해보자.

[표 6.1] $N=5,\ n=3$인 경우 가능한 표본과 표본의 추정치

표본 \ 구분	표본의 개체	표본평균	표본분산
1	1, 2, 3	$\frac{6}{3}$	$\frac{3}{3}$
2	1, 2, 4	$\frac{7}{3}$	$\frac{7}{3}$
3	1, 2, 5	$\frac{8}{3}$	$\frac{13}{3}$
4	1, 3, 4	$\frac{8}{3}$	$\frac{7}{3}$
5	1, 3, 5	$\frac{9}{3}$	$\frac{12}{3}$
6	1, 4, 5	$\frac{10}{3}$	$\frac{13}{3}$
7	2, 3, 4	$\frac{9}{3}$	$\frac{3}{3}$
8	2, 3, 5	$\frac{10}{3}$	$\frac{7}{3}$
9	2, 4, 5	$\frac{11}{3}$	$\frac{7}{3}$
10	3, 4, 5	$\frac{12}{3}$	$\frac{3}{3}$

[표 6.2] 표본 평균의 분포

$\bar{y}$	$\frac{6}{3}$	$\frac{7}{3}$	$\frac{8}{3}$	$\frac{9}{3}$	$\frac{10}{3}$	$\frac{11}{3}$	$\frac{12}{3}$
$P(\bar{y})$	$\frac{1}{10}$	$\frac{1}{10}$	$\frac{2}{10}$	$\frac{2}{10}$	$\frac{2}{10}$	$\frac{1}{10}$	$\frac{1}{10}$

<풀이>

$$E\bar{y} = \sum_{j=1}^{7} \bar{y}_j P(\bar{y}_j)$$

$$= \frac{6}{3}(\frac{1}{10}) + \frac{7}{3}(\frac{1}{10}) + \frac{8}{3}(\frac{2}{10}) + \frac{9}{3}(\frac{2}{10}) + \frac{10}{3}(\frac{2}{10})$$

$$+ \frac{11}{3}(\frac{1}{10}) + \frac{12}{3}(\frac{1}{10})$$

$$= \frac{1}{30}(6+7+16+18+20+11+12)$$

$$= \frac{90}{30} = 3 = \mu$$

따라서 표본평균들의 평균은 모평균과 같음을 알 수 있다.

$$V(\bar{y}) = E[\bar{y} - E(\bar{y})]^2$$

$$= E(\bar{y}^2) - [E(\bar{y})]^2$$

을 이용한다. 여기에서

$$E(\bar{y}^2) = \sum_{j=1}^{7} \bar{y}_j^2 \cdot P(\bar{y}_j)$$

$$= (\frac{6}{3})^2 \cdot \frac{1}{10} + (\frac{7}{3})^2 \cdot \frac{1}{10} + (\frac{8}{3})^2 \cdot \frac{2}{10} + (\frac{9}{3})^2 \cdot \frac{2}{10}$$

$$+ (\frac{10}{3})^2 \cdot \frac{2}{10} + (\frac{11}{3})^2 \cdot \frac{1}{10} + (\frac{12}{3})^2 \cdot \frac{1}{10}$$

$$= \frac{1}{90}[36+49+128+162+200+121+144]$$

$$= \frac{840}{90}$$

따라서

$$V(\bar{y}) = \frac{840}{90} - (\frac{90}{30})^2 = \frac{30}{90} = \frac{1}{3}$$

한편 분산식을 이용하면

$$V(\bar{y})=\frac{N-n}{N-1}\frac{\sigma^2}{n}=\frac{1}{3}$$

로 분포를 이용한 값과 일치한다.

비복원추출시 표본평균의 분산은 $V(\bar{y})=\dfrac{N-n}{N-1}\dfrac{\sigma^2}{n}$ 이다.

대통령 선거와 관련하여 표본을 추출하는 경우 대략 $N=3,500$만명에 달하는 유권자 중에서 $n=1,200$명 정도의 표본을 추출한다. 이 경우 위 식에 의해 표본평균의 분산을 구하면

$$V(\bar{y})=\frac{35000000-1200}{34999999}\frac{\sigma^2}{1200}$$

이 되는데 이때 $\dfrac{N-n}{N-1}=0.99996$으로 1에 가깝다. 즉 모집단의 크기 N이 표본의 크기에 비해 매우 큰 경우 $\dfrac{N-n}{N-1}\simeq 1$이므로 표본평균의 분산식은 $V(\bar{y})\simeq\dfrac{\sigma^2}{n}$와 같이 근사적으로 구할 수 있다. 이때 $\dfrac{N-n}{N-1}$을 유한모집단 수정계수(finite population correction factor : fpc)라 한다.

6.3 중심극한정리

앞절에서 크기가 $N=5$인 모집단에서 크기가 $n=3$인 모든 가능한 표본을 추출하여 확률분포표를 작성하고 그를 이용하여 기대값을 구하였다. 그러나 모집단의 크기가 $N=10$, $n=2$인 경우 $\binom{10}{2}=45$이며, $N=20$, $n=2$인 경우 $\binom{20}{2}=190$이므로 위와 같은 방법으로 표본분포를 구하기는 어렵다. 하물며 $N=3,500$만명 중에서 $n=1,200$명을 추출하는 경우는 위와 같은 방법으로 표본분포를 구하는 것은 불가능하다. 이 때 유용한 것이 중심극한정리(Central Limit Theorem : CLT)이다.

> ▶ **중심극한정리**
>
> 모집단의 분포가 정규분포인 경우 표본평균의 분포도 정규분포를 따른다고 알려져 있으며 N이 무한히 큰 경우 $E(\bar{y})=\mu$, $V(\bar{y})=\dfrac{\sigma^2}{n}$이 된다. 즉 모집단의 분포가 $N(\mu,\ \sigma^2)$일 때 표본평균 $\bar{y}$의 분포는 $N(\mu,\ \dfrac{\sigma^2}{n})$을 따른다.

이제 모집단의 분포가 아닌 경우 평균의 분포는 어떻게 될 것인가? 물론 모집단의 분포에 따라 달라질 것이다. 그러나 표본의 크기 n이 충분히 클 때 모집단의 분포에 관계없이 평균의 표본분포는 정규분포에 근사한다고 알려져 있다. 이러한 사실을 중심극한정리라 한다. 즉 n이 충분히 클 때, 평균이 μ이고 분산이 σ^2인 무한모집단에서 임의로 표본을 추출하였을 때 표본평균 $\bar{y}$는 근사적으로 $N(\mu,\ \dfrac{\sigma^2}{n})$을 따른다.

예제 2

0부터 9까지의 수로 구성된 난수표에서 크기가 $n=2,\ 3,\ 4,\ 5,\ 10$ 인 표본을 각 100개씩 추출한 후 표본평균을 줄기와 잎 그림으로 표현해 보자.

5	0	55555
8	1	000
21	2	0000000555555
37	3	0000000055555555
(19)	4	0000000005555555555
44	5	0000000000555555555
25	6	000000555555
13	7	000055
7	8	0005
3	9	000

평균 = 4.4450

그림 6.1 (a) $n=2$인 경우 $\bar{y}$의 분포

```
          | 3366
  4    1  | 000033336666666
 20    2  | 0000333333366666
 37    3  | 00000333666
 49    4  | 000333333333333333336666
(26)   5  | 666
 25    6  | 0000003333366666
  9    7  | 033666
  4    8  | 0033
평균 = 4.6367
```

그림 6.1 (b) $n=3$인 경우 $\bar{y}$의 분포

```
          | 2557
  4    1  | 25555777
 12    2  | 002222222225555555557777
 36    3  | 7
(22)   4  | 022222555557777777777
 42    5  | 000000022255555777777
 20    6  | 000002222577777
  6    7  | 0225
  2    8  | 05
평균 = 4.5980
```

그림 6.1 (c) $n=4$인 경우 $\bar{y}$의 분포

```
          | 2
  1    1  | 044448888
 10    2  | 00022444444666888
 27    3  | 000000222222244444444466666666
(37)   4  | 6688
 36    5  | 0000002224444666688
 17    6  | 000222226888
  5    7  | 00022
평균 = 4.5560
```

그림 6.1 (d) $n=5$인 경우 $\bar{y}$의 분포

		558
3	22	2222223355667889999999
25	3	0011111111122334455556666666677778889
(41)	4	99
34	5	0000000222222244444444446666666666668
7	6	8
		0123368

평균 = 4.5560

그림 6.1 (e) $n=10$일 때 $\bar{y}$의 분포

위 그림에서 보는 바와 같이 모집단의 분포가 정규분포와 무관한 경우에도 표본의 크기 n이 증가하면 표본평균의 분포는 정규분포에 가까워지며 표본평균들의 흩어진 정도(분산)는 점점 작아진다는 것을 볼 수 있다.

표본평균들의 분산에 대해서는 위의 실험결과를 상자와 수염 그림으로 표현하면 쉽게 이해할 수 있다.

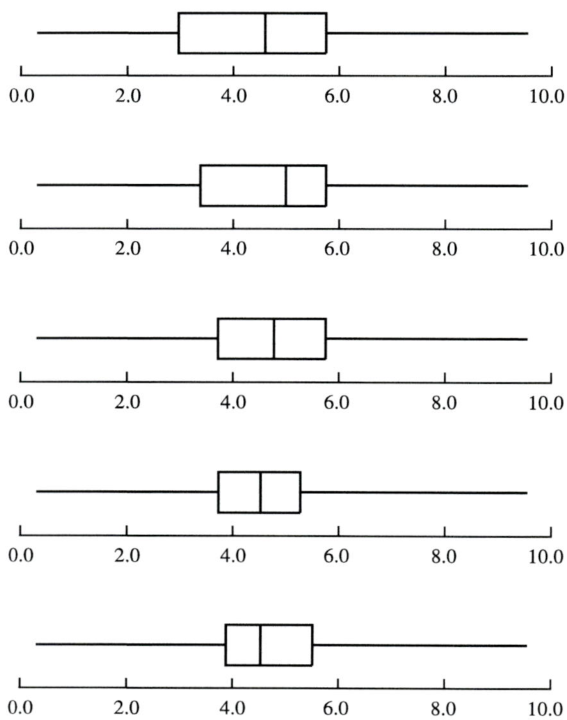

그림 6.2 표본의 크기 $n=2,\ 3,\ 4,\ 5,\ 10$일 때의 상자와 수염그림

위 그림에서 상자의 길이는 점점 작아짐을 알 수 있다. 즉 n이 증가할수록 $V(\overline{y})$는 작아진다는 것을 볼 수 있다.

중심극한정리를 이해하기 위해 또 다른 예로서 지수분포를 따르는 모집단에서 표본의 크기 n을 증가시켜 가면서 추출된 표본들의 표본평균의 분포를 살펴보자.

[그림 6.3] (a)는 지수분포를 나타내고 있다.
[그림 6.3] (b)는 표본의 크기 $n=6$일 때의 표본평균들의 분포를 나타낸 것이다.
[그림 6.3] (c)는 표본의 크기 $n=15$일 때의 표본평균들의 분포를 나타낸 것이다.
[그림 6.3] (d)는 표본의 크기 $n=30$일 때의 표본평균들의 분포를 나타낸 것이다.

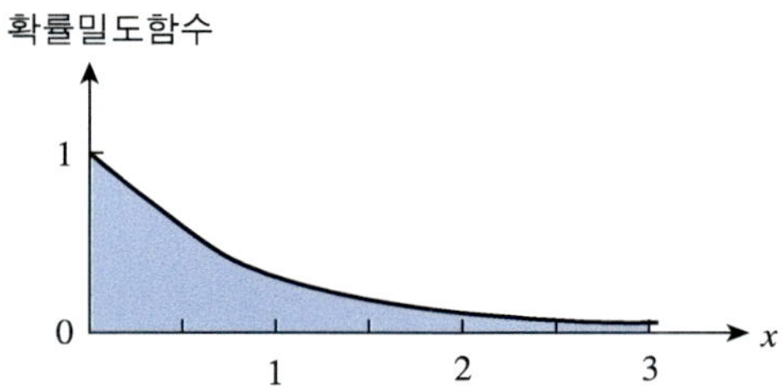

그림 6.3 (a) 지수분포

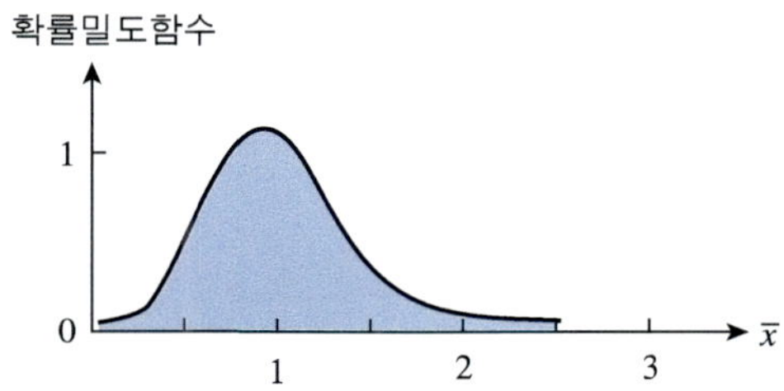

그림 6.3 (b) $n=6$일 때 $\bar{x}$의 분포

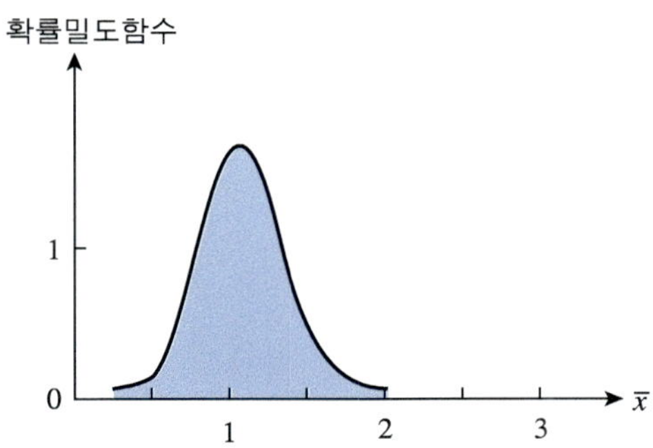

그림 6.3 (c) $n=15$일 때 $\bar{x}$의 분포

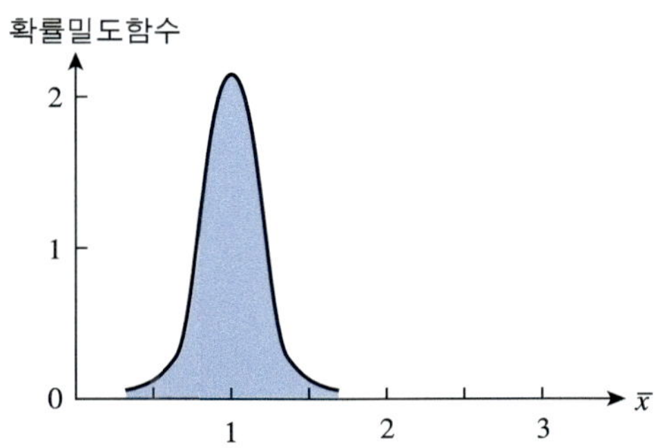

그림 6.3 (d) $n=30$일 때 $\bar{x}$의 분포

위 그림에서 보는 바와 같이 중심극한정리는 표본평균의 분포 모양이 정규분포의 모양에 근사한다는 것을 보여 준다.

예제 3

어느 대학교 남학생들의 평균 몸무게가 68kg이고 표준편차가 3kg이라고 한다. 이들 중에서 36명을 임의로 추출하였을 때 그 평균이 67kg 이상, 69kg 미만이 될 확률을 구하라.

<풀이>

중심극한 정리에 의하여 $\bar{y}$는 평균이 68이고 분산이 $\frac{9}{36}$, 즉 $\bar{y} \sim N(68, \frac{9}{36})$이므로

$$\begin{aligned} P(67 \le \bar{y} < 69) &= P\left(\frac{67-68}{3/6} \le \frac{\bar{y}-\mu}{\sigma/\sqrt{n}} < \frac{69-68}{3/6}\right) \\ &\simeq P(-2 < Z < 2) \\ &\simeq 0.9544 \end{aligned}$$

예제 4

캔에 들은 식품의 무게가 평균 16g이라 하고 표준편차는 0.6g이라고 한다. 한 상자에 36개의 캔이 들어간다고 할 때 임의로 추출한 상자의 무게가 585g 이상일 확률을 구하라. 즉 평균무게가 $\bar{X} = \frac{585}{36}$ =16.25를 초과할 확률은 다음과 같이 구한다.

$$\begin{aligned} P(\bar{X} > 16.25) &\simeq P\left(Z > \frac{16.25-16}{0.1}\right) \\ &\simeq P(Z > 2.5) \\ &\simeq 0.0062 \end{aligned}$$

비율의 표본분포

표본의 크기가 40인 조사를 통해서 적어도 70% 정도가 특정 후보를 지지할 확률을 추정하고 싶을 때 비율의 표본분포에 대한 관심을 갖게 된다. 크기가 $n=40$인 표본들이 추출되었을 때 특정후보를 지지하는 비율의 분포를 알아보자.

만약 P가 임의로 추출된 응답자가 특정 후보를 지지할 확률이라 하면 40명 중에서 특정후보를 지지하는 응답자의 수 X는 이항분포를 따른다. 그리고 지지하는 유권자의 비율

은 단지 지지자를 총 투표에 참가한 유권자로 나눈 것에 불과하다. 즉

$$\text{특성에 대한 표본비율} = \frac{\text{특성을 갖는 표본내의 개체수}}{\text{표본의 크기}}$$

따라서 X가 크기가 n인 표본에서 특성을 갖는 개체들의 수라하면 특성을 갖는 개체들의 표본비율은 확률변수 $\frac{X}{n}$가 된다. 이러한 통계량의 확률분포를 비율의 표본분포라 한다.

중심극한정리를 이용하여 $\frac{X}{n}$의 분포를 살펴보자.

선거와 관련된 표본조사에서 유권자가 특정 후보를 지지하면 1, 지지하지 않으면 0으로 표기하므로 $(1+0+0+\cdots+0+1)/40$, 혹은 $\frac{29}{40}$ 등으로 지지율을 계산할 수 있다. 1과 0으로 구성된 무한 모집단에서 크기가 n인 표본의 평균으로 $\frac{X}{n}$를 이용할 수 있다. 이 때 무한모집단에서 1이 추출될 확률을 P라 하면 확률분포는 다음과 같다.

x	0	1
$P(x)$	$1-p$	p

위 모집단의 평균과 분산은 다음과 같다.

$$\begin{aligned}\mu &= 0 \cdot (1-p) + 1 \cdot p = p \\ \sigma^2 &= (0-p)^2 \times (1-p) + (1-p)^2 \times p \\ &= p^2(1-p) + (1-p)^2 p \\ &= p(1-p)\end{aligned}$$

이제 중심극한정리에 의해서 표본평균의 분포는 평균이 μ이고 분산이 $\frac{\sigma^2}{n}$이므로 $\frac{X}{n}$의 표본분포의 평균은 p이고 표본분포의 분산은 $\frac{p(1-p)}{n}$가 된다.

예제 5

멘델의 유전법칙에 의하면 콩의 교배가 이루어졌을 때 생산되는 콩의 $\frac{3}{4}$은 노란색, $\frac{1}{4}$은 녹색이라고 한다. 400개의 콩이 생산되었다 하고

(a) 노란 콩의 비율에 대한 표준오차를 구하라.

(b) 노란 콩의 비율이 0.71에서 0.78일 확률을 구하라.

<풀이>

$p=\frac{3}{4}$, $n=400$, $X=$ 노란 콩의 수라 하면

(a) 노란 콩의 비율에 대한 표준오차는

$$\sqrt{\frac{p(1-p)}{n}}=\sqrt{\frac{\frac{3}{4}\cdot\frac{1}{4}}{400}}=0.0217$$

(b) $P(0.71<\frac{X}{n}<0.78)$

$$\simeq P\left(\frac{0.71-0.75}{0.0217}<Z<\frac{0.78-0.75}{0.0217}\right)$$

$$\simeq P(-1.85<Z<1.38)$$

$$\simeq 0.4678+0.4162$$

$$\simeq 0.8840$$

연습문제

1. 어느 대학교 학생들의 월 평균 용돈이 500,000원이며, 표준편차가 90,000원이라 한다. 이 대학교에서 임의로 추출된 100명의 학생들의 월 평균 용돈이 다음과 같을 확률을 구하라.

1) 450,000원을 초과할 확률을 구하라.
2) 450,000원에서 520,000원 사이에 있을 확률을 구하라.

2. 어떤 공장에서 생산된 USB의 10%가 접촉불량 현상을 보인다고 한다. 이공장에서 생산된 USB 100개를 임의로 추출하였을 때 다음의 확률을 구하라.

1) 접촉불량 USB 비율의 표준편차를 구하라
2) 접촉불량율이 0.05미만일 확률을 구하라.

3. 청소년들의 하루 평균 스마트폰 이용시간이 3.5시간이며, 표준편차가 2시간이라 한다. 임의로 50명의 청소년을 추출하였을 때 다음 확률을 구하라.

1) 4시간 이상 스마트폰을 이용할 확률을 구하라.
2) 3시간에서 4시간 스마트폰을 이용할 확률을 구하라.

4. 신기술을 반영하여 생산된 외장하드의 용량이 평균 168Gb이고, 표준편차가 6Gb라고 한다. 특정 생산라인에서 생산된 외장하드를 임의로 100개 추출하였을 때 평균 용량이 167Gb 이상 169Gb이하일 확률을 구하라.

제 7 장

추 정

C/H/A/P/T/E/R 07

추 정

7.1 점추정의 의의

통계적 추정이란 특정표본을 통해 관측한 데이터로부터 표본이 추출된 모집단에 관한 결론을 끌어내거나 일반화하는 것을 말한다. 추정에는 모집단의 모수를 추정하는 것과 모수와 관련된 가설을 검정하는 것으로 구분할 수 있다.

점추정은 표본조사결과를 통해 모수와 관련된 특정값을 제공하는 것이다. 모수의 점추정을 위해서 우선 적절한 크기의 표본을 추출하고, 통계량을 개발하고, 관측된 데이터를 이용하여 통계량의 값을 계산하면 된다. 추정의 목적을 위해 이용된 통계량을 추정량이라 한다. 추정량은 모수의 추정을 위해 적절한 일종의 확률변수이며 간단한 수식이다. 일정크기의 표본을 통해 관측된 데이터값을 이용하여 계산된 측정량의 값을 추정치라 한다. 즉, 추정치는 확률변수가 아닌 어떤 값이다. 예를 들어, 모수 μ의 추정량으로서 표본평균, $\overline{X}$를 생각할 수 있다. 이때, 표본 평균은 추출된 표본에 따라 다르다. 일반적으로 크기가 N인 모집단에서 크기가 n인 표본을 추출하는 경우 가능한 표본의 수는 $\binom{N}{n}$개이며 이들 표본으로부터 구한 표본 평균은 서로 다를 것이다. 즉 $\overline{X}$는 확률변수가 되며, 추출된 특정표본의 값을 이용해 계산된 표본평균은 모평균μ에 대한 점추정치가 된다.

추정량의 조건

추정량에 대한 일반적인 조건은 불편성(unbiasedness), 효율성(efficiency), 일치성(consistency), 충분성(sufficiency) 등이다.

우선 추정량에 대한 특성을 설명함에 있어서 특정 모수 p, μ, σ^2 대신에 이들 모수들을 그릭문자 θ로 나타내자. 그리고 θ의 추정량을 $\hat{\theta}$으로 표현하자.

불편성

모집단으로부터 표본이 추출되고, 추출된 표본을 통해 데이터가 수집되고, 수집된 데이터로부터 모수의 추정치를 구하게 된다. 이렇게 구한 추정치는 모수와 다른 값을 갖게 될 것이다. 그러나 특정 모집단으로부터 크기가 같은 표본을 여러 개 추출하고 각 표본으로부터 구한 추정치들의 평균을 구하면 그 값은 모수와 같거나 매우 가까운 추정량이 된다. 이와 같은 특성이 기본적으로 불편성을 의미하는 것이다. 가우스는 불편성에 대해 다음과 같이 정의하였다.

만약 추정량, $\hat{\theta}$의 표본분포의 평균이 추정하고자 하는 모수, θ와 같다면 추정량 $\hat{\theta}$를 불편추정량이라 한다. 즉,

$$E(\hat{\theta}) = \theta$$

를 만족하면 $\hat{\theta}$을 불편 추정량이라 한다.

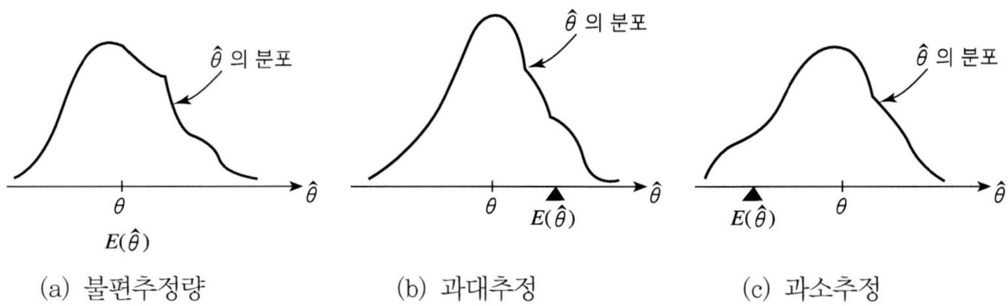

그림 7.1 $\hat{\theta}$ 의 분포

불편추정량이 아닌 추정량을 편의(biased)추정량이라 하며 이러한 추정량은 모수 θ를 과소 혹은 과대 추정한다.

무한모집단의 경우 모집단의 평균이 μ이고 분산이 σ^2일 때 표본평균 $\overline{X}$는 다음과 같은 성질을 갖는다.

$$E\overline{X} = \mu$$

$$V(\overline{X}) = \frac{\sigma^2}{n}$$

즉, 표본평균 $\overline{X}$는 μ의 불편추정량이다. 한편 표본분산 $s^2 = \frac{1}{n-1}\sum_{i=1}^{n}(x_i - \overline{x})^2$은 모분산 σ^2의 불편추정량이다. 표본평균과 표본분산은 대표적인 불편추정량들이다.

효율성

어떤 모수를 추정하는 문제를 고려할 때 해당 모수의 많은 추정량들이 불편성을 갖고 있을 수 있다. 즉, 표본평균, 중앙값은 모두 불편성을 갖는다. 이 경우 어느 추정량을 택할 것인가? 여기에 대한 해결 방안이 효율성이다. θ_1과 θ_2가 θ의 불편 추정량이라 하자. 이때 $V(\theta_1) \leq V(\theta_2)$을 만족하면 θ_1이 θ_2보다 효율성이 높다고 말한다. 따라서 가능하다면 모든 불편추정량 중에서 분산이 가장 작은 추정량을 선택하게 될 것이며 그러한 추정량이 존재한다면 이를 가장 효율적인 추정량이라 한다.

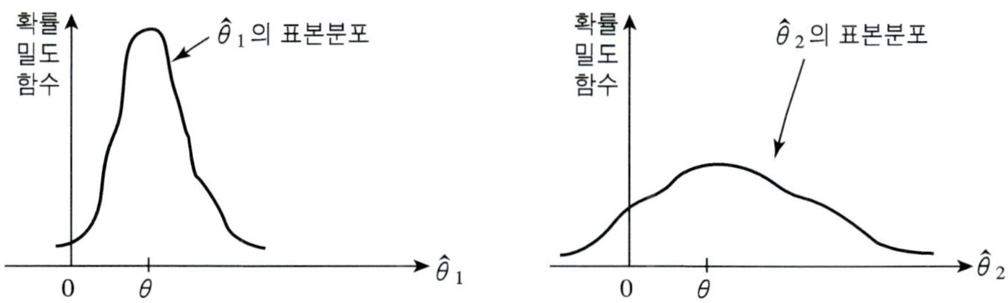

그림 7.2 $\hat{\theta}$의 분포

일치성

추정량의 세 번째 특성이 일치성이다.

표본의 크기가 커짐에 따라서, 즉 $n \rightarrow \infty$, 추정량이 모수와 같아질 가능성은 높아진다. 추정량의 이러한 성질을 일치성이라 한다. 모평균의 추정량으로서 표본평균은 일치성을 갖는다. 즉 표본의 크기가 커지면 표본평균은 모수와 같아질 가능성이 점점 커진다는 것을 알 수 있다. 표본평균의 분산은 $\frac{\sigma^2}{n}$임을 알고 있다. 따라서 만약 표본의 크기가 점점 커진다면 분산은 0에 가까워질 것이다.

충분성

충분성은 수학적인 개념을 포함하고 있다. 충분성을 갖는 추정량은 모수를 추정하기 위해 추출된 표본의 모든 정보를 활용해야 한다는 것이며 다른 어떤 추정량도 더 이상의 정보를 제공하지 못한다. 이러한 추정량을 충분성이 있다고 한다.

7.2 μ에 대한 신뢰구간 (σ^2이 알려진 경우)

점추정에서는 하나의 값을 갖는 모수를 추정한다. 그러나 점추정치를 찾았을 때 그 값이 모수와 정확히 일치하리라고는 생각하지 않을 것이다. 마찬가지로 같은 모집단에서 두 개의 표본을 추출하였을 때 점추정치들이 같을 것이라고 기대하지도 않을 것이다. 이는 물론 표본오차에 의한 당연한 결과인 것이다. 따라서 점추정치에 대한 부가적인 정보가 필수적이다. 즉 점추정치가 추정하려고 하는 모수와 어느 정도 차이가 있는가에 대한 확률적인 정보를 제공해줄 필요가 있다.

예를 들어, 사과 저장창고에 있는 상자들의 평균무게를 추정할 필요가 있다고 하자. 임의로 표본을 추출하여 측정한 결과 표본평균이 20kg이었다면 이를 모평균 μ의 점추정치로 이용할 것이다. 그렇다면, 이 추정치는 얼마나 신뢰할 만한가?

예를 들어 모표준편차가 8kg이었다 하자, 이 경우 점추정치에 대한 신뢰가 크지 않을 것이다. 그러나 모표준편차가 1kg이었다고 한다면 점추정치에 대한 신뢰는 상당히 향상될 것이다. 이제 표본크기의 문제로 돌아가서 사과상자의 평균무게를 추정하기 위해 2개의 상자를 측정한 후 평균을 구한 결과와 100개 상자를 추출하여 구한 결과간의 신뢰의 정도는 분명한 차이가 있을 것이다.

모수를 추정함에 있어서 위에서 언급한 표준편차와 표본의 크기를 동시에 고려하는 추정방법이 구간추정(interval estimation) 방법이다. 구간추정법은 모수가 포함될 것이라고 가정되는 일정 구간을 제시한다. 신뢰구간을 구하는 일반적인 방법은, 일단 적절한 크기의 표본을 추출하고 하한(lower limit)과 상한(upper limit)이라고 불리는 두 확률변수를 이용하여 확률구간(L, U)을 표본으로부터 추정하는 것이다.

이때 확률구간은 모수 θ가 포함될 확률이 $1-\alpha$가 되도록 구한다. 즉,

$$P(L < \theta < U) = 1-\alpha$$

만약 특정 표본으로부터 구한 L과 U의 값이 각각 l, u라면 해당표본에 의한 신뢰구간은 $(l,\ u)$가 된다, 즉 $l < \theta < u$라 고 표현할 수 있으며 유의수준을 이용하여 θ에 대한 $(1-\alpha)100\%$ 신뢰구간이라고 부른다. 예를 들어 $\alpha = 0.05$이면 95% 신뢰구간이라고 부른다.

신뢰구간

여기에서는 모분산 σ^2이 알려진 경우 모평균 μ에 대한 신뢰구간을 구하는 방법에 대해서 설명하겠다. 신뢰구간을 구하기 위해서 모집단이 정규분포를 따른다고 가정하자. 그리고 표본평균 $\overline{x}$는 평균이 μ이고 분산이 $\frac{\sigma^2}{n}$인 정규분포를 따른다. 이 때 Z 변환을 하면 통계량 $\frac{\overline{x}-\mu}{\frac{\sigma}{\sqrt{n}}}$는 표준 정규분포를 따른다.

부록의 표준정규분포표로부터 $z=1.96$의 오른쪽 영역은 0.025임을 알 수 있으며 정규분포가 대칭이므로 $z=-1.96$의 왼쪽 영역 역시 0.025임을 알 수 있다. 즉

$$P\left(-1.96 < \frac{\overline{x}-\mu}{\frac{\sigma}{\sqrt{n}}} < 1.96\right) = 0.95$$

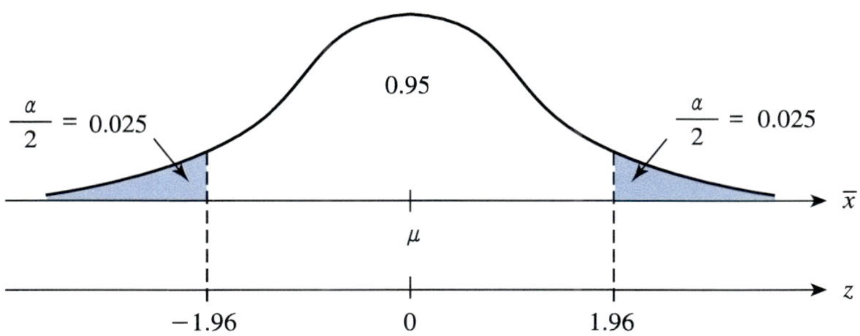

그림 7.3 표준규정분포에서의 확률밀도곡선

위의 식을 일반화된 유의수준을 이용하여 표현하면 다음과 같다.

$$P\left(-z_{\frac{\alpha}{2}} < \frac{\overline{x}-\mu}{\frac{\sigma}{\sqrt{n}}} < z_{\frac{\alpha}{2}}\right) = 1-\alpha$$

이제 위식을 모평균 μ에 대해 정리하면 다음과 같다.

$$P\left(\overline{x}-z_{\frac{\alpha}{2}}\frac{\sigma}{\sqrt{n}}<\mu<\overline{x}+z_{\frac{\alpha}{2}}\frac{\sigma}{\sqrt{n}}\right)=1-\alpha$$

예제 1

주유소에서 9일 동안 판매한 휘발유가 평균 891리터라 한다. 매일의 판매량이 정규분포를 따른다고 가정하고 모표준편차가 90리터라 할 때 일일평균 판매량에 대한 80% 신뢰구간을 구하라.

<풀이>

$\alpha=0.2$이므로 $z_{\frac{\alpha}{2}}=z_{0.1}=1.28$ 따라서 80% 신뢰구간은 다음과 같다.

$$891-1.28\left(\frac{90}{\sqrt{9}}\right)<\mu<891+1.28\left(\frac{90}{\sqrt{9}}\right)$$

즉, $852.6<\mu<929.4$ 가 된다.

신뢰구간의 경험적 의미

어느 유치원에서 어린이의 평균 몸무게에 대한 95% 신뢰구간을 추정하려 한다. 총 64명의 어린이가 측정에 참가했으며 과거의 경험에 의하면 모표준편차는 4kg인 것을 알고 있다. 이 때 표본을 통해 구할 수 있는 확률구간은 다음과 같다.

$$\left(\overline{x}-1.96\frac{4}{\sqrt{64}},\quad \overline{x}+1.96\frac{4}{\sqrt{64}}\right) \text{ 즉, } P\left(\overline{x}-0.98,\quad \overline{x}+0.98\right)=0.95$$

표본평균이 20.8kg이었다면 95% 신뢰구간은 (19.81, 21.78)이 된다. 이제 유치원 어린이 들 가운데 크기가 64인 표본을 추출하는 경우의 수가 무한히 많다는 것을 생각하자. 두 번째 표본의 추출결과 표본 평균이 19.7kg이었다면 95% 신뢰구간은 (18.72, 20.68)이 될 것이다. 마찬가지 방법으로 5개의 표본을 추출하여 신뢰구간을 추정한 결과가 다음과 같다고 하자.

표본 번호	표본평균	구 간
1	20.8	(19.82, 21.78)
2	19.7	(18.72, 20.68)
3	21.3	(20.32, 22.28)
4	20.2	(19.22, 21.18)
5	21.0	(20.02, 21.98)
⋮	⋮	⋮

위 구간 중 어느 구간이 모평균 μ를 포함하는지에 대한 설명을 위해 상대도수의 개념을 도입하겠다. $P(\overline{x}-0.98,\ \overline{x}+0.98)=0.95$가 의미하는 바는 위와 같은 방법으로 추정한 구간 중 대략 95%정도의 신뢰구간은 모평균 μ를 포함한다는 의미로 받아들이면 되겠다. 물론 이와 같은 설명은 이론적인 것이다. 즉 연구자는 단 1회의 표본을 추출하게 되며, 그 결과로서 얻어진 신뢰구간을 발표하게 되고 그 구간이 모평균 μ를 포함하는지는 알 수가 없다. 그러나 신뢰구간 발표 시 95% 신뢰구간이라고 주장하는 것은 같은 상황 하에서 모집단으로부터 표본을 반복적으로 추출하여 구간을 추정할 때 95% 정도의 표본은 모평균 μ가 포함되고 나머지 5%의 표본은 모평균 μ를 포함하지 않을 수 있다는 의미이다. 다시 말해서 $P(19.82<\mu<21.78)=0.95$라고 설명하는 것은 잘못된 것이다.

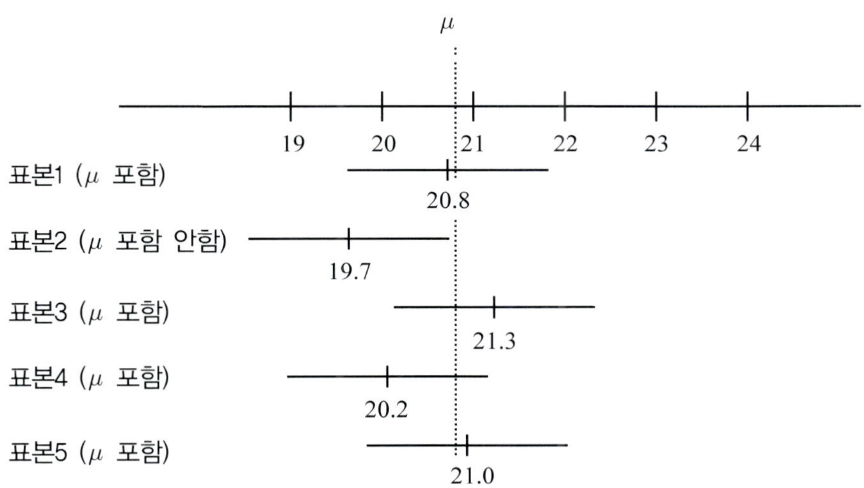

그림 7.4 표본평균에 대한 신뢰구간

예제 2

어느 산간 지역에서 16년간의 평균 강우량을 조사한 결과 평균 20.8cm였다. 과거의 경험에 의하면 모표준편차가 2.8cm라 한다. 이때 모평균 μ에 대한 90%, 95%, 98% 신뢰구간을 구하고 비교하라.

<풀이>

90% 신뢰구간은 $z_{\frac{\alpha}{2}} = z_{0.05} = 1.645$이므로

$$20.8 - 1.645\left(\frac{2.8}{\sqrt{16}}\right) < \mu < 20.8 + 1.645\left(\frac{2.8}{\sqrt{16}}\right)$$

95% 신뢰구간은 $z_{\frac{\alpha}{2}} = z_{0.025} = 1.96$이므로

$$20.8 - 1.96\left(\frac{2.8}{\sqrt{16}}\right) < \mu < 20.8 + 1.96\left(\frac{2.8}{\sqrt{16}}\right)$$

98% 신뢰구간은 $z_{\frac{\alpha}{2}} = z_{0.01} = 2.33$이므로

$$20.8 - 2.33\left(\frac{2.8}{\sqrt{16}}\right) < \mu < 20.8 + 2.33\left(\frac{2.8}{\sqrt{16}}\right)$$

이 된다. 이를 그림으로 표현하면 다음과 같다.

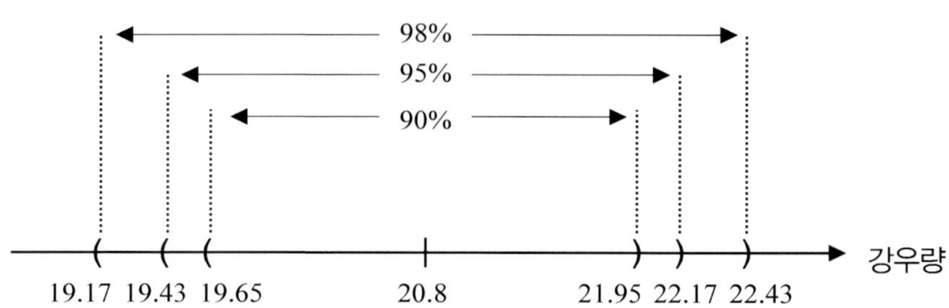

그림 7.5 강우량에 대한 신뢰구산

위 그림에서 보는 바와 같이 유의수준이 커질수록 신뢰구간이 넓어진다는 것을 알 수

있다. 신뢰구간의 길이는 $2\times z_{\frac{\alpha}{2}}\frac{\sigma}{\sqrt{n}}$가 되며, 수식에서 보는 바와 같이 μ에 대한 신뢰구간의 길이는 $z_{\frac{\alpha}{2}}$, σ, n에 따라 다르다는 것을 알 수 있다.

모평균 μ의 추정과 표본의 크기와의 관계

모평균 μ와 표본평균 $\overline{x}$와의 차이를 추정오차라 하며, 허용할 수 있는 최대오차를 d라 하자. 즉, $|\mu-\overline{x}|=d$라 하면 $d=z_{\frac{\alpha}{2}}\frac{\sigma}{\sqrt{n}}$가 되며 이를 표본의 크기 n에 대해 풀면 $n=\left(\frac{z_{\frac{\alpha}{2}}\sigma}{d}\right)^2$가 된다.

즉, 모평균 μ와 추정치 $\overline{x}$와의 차이가 $|\mu-\overline{x}|=d$를 초과하지 않고 신뢰구간은 $(1-\alpha)100\%$가 되도록 하기 위한 표본의 크기는 위와 같다는 의미이다.

예제 3

어떤 회사에서 생산되는 형광등의 모표준편차가 40시간이라 한다. 형광등의 평균 수명에 대한 오차의 한계가 10시간이 되도록 95% 신뢰구간을 추정하려면 표본의 크기를 어느 정도로 결정해야 하는지 계산하자.

<풀이>

$\alpha=0.05$, $z_{\frac{\alpha}{2}}=z_{0.025}=1.96$이므로, 표본의 크기는

$$n=\left(\frac{1.96\times 40}{10}\right)^2=61.5\simeq 62$$

가 된다. 최소한 62개 표본을 추출한다.

7.3 μ에 대한 신뢰구간 (σ^2이 알려지지 않은 경우)

모집단이 정규분포를 따를 때 σ^2이 알려졌다면 표본평균 $\bar{x}$는 평균이 μ이고 분산이 $\frac{\sigma^2}{n}$인 정규분포를 따른다. 따라서 Z변환을 하면 다음 통계량은 표준정규분포를 따른다.

$$Z = \frac{\bar{x} - \mu}{\frac{\sigma}{\sqrt{n}}}$$

그러나 σ^2이 알려지지 않은 경우에는 추정치 s^2을 이용한다. 이 때 통계량 t는 자유도가 $n-1$인 t 분포를 따른다.

$$t = \frac{\bar{x} - \mu}{\frac{s}{\sqrt{n}}}$$

부록의 t 분포표로부터 $t_{n-1, \frac{\alpha}{2}}$의 값을 찾을 수 있으며 통계량이 $-t_{n-1, \frac{\alpha}{2}}$와 $t_{n-1, \frac{\alpha}{2}}$ 사이에 속할 확률은 다음과 같이 표현할 수 있다.

$$P\left(-t_{n-1, \frac{\alpha}{2}} < \frac{\bar{x} - \mu}{\frac{s}{\sqrt{n}}} < t_{n-1, \frac{\alpha}{2}}\right) = 1 - \alpha$$

위 식을 μ에 대해 정리하면

$$P\left(\bar{x} - t_{\frac{\alpha}{2}} \frac{s}{\sqrt{n}} < \mu < \bar{x} + t_{\frac{\alpha}{2}} \frac{s}{\sqrt{n}}\right) = 1 - \alpha$$

가 된다. 따라서 σ^2이 알려지지 않은 경우 모평균μ의 $(1-\alpha)100\%$ 신뢰구간은 다음과 같다.

$$\left(\bar{x} - t_{\frac{\alpha}{2}} \frac{s}{\sqrt{n}},\ \bar{x} + t_{\frac{\alpha}{2}} \frac{s}{\sqrt{n}}\right)$$

예제 4

어느 가정에서 5주 동안 섭취한 소금의 량이 각각 3.8, 4.5, 5.2, 4.0, 5.5g 이라 할 때 모평균 μ에 대한 90% 신뢰구간을 구하라.

<풀이>

$\overline{x} = 4.6\text{g}$ 이고 $s^2 = \dfrac{1}{5-1}\sum_{i=1}^{5}(x_i - \overline{x})^2 = 0.545$이므로 90% 신뢰구간은

$$4.6 - 2.132\frac{0.738}{\sqrt{5}} < \mu < 4.6 + 2.132\frac{0.738}{\sqrt{5}}$$

을 이용하면 $(3.896,\ 5.304)$가 된다.

모분산에 대한 신뢰구간

점추정치를 설명하면서 σ^2의 점추정치로 s^2이 적절하다는 것을 알았다. 이제 모집단이 정규분포를 따를 때 다음과 같은 통계량을 생각하자.

$$U = \frac{(n-1)s^2}{\sigma^2}$$

통계량 U는 자유도가 $n-1$인 χ^2분포를 따른다.

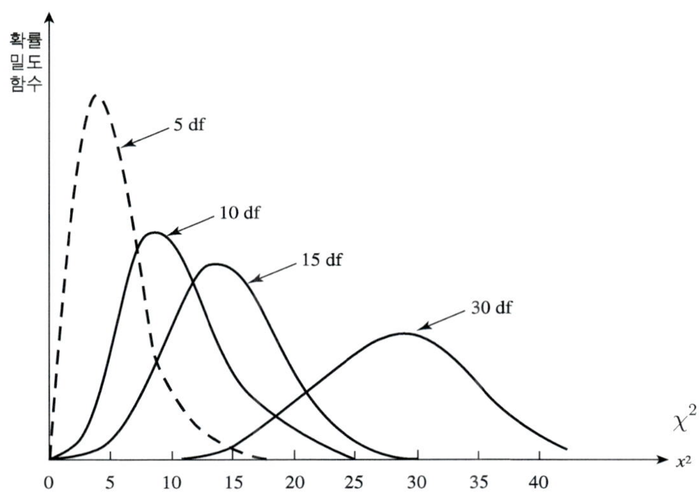

그림 7.6 카이제곱분포의 확률밀도함수

따라서 σ^2에 대한 신뢰구간은 다음과 같이 표현할 수 있다.

$$P\left(\chi^2_{n-1,1-\frac{\alpha}{2}} < \frac{(n-1)s^2}{\sigma^2} < \chi^2_{n-1,\frac{\alpha}{2}}\right) = 1-\alpha$$

여기에서 $\chi^2_{n-1,1-\frac{\alpha}{2}}$와 $\chi^2_{n-1,\frac{\alpha}{2}}$는 자유도가 $n-1$인 카이제곱분포의 왼쪽 영역이 $1-\frac{\alpha}{2}$가 되는 값과 오른쪽 영역이 $\frac{\alpha}{2}$가 되도록 하는 값이다.

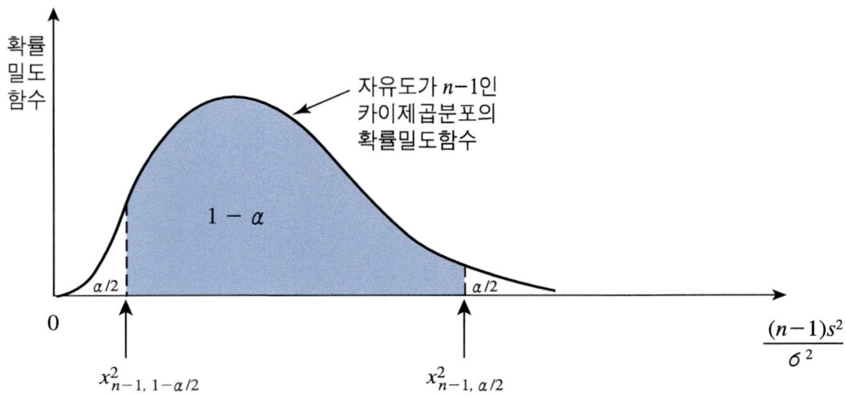

그림 7.7 카이제곱분포에서 면적이 $\frac{\alpha}{2}$와 $1-\frac{\alpha}{2}$가 되는 값

한편 위의 식을 σ^2에 대해 정리하면 다음과 같다.

$$P\left(\frac{(n-1)s^2}{\chi^2_{n-1,\frac{\alpha}{2}}} < \sigma^2 < \frac{(n-1)s^2}{\chi^2_{n-1,1-\frac{\alpha}{2}}}\right) = 1-\alpha$$

따라서 σ^2에 대한 $(1-\alpha)100\%$ 신뢰구간은 다음과 같다.

$$\left(\frac{(n-1)s^2}{\chi^2_{n-1,\frac{\alpha}{2}}},\quad \frac{(n-1)s^2}{\chi^2_{n-1,1-\frac{\alpha}{2}}}\right)$$

여기에서 s^2은 정규분포로부터 추출된 n개의 관측치로부터 구한 표본분산이다.

주의해야 할 것은 카이제곱분포는 대칭이 아니므로 $\chi^2_{n-1,1-\frac{\alpha}{2}}$와 $-\chi^2_{n-1,\frac{\alpha}{2}}$의 값이 같지 않다는 것이다.

예제 5

다음은 금반지의 순금의 량을 측정한 것이다. 8.1, 8.7, 7.6, 8.5, 7.9 이 데이터를 이용하여 σ^2의 추정치를 구하고 95% 신뢰구간을 구하라.

<풀이>

$$s^2 = \frac{\sum_{i=1}^{6}\left(x_i - \bar{x}\right)^2}{6-1} = 0.18$$

$\chi^2_{5,\ 0.025} = 12.832$이고 $\chi^2_{5,\ 0.975} = 0.831$이므로 95% 신뢰구간은 다음과 같다.

$$\left(\frac{0.9}{12.832},\quad \frac{0.9}{0.831}\right) \text{ 즉, } (0.07 < \sigma^2 < 10.8)$$

모비율에 대한 신뢰구간

만약 P가 모집단의 속성에 대한 비율이라 하고, 크기가 n인 표본에서 속성을 갖는 개체들의 수를 X라 하면 표본비율, $\frac{X}{n}$는 모비율 P의 추정치가 된다. 모비율이 0에 가깝거나 혹은 1에 가깝지 않다는 조건, 그리고 표본의 크기가 크다는 $(n > 30)$ 조건하에서 $\frac{X}{n}$의 표본분포는 평균이 p이고 분산이 $\frac{p(1-p)}{n}$인 정규분포를 따른다.

이때 p에 대한 신뢰구간은 다음과 같이 표현할 수 있다.

$$P\left(\frac{X}{n} - z_{\frac{\alpha}{2}}\sqrt{\frac{p(1-p)}{n}} < P < \frac{X}{n} + z_{\frac{\alpha}{2}}\sqrt{\frac{p(1-p)}{n}}\right) = 1-\alpha$$

즉 p에 대한 $(1-\alpha)100\%$ 신뢰구간은 다음과 같다.

$$\left(\frac{X}{n} - z_{\frac{\alpha}{2}}\sqrt{\frac{\frac{X}{n}(1-\frac{X}{n})}{n}},\quad \frac{X}{n} + z_{\frac{\alpha}{2}}\sqrt{\frac{\frac{X}{n}(1-\frac{X}{n})}{n}}\right)$$

예제 6

400명의 학생들에게 MT에 참가할 것인지를 질문하였다. 160명만이 참석을 알렸다면 참석률에 대한 98% 신뢰구간을 구하라.

<풀이>

$0.4-2.33(0.0245) < P < 0.4+2.33(0.0245)$이므로 $(0.343,\ 0.457)$이 된다.

두 모집단에 대한 구간추정

모평균이 μ_1, μ_2, 모분산이 σ_1^2, σ_2^2인 두 모집단을 생각하자. 여기에서는 두 모집단의 모평균의 차, $\mu_1-\mu_2$의 구간 추정에 대해 설명하겠다. 모평균의 차에 대한 신뢰구간 추정을 위해 우선 크기가 n_1, n_2인 두 임의 표본을 추출한다. 그리고 각 표본의 표본평균을 $\bar{x}_1$, $\bar{x}_2$라 하자. 두 독립표본이 각각 정규분포를 따르는 모집단에서 추출되었으므로 $\bar{x}_1-\bar{x}_2$ 의 표본분포는 평균이 $\mu_1-\mu_2$이고 분산이 $\frac{\sigma_1^2}{n_1}+\frac{\sigma_2^2}{n_2}$인 정규분포를 따른다. 따라서 두 모평균의 차에 대한 신뢰구간은 다음과 같이 표현할 수 있다.

$$P\left(x_1-\bar{x}_2-z_{\frac{\alpha}{2}}\sqrt{\frac{\sigma_1^2}{n_1}+\frac{\sigma_2^2}{n_2}} < \mu_1-\mu_2 < \bar{x}_1-\bar{x}_2+z_{\frac{\alpha}{2}}\sqrt{\frac{\sigma_1^2}{n_1}+\frac{\sigma_2^2}{n_2}}\right)=1-\alpha$$

따라서 $\mu_1-\mu_2$에 대한 $(1-\alpha)100\%$ 신뢰구간은 다음과 같다.

$$\left[(\bar{x}_1-\bar{x}_2)-z_{\frac{\alpha}{2}}\sqrt{\frac{\sigma_1^2}{n_1}+\frac{\sigma_2^2}{n_2}},\quad (\bar{x}_1-\bar{x}_2)+z_{\frac{\alpha}{2}}\sqrt{\frac{\sigma_1^2}{n_1}+\frac{\sigma_2^2}{n_2}}\right]$$

예제 7

두 다이어트 방법의 차이가 있는지 검정하기 위해 A 방법은 50명, B 방법은 40명을 임의로 추출하여 실험한 결과 평균 체중감소는 $\bar{x} = 16.5$ $\bar{x}_B = 13.2$이었으며 표본분산은 각각 $s_A^2 = 25$, $s_B^2 = 16$이었다. 평균체중감소량의 차에 대한 85% 신뢰구간을 구하라.

<풀이>

$z_{\frac{\alpha}{2}} = z_{0.075} = 1.44$이므로 $\mu_A - \mu_B$에 대한 신뢰구간은

$$(16.5-13.2)-1.44\sqrt{\frac{25}{50}+\frac{16}{40}} < \mu_A - \mu_B < (16.5-13.2)+1.44\sqrt{\frac{25}{50}+\frac{16}{40}}$$

모평균의 차에 대한 신뢰구간(분산은 같으나 알려지지 않은 경우) 모분산은 같으나 알려지지 않은 경우 통합분산(pooled estimate of variance)을 이용한다.

$$s_p^2 = \frac{(n_1-1)s_A^2 + (n_2-1)s_B^2}{n_1+n_2-2}$$

여기에서 s_A^2, s_B^2은 각각의 표본분산이다.

따라서 $\mu_1 - \mu_2$에 대한 $(1-\alpha)100\%$ 신뢰구간은 다음과 같다.

$$\left((\bar{x}_1 - \bar{x}_2) - t_{n_1+n_2-2,\frac{\alpha}{2}}\, s_p\sqrt{\frac{1}{n_1}+\frac{1}{n_2}},\ (\bar{x}_1 - \bar{x}_2) + t_{n_1+n_2-2,\frac{\alpha}{2}}\, s_p\sqrt{\frac{1}{n_1}+\frac{1}{n_2}}\right)$$

예제 8

사료의 효과를 검정하기 위하여 A사제품을 10마리의 돼지에게 B사 제품은 14마리의 돼지에게 주고 1달 후 평균 몸무게를 측정한 결과 $\bar{x}_A = 50$, $\bar{x}_B = 56, s_A = 6$, $s_B = 8$. 두 사료 간에 차에 대한 신뢰구간을 유의수준 10%에 구하라.

<풀이>

$n_1 = 10,\ n_2 = 14,\ s_p^2 = 7.1818$이므로

$$\left((50-56)-1.717\times\sqrt{7.249}\sqrt{\frac{1}{10}+\frac{1}{14}},\quad (50-56)+1.717\times\sqrt{7.249}\sqrt{\frac{1}{10}+\frac{1}{14}}\right)$$

을 계산하면 $(-8.69, -3.31)$이 된다.

모비율의 차에 대한 신뢰구간

단체장 선출과 관련하여 남녀 간의 지지율을 비교하고자 한다. 이 때 $\frac{X}{n_1}$은 p_1의 점 추정치가 된다. 마찬가지로 $\frac{Y}{n_2}$는 p_2의 점추정치가 된다. 여기에서 X는 남자들 중의 지지자의 수를 나타내며 Y는 여자들 중의 지지자의 수를 나타낸다. 한편 p_1-p_2의 점 추정치는 $\frac{X}{n_1}-\frac{Y}{n_2}$가 된다. 만약 $n_1,\ n_2$가 각각 30보다 크고 $p_1,\ p_2$가 1 혹은 0에 가깝지 않다면 $\frac{X}{n_1}-\frac{Y}{n_2}$의 분포는 평균이 p_1-p_2이고 분산이 $\frac{p_1(1-p_1)}{n_1}+\frac{p_2(1-p_2)}{n_2}$인 정규분포에 근사한다. 따라서 p_1-p_2의 $(1-\alpha)100\%$ 신뢰구간은 다음과 같다.

$$\left(\left(\frac{X}{n_1}-\frac{Y}{n_2}\right)-z_{\frac{\alpha}{2}}\sqrt{\frac{\frac{X}{n_1}\left(1-\frac{X}{n_1}\right)}{n_1}+\frac{\frac{Y}{n_2}\left(1-\frac{Y}{n_2}\right)}{n_2}},\quad \left(\frac{X}{n_1}-\frac{Y}{n_2}\right)+z_{\frac{\alpha}{2}}\sqrt{\frac{\frac{X}{n_1}\left(1-\frac{X}{n_1}\right)}{n_1}+\frac{\frac{Y}{n_2}\left(1-\frac{Y}{n_2}\right)}{n_2}}\right)$$

예제 9

어느 대학에서 150명의 교수들과 300명의 학생들에게 흡연여부를 조사한 결과 교수들 중에 48명 학생들 중에 114명이 흡연가인 것으로 조사되었다. 비율의 차 p_1-p_2에 대한 95% 신뢰구간을 구하라.

<풀이>

$$\sqrt{\frac{\frac{X}{n_1}\left(\frac{1-X}{n_1}\right)}{n_1}+\frac{\frac{Y}{n_2}\left(1-\frac{Y}{n_2}\right)}{n_2}}=\sqrt{\frac{0.32\times 0.68}{150}+\frac{0.38\times 0.62}{300}}=0.0473$$

이므로 신뢰구간은 $(-0.153,\ 0.033)$이 된다.

연습문제

1. A사에서 생산되는 모니터의 수명에 대한 모 표준편차가 120일이라 한다. 오차의 한계가 30일 이내가 되도록 모니터의 평균 수명을 추정하려할 때 95% 신뢰구간에서의 표본의 크기를 구하라.

2. 신설된 스마트폰용 배터리생산라인에서 1,600개를 임의로 추출하여 조사한 결과 96개가 불량이었다고 한다. 이 배터리 생산라인의 불량률 p를 추정하고 모비율에 대한 신뢰구간을 유의수준 5%에서 구하라.

3. e-book 생산업체에서 지난 60일 간 하루 평균 870쪽을 편집하였으며 하루 편집량의 표준편차 σ는 21쪽인 정규분포를 따른다고 한다. 하루 평균 e-book 편집량에 대한 90% 신뢰구간을 구하라.

4. 중고 위성을 거래하는 회사가 있다. 이 회사에서 특정 위성 제조사가 개발하여 운영했던 위성 9개를 임의로 추출하여 위성의 수명을 조사한 결과가 다음과 같다.

20,000	18,500	21,200	19,500	19,750	21,000	19,250	20,500	21,500

평균 수명에 대한 90% 신뢰구간을 구하라.

5. 어느 학과 학생 5명을 임의로 추출하여 지난 5일 동안 인터넷이용시간을 조사한 결과 4.5 3.2 5.3 3.7 5.0 시간이었다. 모평균 μ에 대한 95% 신뢰구간을 구하라.

6. 진주선별자들이 보르네오산 진주의 직경을 측정하여 그룹으로 나누고 있다. A++ 등급에 분류된 진주들의 지름이 자음과 같을 때 σ^2의 추정치를 구하고 95% 신뢰구간을 구하라.

7. 어느 연구소 소속 200명의 연구원 중 54명이 인터넷 속도에 만족하고 있으며, 150명의 직원 중 35명 만이 인터넷 속도에 만족한다고 한다. 두 그룹의 인터넷 속도 만족 비율간의 차에 대한 95% 신뢰구간을 구하라.

제 8 장

가설검정

CHAPTER 08

가설검정

8.1 가설검정이란?

앞에서 모집단의 모수 추정과 관련하여 통계적 추정을 다루었다. 이제 모수와 관련된 또 하나의 주제, 가설검정에 대해서 생각해 보자. 가설 검정의 주 목적은 모집단 모수들에 관한 서술, 주장 등을 받아들일지(acceptance) 혹은 기각(rejection)할지에 대한 의사 결정을 이끌어 내는 어떤 규칙을 수식화하는 것이다.

학교로 출발하기 전, 어떤 학생이 하늘을 보고 "비가 오겠는데"라고 중얼거렸다고 하자.

이 때 이 학생은 그날의 일기예보에 관한 서술을 한 것이라고 볼 수 있으며, 우리는 그 학생이 날씨에 관한 가설을 세웠다고 말한다. 이제 그 학생은 다음과 같은 의사 결정을 해야만 한다. 우산을 들고 집을 나설 것인가? 우산 없이 집을 나설 것인가? 그 학생이 어떤 행동을 취하는 결과는 다음 4가지 중 하나일 것이다.

첫째 : 우산을 들고 집을 나섰다. 그리고 비가 왔다(현명한 결정).
둘째 : 우산 없이 집을 나섰다. 그리고 비가 오지 않았다(현명한 결정).
셋째 : 우산을 들고 집을 나섰다. 그리고 비가 오지 않았다(잘못된 결정).
넷째 : 우산 없이 집을 나섰다. 그리고 비가 왔다(잘못된 결정).

세 번째와 네 번째 의사 결정은 잘못된 결과를 초래했다는 점에서 바람직하지 못하다. 이상적인 것은 우산을 들고 집을 나섰을 때 비가 오거나, 우산 없이 집을 나섰을 때 비가 오지 않는 것이다. 그러나 집을 나서기 전 비가 올지 안 올지 그 학생은 알 수 없으며 우산을 들고 집을 나설 것인가? 우산 없이 집을 나설 것인가?는 집을 나서기 전에 결정해야 한다.

집을 나서기 전 하늘을 다시 한 번 쳐다보고 과거의 경험을 고려하여 결정을 잘못 내렸을 경우에 초래되는 결과와 현명한 결정이 가져다주는 결과와의 적절한 비교를 통해서 의사 결정을 내려야 한다.

이와 같은 의사결정에 앞서 가설이 설정되게 마련인데 가설이란 모집단의 특성에 대한 진술, 서술, 주장이라고 할 수 있으며 이는 실험을 시작하기 전 실험자들이 검정하고자 하는 기본적인 실험의 목적이라고 할 수 있다.

TV, 라디오, 신문 등에 각종 상품에 대한 광고가 매일 같이 쏟아져 나오고 있다. 예를 들어, X표 엔진오일을 이용하면 1회 주입으로 100,000Km를 주행할 수 있다. Y표 세제는 흰색 셔츠를 눈이 부시도록 희게 세탁해 준다. Z표 타이어는 5만Km를 주행할 수 있다.

가설 검정의 관점에서 볼 때 위와 같은 가설은 연구 혹은 실험을 통해서 알아보고자 하는 모집단의 미지의 모수값을 일정한 형태로 명문화한다. 예를 들면

① 동전을 던졌을 때 앞면이 나올 확률이 P(앞면)=P라 할 때 공정한 동전이라면, 가설은 $P=\frac{1}{2}$이 된다.

② 타이어 제조사가 자사의 타이어는 50,000Km를 주행해도 전혀 문제가 없다고 광고한다면 이 때 제조사의 가설은 $\mu > 50{,}000$가 된다.

③ 도시지역 고교생들이 농촌지역 고교생들보다 대학진학률이 높다고 주장한다. 이 때 도시지역 고교생들의 대학진학률은 P_u, 농촌 지역 고교생들의 대학 진학률을 P_r 이라 하면 가설은 $P_u > P_r$ 이 된다.

④ 기계부품제조회사에서 자사에서 생산되는 볼트의 지름의 편차는 0.1mm보다 작다고 주장한다. 이 때의 가설은 $\delta <$ 0.1mm가 된다.

가설의 진위를 밝힐 수 있는 가장 확실한 방법은 모집단 내의 모든 개체를 조사하는 것이다. 그러나 모집단을 구성하는 모든 개체를 조사하는 것은 불가능하기 때문에 가능한 결론을 이끌어 내기에 충분한 정도의 표본을 추출하여 조사한다.

이 때 가능한 한 기각하기 위해서 실험되는 가설을 귀무가설이라 하며 H_0로 표기 한다. 예를 들어 공정한 동전을 가지고 실험을 하는 경우, Pr(앞면)=P라면, 이를 다음과 같이 표현한다.

$$H_0 : \ P=\frac{1}{2}$$

만약, 1리터의 가솔린으로 적어도 12Km 이상을 주행한다고 주장한다면 $H_0 : \mu \geq 12$라고 쓸 수 있다. 일반적으로 귀무가설에 "="를 포함한다. 즉 $H_0 : \mu > 12$ 라고 표현하지는 않는다.

귀무가설에 대응되는 가설을 대립가설(alternative hypothesis)이라고 하며 H_a로 표기한다. 대립가설은 귀무가설이 기각되었을 때 받아들이는 가설이다. 대립가설에 서술되는 모수의 범위는 귀무가설에 서술된 범위 이외의 것이다. 즉 모수의 범위가 귀무가설과 대립가설 간에 겹쳐지지 않도록 서술한다.

예를 들어 $H_0 : P = \frac{1}{2}$이면 대립가설 H_a는 $H_a : P \neq \frac{1}{2}$, 혹은 $H_a : P = \frac{3}{4}$ 혹은 $H_a : P > \frac{2}{3}$ 가 된다.

가설을 검정하고자 하는 경우 표본데이터에 의해서 귀무가설 H_0를 채택하거나 대립가설 H_a를 기각(채택)한다. 그러나 모집단 데이터를 이용하지 않고 표본데이터를 이용하여 의사 결정을 하므로 오류를 범할 가능성을 배제할 수 없다.

표본데이터에 입각하여 가설검정을 할 때 일어날 수 있는 경우는 다음과 같다.

① H_0가 사실이고 H_0가 채택된다.

② H_0가 사실이고 H_0가 기각된다. 즉 H_0가 사실인데 H_a가 채택된다.

③ H_0가 사실이 아닌데 H_0가 채택된다. 즉 H_a가 사실인데 H_0가 채택된다.

④ H_0가 사실이 아닌데 H_0가 기각된다. 즉 H_a가 사실인데 H_a가 채택된다.

귀무가설이 사실일 때 귀무가설을 기각하는 오류를 제1종 오류(Type I error)라 한다.

이러한 오류를 범할 확률을 "α"로 표기하며 "유의 수준(significance level)"이라 부른다.

귀무가설이 사실이 아닌데 귀무가설을 채택하는 오류를 제2종 오류(Type II error)라 한다. 이러한 오류를 범할 확률을 "β"로 표기한다.

이와 같이 가능한 오류를 표로 정리하면 다음과 같다.

[표 8.1] 가설 검정에서 범할 수 있는 오류표

가설 검정에서 범할 수 있는 오류		
	H_0 사실	H_a 사실
H_0 채택	올바른 결정, 1−α	제 2종 오류, β
H_0 기각	제1종 오류, α	올바른 결정, 1−β

가장 이상적인 경우는 α, β의 값을 0에 가깝게 하는 것이다. 그러나 일단 표본의 크기가 결정되면 두 오류를 동시에 통제할 수는 없다. 두 오류를 동시에 줄일 수 있는 유일한 방법은 표본의 크기를 증가시키는 것이다. 즉 $\alpha=\beta=0$을 원한다면 모집단을 조사하겠다는 의미가 된다.

가설 검정의 기본적인 접근 방법에 대한 이해를 돕기 위해서 법정의 피고와 판사와의 관계를 생각하자. 우선 피고의 범죄 행위가 밝혀지기 전까지는 "피고가 유죄인가?"라는 질문이 주어진다. 따라서 귀무가설을 다음과 같이 쓸 수 있다.

H_0 : 피고는 무죄다

대립가설은 다음과 같이 쓸 수 있다.

H_a : 피고는 유죄다

만약 검사가 충분한 근거를 제시하지 못하면 피고는 무죄선고를 받을 것이다. 만약 H_0가 기각된다면 대립가설이 채택될 것이며 이는 피고의 유죄가 선고되는 것을 의미한다. 피고가 무죄를 선고받았다는 것의 의미를 생각하자.

H_0가 채택되었다는 것은 "피고가 죄가 없다"는 것이 아니라 "피고의 유죄를 입증할 만한 충분한 증거를 찾지 못하였다"는 것을 의미한다. 마찬가지로 피고의 유죄가 확정되었다는 것은 피고가 범죄를 저질렀다는 것을 의미하는 것이 아니라 피고가 무죄라는 것을 증명할 충분한 증거를 찾지 못하였다는 것을 의미한다.

피고만이 진실을 알고 있다. 이와 같은 상황 하에서 실제로는 피고가 무죄인데 유죄선고를 받았다고 하자. 이 경우 H_0가 기각되었으므로 제1종 오류가 발생한다. 즉 무고한 피고에게 유죄를 선고할 확률이 α가 된다. 물론 α값이 작기를 바랄 것이다. 이와는 반대로 실제 죄를 범한 피고가 무죄를 선고받는 경우 제2종 오류가 발생하며 이 확률이 β가 된다.

가설검정의 문제에 접근하는 방법은 기본적으로 귀무가설 H_0가 맞다고 가정하는 것이다. 실험데이터(표본데이터)로부터의 증거가 충분한 경우에 귀무가설을 기각한다. 실험데이터(표본데이터)를 통해서 어떤 주장에 대한 100% 확신을 할 수 없기 때문에 H_0를 기각할 때 이 의미가 H_0가 잘못되었다고 증명하는 것은 아니다.

그러나 "유의 수준 α하에서 H_0를 기각한다"는 의미는 의심의 여지는 있지만 H_0를 증명할 충분한 근거가 없어 H_a를 채택한다고 생각하면 되겠다.

8.2 가설검정 절차

이제 모분산 σ^2이 알려진 경우 모평균에 관한 가설검정 절차를 소개하겠다. 모분산 σ^2이 알려졌다고 가정하는 것은 비현실적이기는 하나 모평균에 대한 가설검정의 이해를 돕기 위함이다. 주 관심사는 대립가설에 입각하여 의사결정식을 어떻게 세우고 두 종류의 오류 수준은 어떻게 결정하느냐이다. 이해를 돕기 위해 형광등 제조회사를 생각하자.

이 회사 연구진 중 한 사람이 현재까지 평균수명이 450시간으로 알려진 형광등의 평균수명을 증가시킬 수 있는 기술을 개발하였다고 주장한다. 이 때 형광등의 평균수명은 정규분포를 따르고 표준편차가 60시간이라고 하자. 이는 기술자가 주장을 하였고 본인이 증명하고 싶어하는 연구가설이라고 볼 수 있다.

가설검정의 입장에서 살펴보면 기술자는 "형광등의 평균수명이 증가하지 않았다"는 가설을 기각할 수 있는 충분한 근거를 제시해야 한다. 따라서 다음과 같이 가설을 세운다.

$$\text{귀무가설} \quad H_0 : \mu = 450 \text{ 시간}$$
$$\text{대립가설} \quad H_a : \mu > 450 \text{ 시간}$$

기술자의 주장을 검정하기 위해서 새로운 기술에 의해 제조된 형광등 중에서 일정수의 표본을 랜덤하게 추출하여 표본평균수명 $\bar{x}$를 계산한다.

그리고 기술자의 주장을 $\bar{x}$에 입각하여 검정한다.

예를 들어, 9개의 형광등이 표본으로 추출되었고 표본평균수명이 계산되었다. 물론, 표본 평균값이 작으면 H_0를 채택하게 될 것이다. 사실 $\bar{x}$의 값이 작으면 작을수록 H_0를 채택하려는 경향이 클 것이다. 반면에 $\bar{x}$의 값이 크다면 대립가설의 채택을 고려해야 한다. 즉, $\bar{x}$의 값이 크면 클수록 대립가설, H_a의 채택을 선호하게 될 것이다.

검정자가 임의로 임계값(cutoff point)을 표본평균 475로 정하고 다음과 같은 의사결정 규칙을 세웠다고 하자.

의사결정규칙 : 만약 표본평균 $\bar{x}$가 475시간보다 크거나 같다면 H_0를 기각한다.

이 때 475의 오른쪽 값들을 기각역(rejection area)이라 부른다.

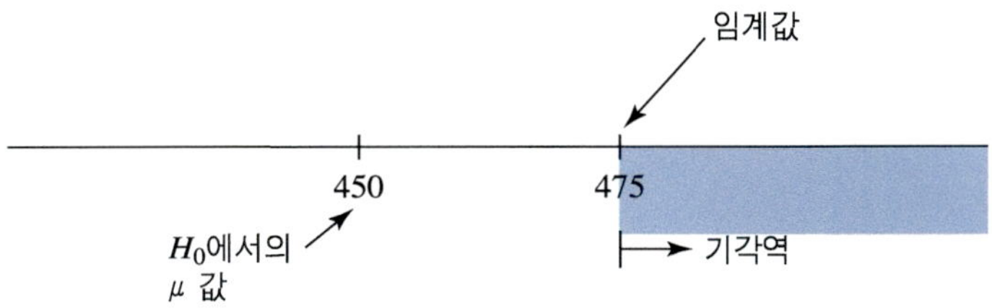

그림 8.1 기각역

실제, 표본조사 결과 $\bar{x}$ = 470 시간이라면 기술자는 그의 주장을 증명할 만한 근거를 충분히 제시하지 못하였다고 결론을 내리게 될 것이다. 반면에 $\bar{x}$ = 490 시간이었다면 H_0를 기각하고 기술자의 주장을 받아들여야 할 것이다.

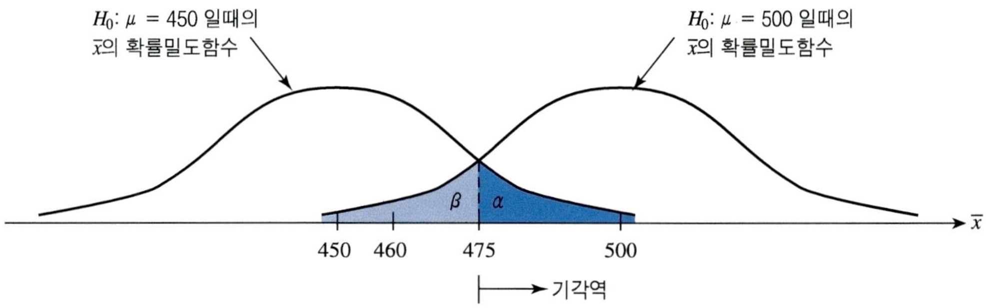

그림 8.2 제1종 오류와 제2종 오류

제1종 오류와 제2종 오류

만약 표본평균이 475 이상이면 H_0를 기각하고 기술자의 주장을 받아들이기로 결정한다. 그러나 μ = 450인 모집단에 속하는 형광등들 중에서 n개의 형광등을 랜덤하게 추출하는 표본은 $\binom{N}{n}$ 개 가능하다. 따라서 $\bar{x}$가 475보다 클 가능성은 충분히 있다. 이 경우 만약 기술자의 주장을 받아들인다(H_0를 기각)면 검정이 잘못된 것이다. 즉 제 1종 오류를 범하게 되는 것이다.

가설검정은 표본평균 $\bar{x}$에 의해 이루어지므로 잘못 결정을 내릴 확률은 $\bar{x}$의 분포를 따른다고 볼 수 있다. 표본에 의하면 모집단이 정규분포를 따르는 경우 $\bar{x}$의 분포 역시 정규분포를 따른다고 한다.

$H_0 : \mu = 450$이 사실이라면 평균이 450이고 표준편차는 $\frac{\sigma}{\sqrt{n}} = \frac{60}{\sqrt{9}} = 20$ 이며 [그림 8.2]의 왼쪽 그림과 같다. 대립가설의 경우, 모평균 μ에 대해 $\mu > 450$이라고 폭넓게 주장할 수 있으나 이를 $H_a : \mu = 500$ 으로 정하면 이 경우 $\bar{x}$의 분포는 평균이 500이고 표준편차가 $\frac{\sigma}{\sqrt{n}} = 20$인 [그림 8.2]의 오른쪽 그림과 같은 분포가 된다.

이제 위 그림을 이용하여 제 1종 오류, α의 크기를 계산하는 방법을 생각하자.

제1종 오류 α를 범할 확률이 가설에 대한 유의 수준(level of significance)이다. 따라서 H_0가 사실일 때 H_0를 기각할 확률이 제 1종 오류가 된다.

즉, $\mu = 450$일 때 $P(\bar{x} > 475)$을 찾으면 된다.

이는 [그림 8.2]에서 α로 표시된 부분이다. $\bar{x}$의 표준편차가 20이므로 Z변환을 하면, 475의 오른쪽에 있는 빗금친 영역은 $\frac{475-450}{20} = 1.25$의 오른쪽 영역(0.1056)과 같다. 따라서 유의수준은 0.1056이 된다. 이는 동등한 조건 하에서 9개의 형광등을 추출하여 실험한다면 대략 100번의 실험 중 11번 정도는 평균수명이 향상되지 않았음에도 기술자의 주장(H_a)이 받아들여진다는 것을 의미한다. 이것이 우리가 수용한 검정방법의 위험부담(risk)인 셈이다.

가설검정에서 범할 수 있는 또 하나의 오류인, 제2종 오류, β의 크기를 계산하는 방법을 생각하자. 이제 기술자의 주장($\mu = 500$)이 옳을 때 기술자의 주장을 받아들이지 않을 확률 β를 계산하자.

의사결정규칙에 따르면 $\bar{x} \leq 475$ 이면 기술자의 주장을 받아들이지 않으므로 $\mu = 500$ 일 때 $P(\bar{x} < 475)$을 찾으면 된다. 즉, $\bar{x}$의 분포가 [그림 8.2]의 오른쪽 그림과 같을 때 $P(\bar{x} < 475)$을 찾으면 된다. 이것이 475의 왼쪽에 점으로 표시된 부분이다. Z변환을 하면 $\frac{475-500}{20} = -1.25$ 의 왼쪽 영역이 되면 이는 0.1056이 된다.

제1종 오류, α와 제2종 오류, β의 관계는 다음과 같이 설명할 수 있다.

회사의 경영진이 상당히 보수적이라 하자. 즉 기술자의 주장이 옳지 않은데 그의 주장을 받아들였을 때의 문제점이 기술자의 주장이 옳은데 받아들이지 않았을 때의 문제보다 훨씬 크다고 가정하자. 다시 말해서, 회사가 $\alpha = \beta = 0.1056$으로 의사결정규칙을 정하기 보다는 α가 더 작기를 원한다. 이를 달성하기 위해서는 [그림 8.3]에서 보는 바와 같이 간단하게 절사점을 오른쪽으로 이동시키는 것이다.

새로운 절사점으로 490을 택하면 오른쪽의 빗금친 영역은 줄어들고 왼쪽의 빗금치지 않은 부분은 증가할 것이다.

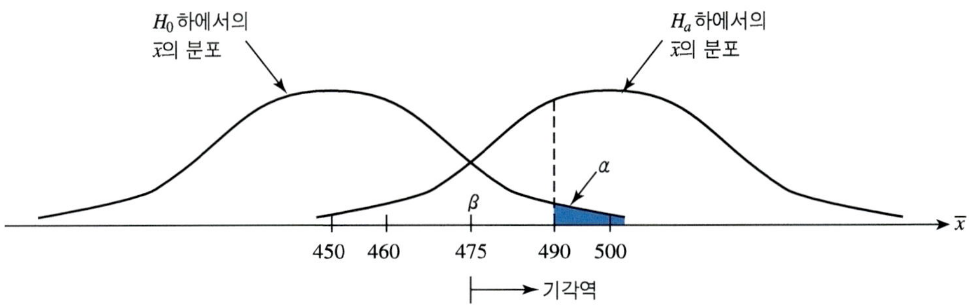

그림 8.3 절사점의 이동에 따른 α와 β의 관계

즉 α가 감소하면 β는 증가한다. 마찬가지 방법으로 절사점을 왼쪽으로 움직이면 β는 감소하고 α는 커질 것이다. 이는 일단 표본의 크기가 결정되면 α와 β를 동시에 통제할 수 없다는 것을 보여 주는 것이다.

의사결정 시스템에서 실험자가 어느 정도까지의 오류를 묵과할 것인지(보상할 수 있을지)는 검정자(사업가, 의사, 판사, 학생 등)에 달려있다. 그러나 앞에서 언급한 바와 같이 바람직한 것은 α를 통제하는 것, 즉 가능하면 α를 작게 유지하는 것이다. 주로 α는 0.05, 0.1, 0.01을 택하며 0.05가 가장 많이 이용된다.

의사결정규칙의 수식화에 대해 생각하자.

형광등 회사의 예를 계속하자면, 유의수준 α에서

$$H_0 : \mu = 450$$
$$H_a : \mu > 450$$

에 대한 가설을 검정하자. 어떻게 의사결정규칙을 수식화할 것인가? 대립가설의 본질에 비추어 볼 때 의사결정규칙은 만약, "$\bar{x} > C$ 이면 H_0를 기각한다"가 된 것이다. 즉 $\bar{x}$의 값이 크면 H_0를 기각한다. 이 때 C의 값은 H_0를 기각할 확률이 α가 되도록 결정된다. 다시 말해서

$$P(\mu = 450 \text{ 일 때 } \bar{x} > C) = \alpha$$

가 되도록 C의 값을 결정한다.

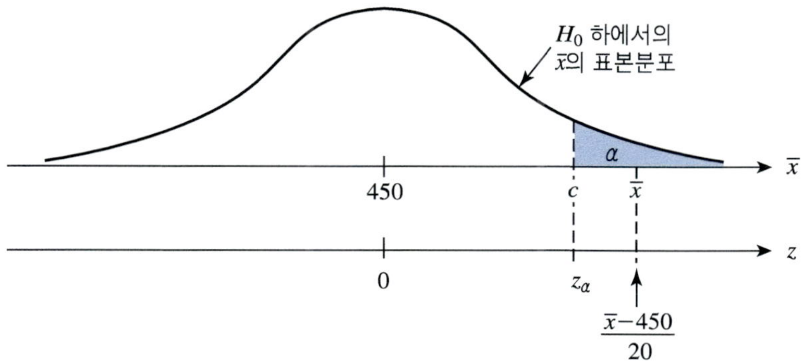

그림 8.4 $\bar{x}$가 C의 오른쪽에 있을 때 z는 z_α의 오른쪽에 위치

이는 위 그림에서 보는 바와 같이 평균이 450, 표준편차가 20인 정규분포에서 오른쪽의 영역이 α가 되도록 하는 점이 C라는 것이다. $\bar{x}$를 Z변환하는 경우 z_α의 오른쪽 영역이 α와 같게 된다. 즉, z값으로 의사결정규칙을 표현하면 다음과 같다.

만약 $Z=\dfrac{\bar{x}-450}{20} > z_\alpha$ 이면 H_0를 기각한다.

일반적으로, 귀무가설과 대립가설은

$$H_0 : \mu = \mu_0$$
$$H_a : \mu > \mu_0$$

로 표현하며 $\bar{x}$가 분산이 σ^2인 정규분포로부터 크기가 n인 표본의 표본평균이면 유의수준이 α일 때의 의사결정규칙은 다음과 같다.

$$\text{만약 } Z = \frac{\bar{x}-\mu_0}{\frac{\sigma}{\sqrt{n}}} > z_\alpha \text{ 이면 } H_0\text{를 기각한다.}$$

여기에서 μ_0는 H_0하에서의 μ값을 말한다.

$\bar{x}$의 표준화 값을 이용하는 위 절차에서

$$z_\alpha = \frac{C - \mu_0}{\frac{\sigma}{\sqrt{n}}}$$

을 C에 대해 풀면 $C = \mu_0 + z_\alpha \frac{\sigma}{\sqrt{n}}$ 가 된다.

이때 통계량 $\frac{\bar{x} - \mu_0}{\frac{\sigma}{\sqrt{n}}}$ 를 검정통계량이라 부른다. 또한 귀무가설 H_0를 기각하게 되는 검정통계량의 값들의 영역을 기각역(rejection region, critical region)이라 한다. 통계적 가설검정 방법은 검정통계량과 기각역에 의해 결정된다.

가설검정은 크게 단측검정과 양측검정으로 구분된다.

통계적 가설검정의 기각역은 대립가설에 의해 결정된다. $\mu_0 = 450$이라 할 때 다음과 같은 대립가설을 고려할 수 있다.

① $H_a : \mu > \mu_0$　　② $H_a : \mu < \mu_0$　　③ $H_a : \mu \neq \mu_0$

앞에서 설명한 형광등기술자의 주장에 대한 귀무가설을 첫 번째 대립가설로 검정하는 방법을 생각하자.

① 귀무가설과 대립가설이 다음과 같다고 하자.

$$H_0 : \mu = \mu_0 \qquad H_a : \mu > \mu_0$$

유의수준 α에서 의사결정규칙은

만약 $\frac{\bar{x} - \mu_0}{\frac{\sigma}{\sqrt{n}}} > z_\alpha$ 이면 H_0를 기각한다.

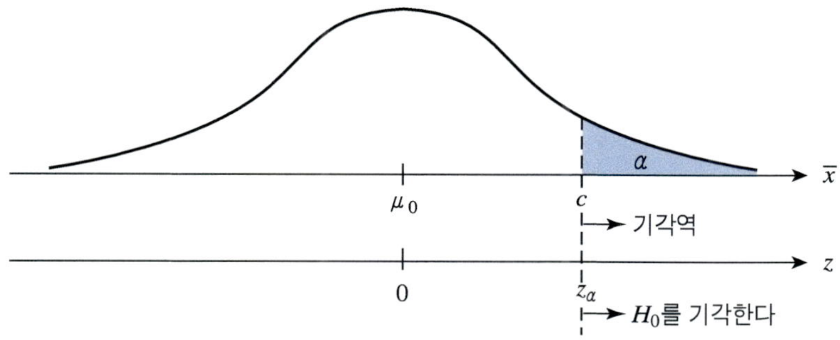

그림 8.5 $H_a : \mu > \mu_0$에 대한 단측검정–우측검정

② 귀무가설과 대립가설이 다음과 같다고 하자.

$$H_0 : \mu = \mu_0 \qquad H_a : \mu < \mu_0$$

이 경우 유의수준 α에서 의사결정규칙은

만약 $\dfrac{\bar{x}-\mu_0}{\dfrac{\sigma}{\sqrt{n}}} < -z_\alpha$ 이면 H_0를 기각한다.

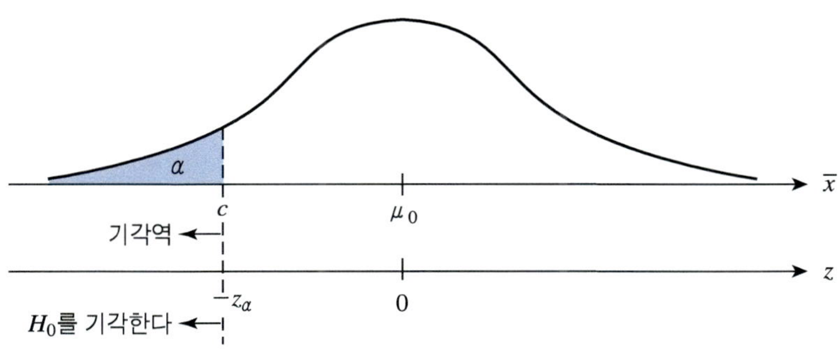

그림 8.6 $H_a : \mu < \mu_0$에 대한 단측검정–좌측검정

③ 어떤 기계에서 볼트를 생산하는데 볼트의 지름이 1cm가 되도록 제작한다고 하자. 이 때 귀무가설과 대립가설은 다음과 같이 표현할 수 있다.

$$H_0 : \mu = 1 \qquad H_a : \mu \neq 1$$

만약 표본으로 추출된 볼트들의 지름이 1cm에서 멀리 벗어나면 H_0를 기각하고 싶을 것이다. 다시 말하자면 $\bar{x}$의 값이 $\bar{x}$의 분포의 양쪽 꼬리 부분에 위치한다면 H_0를 기각할 것이다.

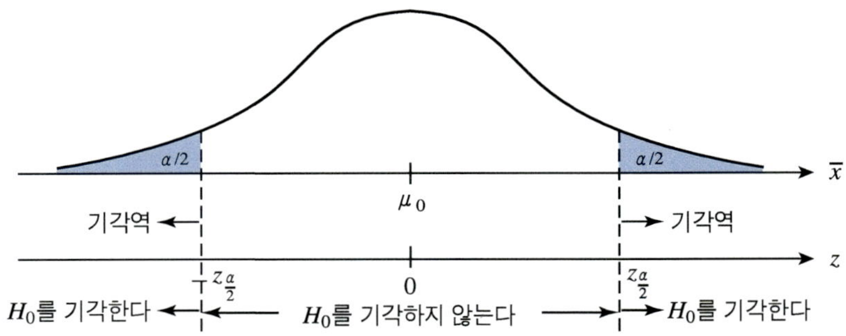

그림 8.7 H_a : $\mu \neq 0$ 에 대한 양측검정

만약 가설검정이 유의수준 α 하에서 수행된다면 [그림 8.7]에서와 같이 α를 양쪽 꼬리 부분에 $\frac{\alpha}{2}$씩 배분한다.

표준화 값으로 의사결정규칙을 수식화하면, 만약 $\left| \frac{\bar{x}-\mu_0}{\frac{\sigma}{\sqrt{n}}} \right| > z_{\frac{\alpha}{2}}$ 이면 H_0를 기각한다.

예제 1

모분산이 $\sigma^2 = 36$인 정규분포로부터 표본의 크기가 $n = 16$인 표본을 추출하여 유의수준 α=0.1 하에서 다음 가설을 검정하라.

(a) H_0 : $\mu = 50$ H_a : $\mu < 50$

(b) $\bar{x}$=48.5라면 어떤 결정을 내리겠는가?

<풀이>

(a) $\dfrac{\bar{x}-\mu_0}{\dfrac{\sigma}{\sqrt{n}}} = \dfrac{\bar{x}-50}{\dfrac{6}{\sqrt{16}}} < -1.28$ 이면 H_0를 기각한다.

(b) 표본평균 $\bar{x} = 48.5$이므로 검정통계량은 $\dfrac{\bar{x}-50}{1.5} = -1 > -1.28$ 이므로 H_0를 기각하지 않는다(H_0를 기각할 충분한 근거가 없다).

P-값

가설검정방법은 유의수준 α를 결정하고, 검정통계량의 값에 따라서 H_0를 기각하든가 채택하든가 하는 것이다. 대안으로서 널리 이용되는 방법은 실제 H_0가 옳을 때 데이터로부터 계산한 값보다 유의하거나 훨씬 유의한 검정통계량의 값을 얻을 수 있는 확률을 찾는 것이다.

이 확률은 H_0가 옳을 때 검정통계량의 분포의 꼬리부분의 영역으로 P-값 또는 관측값의 유의확률이라고 부른다.

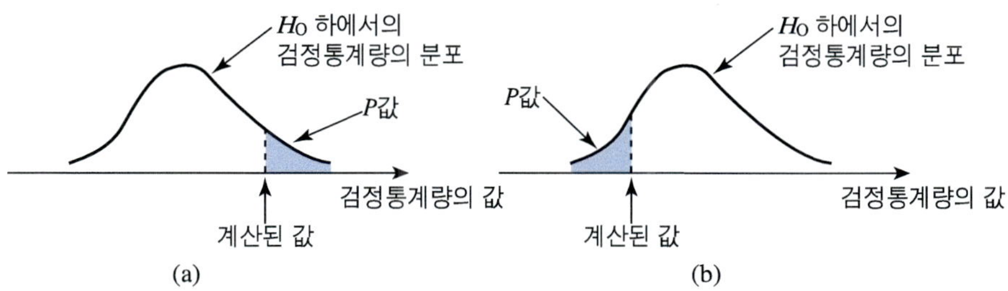

그림 8.8 P-값

P-값이 작을수록 H_0를 기각할 근거가 확실해진다. 예를 들어 P-값이 0.003이라면 거의 확신을 가지고 H_0를 기각할 수 있다.

P-값의 제공과 함께 검정결과를 보고하면 의사결정에 이르기 위한 유의수준을 택하는 고민이 해결된다. 어떤 상황 하에서 P-값이 0.083이라 하면 유의수준 5% 하에서 H_0를 기각하지 않을 것이다. 그러나 유의수준 10% 하에서는 H_0를 기각할 것이다. 즉 만약 계산된 P-값이 상정된 유의수준 α보다 작거나 같다면 H_0를 기각할 것이다. 반면에 계산된 P-값이 상정된 α보다 크다면 H_0를 기각하지 않는다.

▶ P-값

귀무가설 하에서 관측된 자료와 같은 결과를 갖을 가능성을 말한다. 즉 P-값이 0.05라는 의미는 귀무가설을 따르는 모집단에서 표본을 추출하였을 때 현재 관측된 자료와 같은 결과를 보여주는 표본은 20개 중에 1개 정도 100개 중에 5개 정도라는 뜻이다.

예제 2

형광등회사의 경우에서 기술자의 가설을 표현하면 다음과 같다.

$$H_0 : \mu = 450 \quad v.s \quad H_a : \mu > 450$$

이제 표본에 추출된 9개 형광등의 평균수명이 492 시간이라 할 때 P-값을 계산하라.

<풀이>

$\frac{\sigma}{\sqrt{n}} = 20$임을 알고 있다. 대립가설의 입장에서 본 P-값은 H_0가 사실 ($\mu = 450$) 일 때 표본평균이 492 보다 큰 값을 얻을 확률을 말한다.

Z 변환을 하면 이 값은 표본정규분포에서 $\frac{492-450}{20} = 2.10$ 의 오른쪽 영역이다. 부록의 표준정규분포표로부터 이 확률이 0.0179임을 알 수 있다. 만약 α가 0.0179 보다 큰, 예를 들어 $\alpha = 0.05$ 하에서 검정을 수행하면 의사결정자는 H_0를 기각할 것이다. 그러나 α가 0.0179 보다 작은, 예를 들어 $\alpha = 0.01$ 하에서 검정을 수행하면 H_0를 기각하지 않는다.

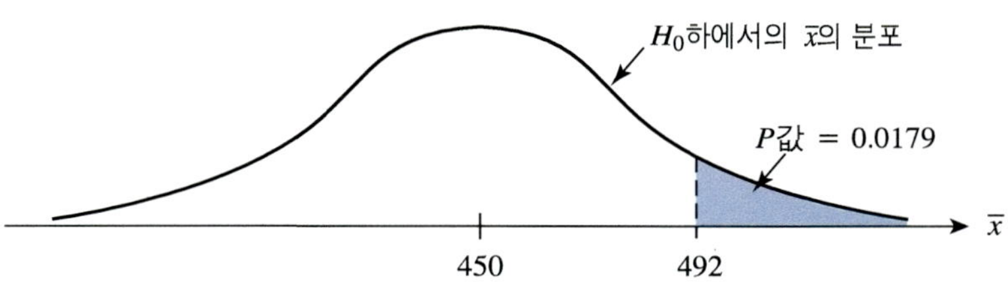

그림 8.9 표본평균 492 오른쪽의 P-값

가설검정과 표본크기와의 관계

표본의 크기 $n = 9$이고 유의수준 $\alpha = 0.05$ 하에서 다음 가설을 검정하는 예를 살펴보자.

$$H_0 : \ \mu = 450 \quad H_a : \ \mu = 500$$

임계값은 482.5였다. 이 때 β의 값은 0.192가 된다.

즉 $\dfrac{482.5 - 500}{20} = -0.875$ 의 왼쪽(표준정규분포의 왼쪽꼬리부분의 영역) 부분이 β의 값이다.

이제 표본의 크기를 $n = 9$에서 $n = 25$ 로 증가시킨 후 위의 가설을 검정하자. 표본의 크기가 증가하였으므로 표준편차는 $\dfrac{60}{\sqrt{25}} = 12$가 된다. 즉 분포의 흩어진 정도가 작다.

위의 귀무가설, 대립가설 검정을 위한 $\overline{X}$의 분포가 표본의 크기 $n=9$, $n=25$ 인 경우 어떻게 다른가를 [그림 8.10]이 보여 주고 있다.

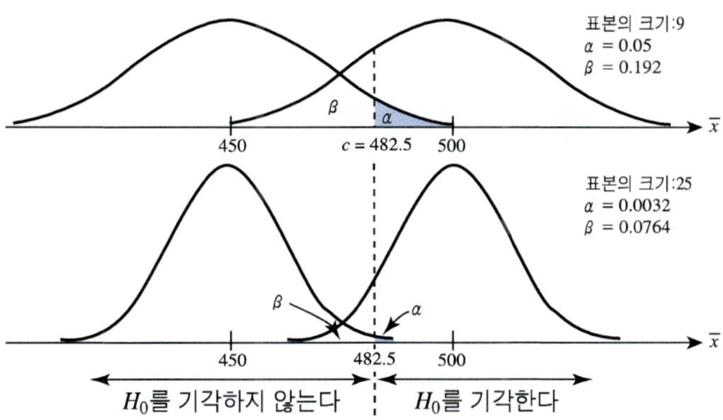

그림 8.10 표본의 크기가 9에서 25로 증가함에 따른 α, β의 변화

[그림 8.10]에서 보는 바와 같이 표본의 크기가 $n=9$에서 $n=25$ 로 증가함에 따라 α와 β가 감소한다. 실제 계산을 해보면 α는 0.05에서 0.0032까지 β는 0.192에서 0.0764 까지 감소한다. 따라서 가설검정의 타당성을 향상시키는 가장 확실한 방법은 표본의 크기를 증가시키는 것이다.

가설검정과 신뢰구간

다음과 같은 검정을 생각하자.

$$H_0 : \mu = \mu_0 \qquad H_a : \mu \neq \mu_0$$

위 검정은 양측검정이므로 유의수준 α 아래서 H_0를 기각하지 않는 영역은 다음과 같다.

$$-z_{\frac{\alpha}{2}} < \frac{\bar{x} - \mu_0}{\frac{\sigma}{\sqrt{n}}} < z_{\frac{\alpha}{2}}$$

즉, 이 영역을 벗어나면 H_0를 기각한다. 기각되지 않는 영역을 μ_0에 대해 정리하면

$$\bar{x} - z_{\frac{\alpha}{2}} \frac{\sigma}{\sqrt{n}} < \mu_0 < \bar{x} + z_{\frac{\alpha}{2}} \frac{\sigma}{\sqrt{n}}$$

와 같다. 다시 말해서 만약 μ_0가 위의 범위에 속하면 "μ_0를 기각하지 않는다."라고 말할 수 있다.

위 구간의 양쪽 끝은 μ에 대한 $(1-\alpha)100\%$ 신뢰구간의 값과 같다. 따라서 만약 μ_0가 μ에 대한 $(1-\alpha)100\%$ 신뢰 구간 내에 위치한다면 유의수준 α에서 H_0를 기각하지 않는다. 그리고 μ_0가 신뢰구간 밖에 위치한다면 H_0를 기각한다고 표현할 수 있다.

▶ 가설검정의 절차

(a) 대립가설을 세운다.
(b) 귀무가설을 세운다.
(c) 검정통계량을 찾는다.
(d) 유의수준을 결정한다.
(e) 표본을 통해 검정통계량 값을 계산한다.
(f) 의사결정을 한다.

8.3 단일모집단에 대한 가설검정

8.3.1 모분산이 알려진 경우, 모평균 μ에 대한 검정

이 경우 기본적인 가정은 모집단이 정규분포를 따른다는 것이다. 정규분포에 대한 가정이 없는 경우 표본의 크기는 30 이상일 것을 요구한다. 위와 같은 가정 하에서 검정통계량은 다음과 같다.

$$Z = \frac{\bar{x} - \mu_0}{\frac{\sigma}{\sqrt{n}}}$$

한편 $H_0 : \mu = \mu_0$ 에 대한 대립가설을 정리하면 다음 [표 8.2]와 같다.

[표 8.2] $H_0 : \mu = \mu_0$의 검정(σ^2이 알려진 경우)

대립가설	검정통계량의 계산값이 다음과 같으면 H_0를 기각한다.(기각역)
1. $H_a : \mu > \mu_0$	$Z > z_\alpha$
2. $H_a : \mu < \mu_0$	$Z < z_\alpha$
3. $H_a : \mu \neq \mu_0$	$\lvert Z \rvert > z_{\alpha/2}$

예제 3

평소, 사정거리가 100m 정도이던 양궁선수들에게 일주일 간의 특수훈련을 끝내고 9회에 걸쳐 화살을 쏜 후 거리를 측정한 결과가 다음과 같다.

128, 125, 99, 110, 88, 130, 110, 95, 105

평균거리가 100m가 넘는가? 즉 특수훈련이 효과가 있는가를 $\alpha = 0.01$에서 검정하라 (단 $\sigma = 10$m).

<풀이>

1. $H_0 : \mu = 100$ $H_a : \mu > 100$

2. 검정통계량 $Z = \dfrac{\bar{x} - \mu_0}{\dfrac{\sigma}{\sqrt{n}}}$

3. 단측검정으로, 기각역 $z > z_\alpha = 2.33$ 이다.

4. $\sigma = 10$, $n = 9$, $\bar{x} = 110$ 이므로 검정통계량의 값은

$$Z = \frac{110 - 100}{\dfrac{10}{\sqrt{9}}} = 3 > z_\alpha = 2.33$$ 이므로 H_0를 기각한다.

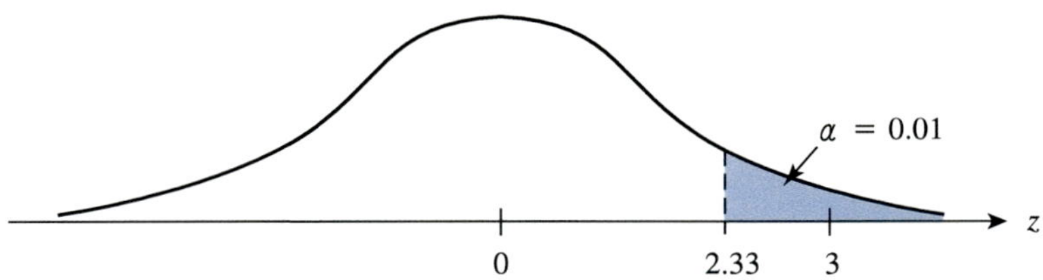

예제 4

9명의 학생들의 IQ검사를 시행한 결과 표본평균이 95였다. 모분산이 144라 할 때 모집단에 속하는 학생들의 IQ가 100보다 작다고 할 수 있는가를 $\alpha = 0.15$에서 검정하라.

<풀이>

1. $H_0 : \mu = 100$ $H_a : \mu < 100$

2. 검정통계량 $Z = \dfrac{\bar{x} - 100}{\dfrac{\sigma}{\sqrt{n}}}$

3. 단측검정으로 기각역은 $Z < -z_{0.15} = -1.04$

4. $\sigma = 12$, $n = 9$, $\bar{x} = 95$ 이므로 검정통계량의 값은

$$Z = \frac{95 - 100}{\dfrac{12}{3}} = -1.25 < z_{\alpha =} -1.04$$

5. 계산할 검정통계량의 값이 −1.04보다 작으므로 H_0를 기각(P−값은 0.1056)한다. 즉, 유의수준을 15%하에서 평균 IQ가 100보다 작다고 할 수 있다.

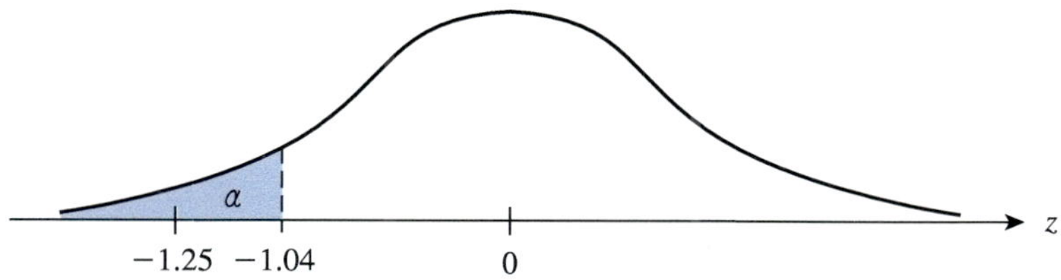

예제 5

쌀을 포대에 담는 기계는 평균 5kg을 넣도록 설계되었으며, 과거의 경험으로 보아 표준편차는 0.15kg이었다. 기계가 제대로 작동하는지를 검사하기 위해 랜덤하게 16포대를 추출하여 무게를 측정한 결과 평균 5.1kg이었다. 유의수준 5% 하에서 검정하라.

<풀이>

기계가 5kg이상 채우거나 이하로 채우면 설계가 잘못되었다고 볼 수 있다.

1. $H_0 : \mu = 5 \qquad H_a : \mu \neq 5$

2. 검정통계량 $Z = \dfrac{\bar{x} - 5}{\dfrac{\sigma}{\sqrt{n}}}$

3. 양측검정이므로 기각역은 $|Z| > z_{\frac{\alpha}{2}}$

4. $\sigma = 0.15$, $\mu = 16$, $\bar{x} = 5.1$ 이므로 검정통계량의 값은 $Z = \dfrac{5.1 - 5}{\dfrac{0.15}{\sqrt{16}}} = 2.67$

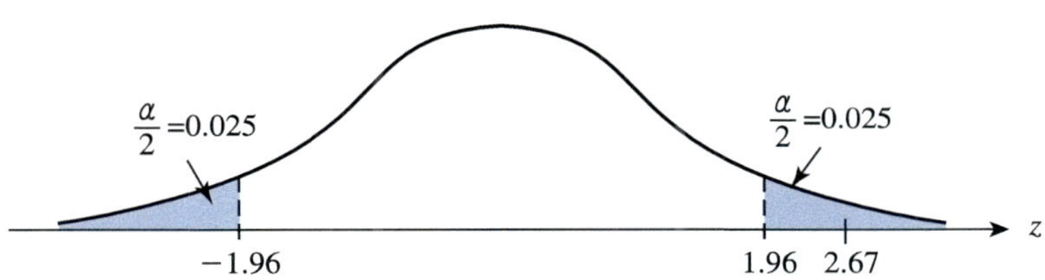

8.3.2 모분산을 모르는 경우 모평균 μ에 대한 검정

모평균의 검정에서 모분산을 모르는 경우가 흔하다. σ가 알려지지 않은 경우 추정치 s를 이용한다. 따라서 적절한 검정통계량은

$$t=\frac{\bar{x}-\mu_0}{\frac{s}{\sqrt{n}}}$$

이 된다. 이 경우 n이 작다면 모집단이 정규분포를 따른다는 가정이 필요하다. n이 충분히 큰 경우 t는 정규분포에 근사한다.

예제 6

새로 개발된 가솔린 1 리터에 20km를 주행한다는 광고를 유의수준 $\alpha=0.05$에서 검정하라. 검정을 위해 임의로 10대의 차량을 선택하여 주행실험을 한 결과가 다음과 같다.

23, 18, 22, 19, 19, 22, 18, 18, 24, 22

<풀이>

1. H_0 : $\mu=20$ H_a : $\mu>20$
2. 검정통계량 $t=\dfrac{\bar{x}-20}{\frac{s}{\sqrt{n}}}$
3. 단측검정으로 기각역은 $t > t_\alpha=1.833$
4. $\alpha=0.05$, $n=10$, $\bar{x}=20.5$ 이므로 검정통계량

$$t=\frac{20.5-20}{\frac{2.32}{\sqrt{10}}}=0.681< t_\alpha=1.833$$

따라서 H_0를 기각할 충분한 근거가 없다.

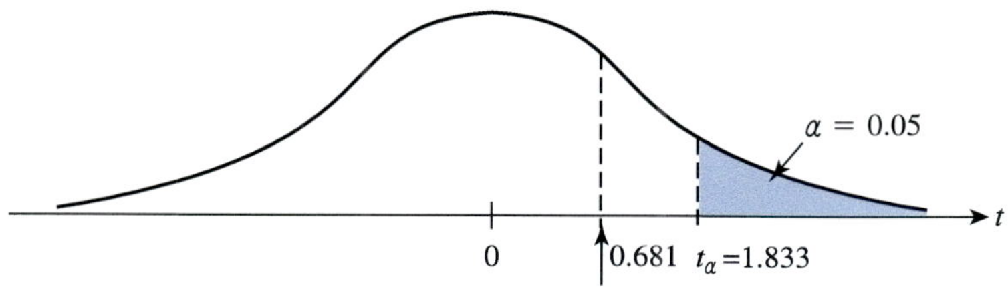

예제 7

발전소에서는 4시간 동안에 평균 100정도의 압력을 유지해야 하며 103을 초과할 경우 심각한 문제에 직면하게 된다고 한다. 4시간 동안 $n=30$회에 걸쳐 압력을 측정하였다. 이 때 $H_0 : \mu < 100$ $H_a : \mu = 103$을 $\alpha = 0.01$에서 검정하려한다. 제2종 오류의 확률을 구하라. 단, $\sigma = 4$라 한다.

<풀이>

$Z = \dfrac{\bar{x} - \mu_0}{\dfrac{\sigma}{\sqrt{n}}} > z_{0.01} = 2.33$ 이면 H_0를 기각한다. 혹은 $\bar{x} > \mu_0 + z_{0.01}\dfrac{\sigma}{\sqrt{n}}$
$= 100 + 2.33\left(\dfrac{4}{\sqrt{30}}\right) = 101.7$이면 H_0를 기각한다. 이제 H_a가 사실이라 하면

$$\beta = P(\bar{x} < 101.7) = P\left(\frac{\bar{x} - \mu_\alpha}{\dfrac{\sigma}{\sqrt{n}}} < \frac{101.7 - 103}{\dfrac{4}{\sqrt{30}}}\right)$$
$$= P(Z < -1.98) = 0.0239$$

8.3.3 모분산의 검정

모분산에 대한 정보는 실무에서 상당히 중요하다 특히 품질관리 분야에서 분산의 크기는 시스템의 작동이 정상인지를 결정하는 중요한 요인이 된다. 예를 들어 한 상자에 평균 5kg이 들어가도록 하는 기계를 생각하자.

만약 표준편차가 1kg이 넘어 기계를 멈추고 시스템을 정비해야 한다면 생산에 차질을 빚을 것이다.

이 경우의 가설은 모분산이 특정값 σ_0^2을 갖는다는 것이며 이는 귀무가설 $H_0 : \sigma^2 = \sigma_0^2$

를 검정하는 문제와 같다.

모분산에 대한 가설검정을 위한 검정통계량은 $\frac{(n-1)s^2}{\sigma^2}$ 이 된다.

여기에서 $\frac{(n-1)s^2}{\sigma^2}$ 은 자유도가 $(n-1)$인 χ^2분포를 따른다.

모분산에 대한 가설검정은 다음과 같다.

$H_0 : \sigma^2 = \sigma_0^2 \quad H_a : \sigma^2 > \sigma_0^2 \quad \frac{(n-1)s^2}{\sigma_0^2} > \chi^2_{\alpha,\, n-1}$ 이면 H_0 기각

$H_0 : \sigma^2 = \sigma_0^2 \quad H_a : \sigma^2 < \sigma_0^2 \quad \frac{(n-1)s^2}{\sigma_0^2} < \chi^2_{1-\alpha,\, n-1}$ 이면 H_0 기각

$H_0 : \sigma^2 = \sigma_0^2 \quad H_a : \sigma^2 \neq \sigma_0^2 \quad \left|\frac{(n-1)s^2}{\sigma_0^2}\right| > \chi^2_{\frac{\alpha}{2},\, n-1}$ 이면 H_0 기각

예제 8

생물학 실험실에서 임의로 6마리의 쥐를 잡아 무게를 측정하였다. 5% 유의수준 하에서 쥐들의 몸무게에 대한 분산이 2.25보다 큰가를 검정하여라. 단, $s^2 = 8$이다.

<풀이>

1. $H_0 : \sigma^2 = 2.25 \qquad H_a : \sigma^2 > 2.25$
2. 검정통계량 $\frac{(n-1)s^2}{\sigma_0^2}$
3. 단측검정이므로 기각역은 $\chi^2_{\alpha,\, n-1} > 11.07$
4. $\bar{x} = 11,\ (n-1)s^2 = \sum_{i=0}^{n}(x_i - \bar{x})^2 = 40$

$\frac{(n-1)s^2}{2.25} = \frac{40}{2.25} = 17.8 > 11.07$이므로 H_0를 기각한다.

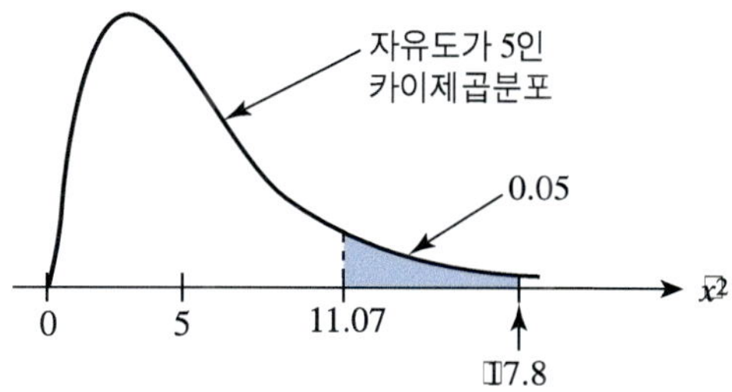

예제 9

원자력 발전소용 탄소막대를 생산하는 회사는 탄소막대 지름의 표준 편차가 0.1mm 이하라고 주장한다. 11개의 탄소막대를 임의로 추출하여 지름을 측정한 결과 표준편차가 0.07mm이었다. 유의수준 5%에서 회사의 주장을 검정하라.

<풀이>

1. H_0 : $\sigma^2 = 0.01$ H_a : $\sigma^2 < 0.01$
2. 검정통계량 $\dfrac{(n-1)s^2}{\sigma^2}$
3. 단측검정으로, 기각역은 $\chi^2_{1-\alpha,n-1} > \chi^2_{0.95,\,10} = 3.94$
4. $s = 0.07$ 이므로

$\chi^2 = \dfrac{(n-1)s^2}{0.01} = 4.9 > \chi^2_{0.05,10} = 3.94$이므로 H_0를 기각한 충분한 근거가 없다.

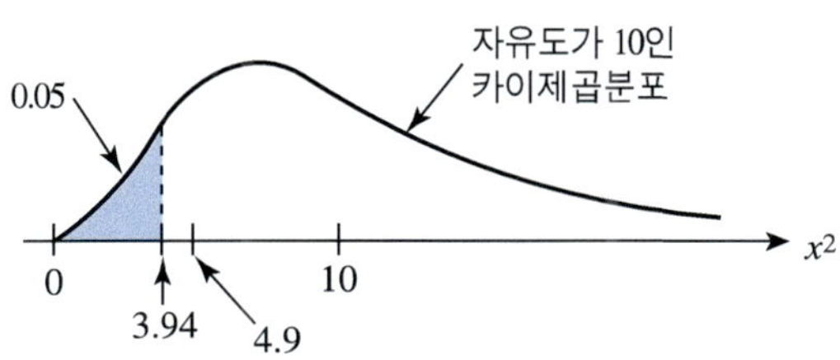

예제 10

어느 공장에서 생산되는 형광등 15개를 임의로 추출하여 수명을 측정한 결과 표준편차가 13시간이었다. 유의수준 5% 하에서 모표준편차가 10시간이 아니라는 가설을 검정하여라.

<풀이>

1. $H_0 : \sigma = 10$ $\quad$ $H_a : \sigma \neq 10$

2. 검정통계량 $\dfrac{(n-1)s^2}{\sigma^2}$

3. 양측 검정으로 기각역은 $\chi^2_{\frac{\alpha}{2}, n-1} > 26.119$ 와 $\chi^2_{1-\frac{\alpha}{2}, n-1} < 5.629$

4. $s = 13$이므로 $\dfrac{(n-1)s^2}{100} = 23.66$이다.

따라서, H_0를 기각할 충분한 근거가 없다고 말할 수 있다.

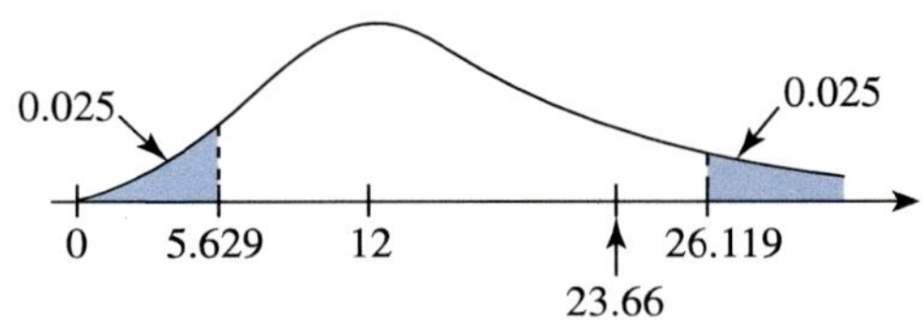

8.3.4 모비율에 대한 검정

여기에서는 모집단의 어떤 속성과 관련된 비율에 관한 가설검정을 소개하겠다. 귀무가설은 $H_0 : P = P_0$가 되며 여기에 대응되는 대립가설은 다음과 같다.

$$H_a : P > P_0,\ H_a : P < P_0,\ H_a : P \neq P_0$$

모비율에 관한 가설검정을 수행하기 위해 표본추출을 통한 표본비율의 계산이 요구된다.

만약 P가 모비율이라면 표본비율 $p = \dfrac{x}{n}$는 평균이 P이고 분산 $\dfrac{P(1-P)}{n}$인 분포를 따를 것이다. 더군다나, 만약 표본의 크기가 충분히 크고 np와 $n(1-p)$가 모두 5보다 크다면 $\dfrac{x}{n}$는 정규분포에 근사하다는 것도 알고 있다. 결국 모비율 검정을 위해 귀무가설 하에서 $\dfrac{x}{n}$는 평균이 P_0이고 분산이 $\dfrac{P_0(1-P_0)}{n}$인 정규분포에 근사하다는 사실을 이용한다. 즉, 모비율 검정에서의 검정통계량은 $Z = \dfrac{\frac{x}{n} - p_0}{\sqrt{\dfrac{p_0(1-p_0)}{n}}}$가 된다.

모비율에 대한 가설검정절차는 다음과 같다.

▶ 가설검정

1. H_0 : $P = P_0$ H_a : $P > P_0$, 만약 $Z > z_\alpha$이면 H_0를 기각한다.
2. H_0 : $P = P_0$ H_a : $P < P_0$, 만약 $Z < z_\alpha$이면 H_0를 기각한다.
3. H_0 : $P = P_0$ H_a : $P \neq P_0$, 만약 $|Z| > z_{\frac{\alpha}{2}}$이면 H_0를 기각한다.

예제 11

동전을 던질 때 앞면이 나올 확률이 1/2이라고 믿던 학생이 동전을 200회 던지는 실험을 한 결과, 120번 앞면이 나왔다. 유의수준 5%하에서 이 동전은 앞면이 나올 확률이 1/2보다 큰지 검정하라.

<풀이>

1. $H_0 : P = 0.5$ $H_a : P > 0.5$
2. 검정통계량 $\dfrac{\dfrac{x}{n} - 0.5}{\sqrt{\dfrac{0.5(1-0.5)}{n}}}$
3. 단측검정으로 기각역은 $Z > 1.645$ 이다.
4. $x = 120$, $n = 200$이므로

$$\frac{\dfrac{x}{n} - 0.5}{\sqrt{\dfrac{0.5(1-0.5)}{n}}} = \frac{\dfrac{120}{200} - 0.5}{\sqrt{\dfrac{0.25}{200}}} = 2.83 > 1.645 \text{ 이므로 } H_0\text{를 기각한다.}$$

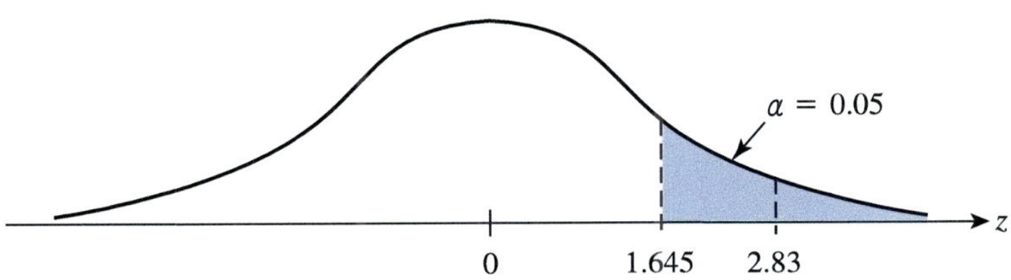

예제 12

낡은 기계를 이용하여 튜브를 생산할 때 생산량의 30%가 불량품이었다. 기계를 수리 한 후 처음 생산된 100개의 튜브를 살펴보니 22개가 불량품이었다. 기계를 수리 후 불량품이 줄었다고 할 수 있는지? 유의수준 0.01에서 검정하라.

<풀이>

1. $H_0 : P = 0.3 \quad H_a : P < 0.3$
2. 검정통계량은 $\dfrac{\frac{x}{n} - 0.3}{\sqrt{\frac{0.3(1-0.3)}{n}}}$ 이다.
3. 단측검정으로 기각역은 $Z < z_{0.01} = -2.33$ 이 된다.
4. $x = 22$, $n = 100$이므로 검정통계량의 값을 계산하면

$$\frac{\frac{x}{n} - 0.3}{\sqrt{\frac{0.3(1-0.3)}{n}}} = \frac{0.22 - 0.3}{\sqrt{\frac{0.21}{100}}} = -1.746 > z_{0.01} = -2.33$$

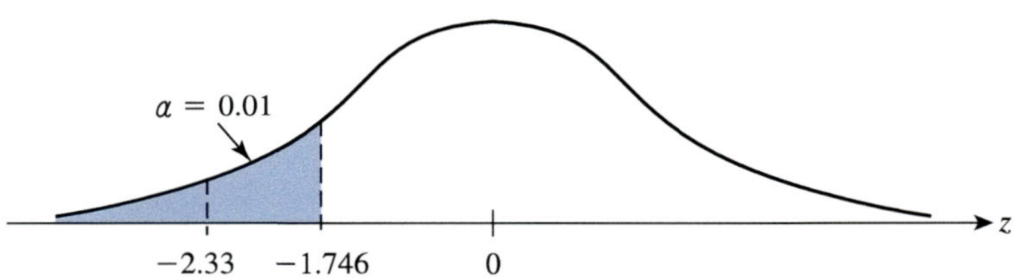

예제 13

지난해 추석 때 대중교통수단을 이용하여 고향을 방문한 사람의 비율이 20%였다. 올해도 같은 현상이 일어날지를 알아보기 위해 100명에게 설문조사를 한 결과 15명이 대중교통을 이용하여 고향을 찾겠다고 대답하였다. 작년과 올해의 대중교통 이용률에 차이가 있는지 유의수준 0.1로 검정하라.

<풀이>

1. $H_0 : P = 0.2 \qquad H_a : P \neq 0.2$

2. 검정통계량은 $\dfrac{\frac{x}{n} - 0.2}{\sqrt{\frac{0.2(1-0.2)}{n}}}$ 이다.

3. 양측검정으로 기각역은 $|Z| > z_{\frac{0.1}{2}} = 1.645$ 이다.

4. $x = 15,\ n = 100$이므로

$$\frac{\frac{x}{n} - 0.2}{\sqrt{\frac{0.2(1-0.2)}{n}}} = \frac{0.15 - 0.2}{\sqrt{\frac{0.16}{100}}} = -1.25 > z_{\frac{\alpha}{2}} = -1.645$$ 이므로 H_0를 기각할 충분 한 근거가 없다.

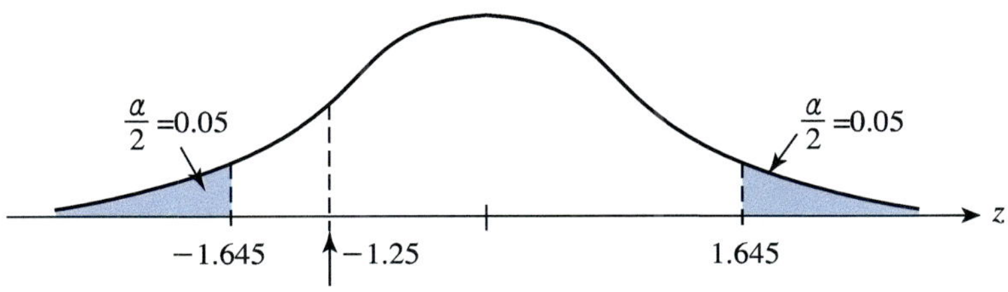

8.4 두 모집단에 대한 가설검정

여기에서는 두 모집단의 평균의 차, 비율의 차에 관한 가설검정을 다룬다.

8.4.1 모평균들의 차에 대한 검정(분산이 알려진 경우)

여기에서의 귀무가설 $H_0 : \mu_1 = \mu_2$는 $H_0 : \mu_1 - \mu_2 = 0$으로 표현 가능하다. 검정을 위한 통계량은 다음과 같다.

$$\frac{\overline{X} - \overline{Y}}{\sqrt{\frac{\sigma_1^2}{n_1} + \frac{\sigma_2^2}{n_2}}}$$

따라서 모집단이 정규분포를 따르고 모분산이 알려진 경우 모평균들의 차에 대한 가설 검정 절차는 다음과 같이 정리할 수 있다.

1. $H_0 : \mu_1 - \mu_2 = 0 \quad H_a : \mu_1 > \mu_2, \quad Z > z_\alpha$ 이면 H_0를 기각한다.
2. $H_0 : \mu_1 - \mu_2 = 0 \quad H_a : \mu_1 < \mu_2, \quad Z < z_\alpha$ 이면 H_0를 기각한다.
3. $H_0 : \mu_1 - \mu_2 = 0 \quad H_a : \mu_1 \neq \mu_2, \quad |Z| > z_{\alpha/2}$ 이면 H_0를 기각한다.

모집단의 분포가 정규분포를 따른다는 가정은 표본의 크기가 큰 경우 중요하지 않다. 즉, n_1과 n_2가 모두 30보다 큰 경우에는 정규분포에 근사한다고 가정한다. 이러한 경우 모분산 대신 표본분산을 이용하여 검정할 수 있다. 이 때의 검정 통계량은 다음과 같다.

$$\frac{\bar{x} - \bar{y}}{\sqrt{\frac{s_1^2}{n_1} + \frac{s_2^2}{n_2}}}$$

예제 14

교현 초등학교 교실에서 임의로 15명의 어린이를 추출하여 키를 측정한 결과 평균 154cm였으며 삼원 초등학교에서 임의로 18명을 추출하여 키를 측정한 결과 평균 162cm였다. 모분산이 각각 $\sigma_1^2 = 100,\ \sigma_2^2 = 169$라 할 때 두 초등학교 학생들의 키가 차이가 나는지 유의수준 $\alpha = 0.05$에서 검정하라.

<풀이>

1. $H_0 : \mu_1 - \mu_2 = 0 \qquad H_a : \mu_1 \neq \mu_2$
2. 검정통계량은 $\dfrac{\bar{x} - \bar{y}}{\sqrt{\frac{\sigma_1^2}{n_1} + \frac{\sigma_2^2}{n_2}}}$ 이다.
3. 양측검정으로 기각역은 $|Z| > z_{0.025} = 1.96$ 이다.
4. $Z = \dfrac{154 - 162}{\sqrt{\frac{100}{15} + \frac{169}{18}}} = \dfrac{-8}{\sqrt{16.056}} = -2 < z_{\frac{\alpha}{2}} = -1.96$이므로 H_0를 기각한다.

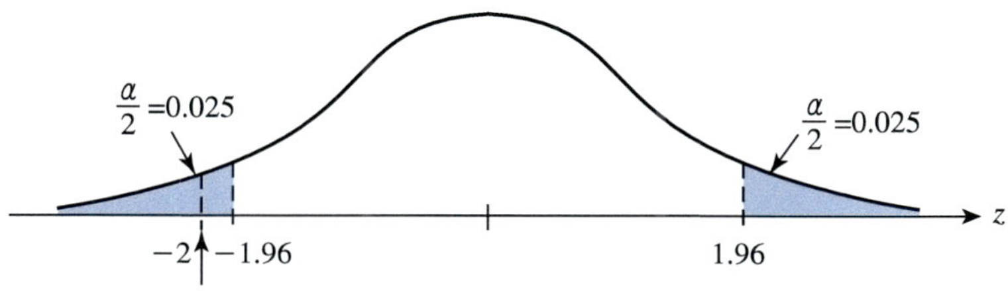

예제 15

성장촉진 영양제 A와 B를 비교하기 위해서 A사 제품 중 60개를, B사 제품 중 40개를 임의로 추출하여 칼슘 함량을 측정한 결과가 다음과 같다.

영양제 A	$\bar{x}$ = 15.4	s_1^2 = 3
영양제 B	$\bar{y}$ = 16.8	s_2^2 = 4

두 제품의 칼슘함량이 서로 다른지 유의수준 5%에서 검정하라.

<풀이>

1. $H_0 : \mu_A - \mu_B = 0 \qquad H_a : \mu_A \neq \mu_B$
2. 검정통계량은 $\dfrac{\bar{x}-\bar{y}}{\sqrt{\dfrac{s_1^2}{n_1}+\dfrac{s_2^2}{n_2}}}$ 이다.
3. 양측검정으로 기각역은 $|Z| > 1.96$ 이다.
4. $\dfrac{15.4-16.8}{\sqrt{\dfrac{3}{60}+\dfrac{4}{40}}} = \dfrac{-1.4}{\sqrt{\dfrac{3}{20}}} = -3.62 < -1.96$ 이므로 H_0를 기각한다.

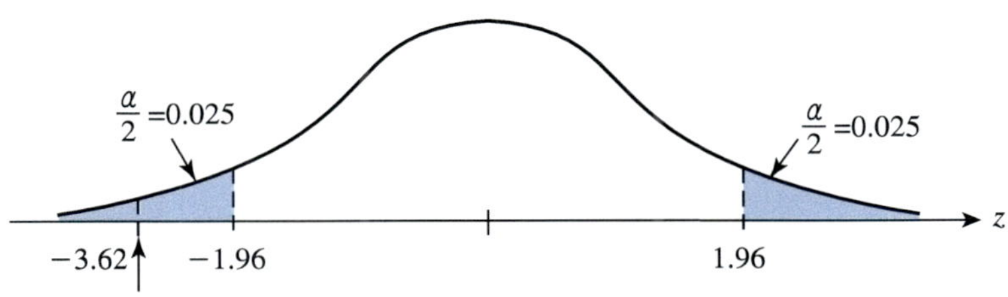

8.4.2 모평균의 차에 대한 검정(분산은 알려지지 않았으나 같을 때)

여기에서는 다음과 같은 귀무가설을 검정하는 데 관심이 있다.

$$H_0 : \mu_1 = \mu_2$$

만약 분산이 알려져 있다면 검정통계량으로

$$\frac{\bar{x} - \bar{y}}{\sqrt{\dfrac{\sigma_1^2}{n_1} + \dfrac{\sigma_2^2}{n_2}}}$$

을 이용한다.

그러나 분산이 같다고 가정하면, 즉 $\sigma_1^2 = \sigma_2^2 = \sigma^2$이면 위 검정통계량은 다음과 같이 표현할 수 있다.

$$\frac{\bar{x} - \bar{y}}{\sigma\sqrt{\dfrac{1}{n_1} + \dfrac{1}{n_2}}}$$

그러나 분산이 알려지지 않았으므로 통합분산 s_p^2를 이용한다.

$$s_p^2 = \frac{(n_1 - 1)s_1^2 + (n_2 - 1)s_2^2}{(n_1 - 1) + (n_2 - 1)}$$

따라서 검정통계량은 다음과 같다.

$$t = \frac{\bar{x} - \bar{y}}{s_p\sqrt{\dfrac{1}{n_1} + \dfrac{1}{n_2}}}$$

귀무가설 H_0가 옳을 때 위 통계량은 자유도가 $n_1 + n_2 - 2$인 t 분포를 따른다. 대립가설에 따른 가설검정 절차는 다음과 같다.

1. $H_0 : \mu_1 = \mu_2 \quad H_a : \mu_1 > \mu_2, \quad t > t_{\alpha,\, n_1+n_2-2}$이면 H_0를 기각한다.
2. $H_0 : \mu_1 = \mu_2 \quad H_a : \mu_1 < \mu_2, \quad t < t_{\alpha,\, n_1+n_2-2}$이면 H_0를 기각한다.
3. $H_0 : \mu_1 = \mu_2 \quad H_a : \mu_1 \neq \mu_2, \quad |t| > t_{\frac{\alpha}{2},\, n_1+n_2-2}$이면 H_0를 기각한다.

예제 16

질소비료를 살포한 10개의 비닐하우스에서는 평균 82.5Kg의 수확을 거두었으며 유황비료를 준 15개의 비닐하우스에서는 평균 90.5Kg의 수확을 거두었다. 이 때 표준 편차는 각각 10kg, 20kg이었다. 유의수준 5%에서 두 비료에 차이가 있는지 검정하라.

<풀이>

1. $H_0 : \mu_1 - \mu_2 = 0 \qquad H_a : \mu_1 \neq \mu_2$
2. 검정통계량은 $t = \dfrac{\overline{x} - \overline{y}}{s_p\sqrt{\dfrac{1}{n_1} + \dfrac{1}{n_2}}}$이다.
3. 양측검정으로 기각역은 $|t| > 2.069$ 이다.
4. $s_p^2 = \dfrac{(n_1-1)s_1^2 + (n_2-1)s_2^2}{(n_1-1)+(n_2-1)} = \dfrac{9(10)^2 + 14(20)^2}{10+15-2} = 282.6$이며

$$t = \frac{82.5 - 90.5}{16.8\sqrt{\dfrac{1}{10} + \dfrac{1}{15}}} = -\frac{8}{6.9} = -1.16 > -2.069$$

이므로 H_0를 기각하지 않는다.

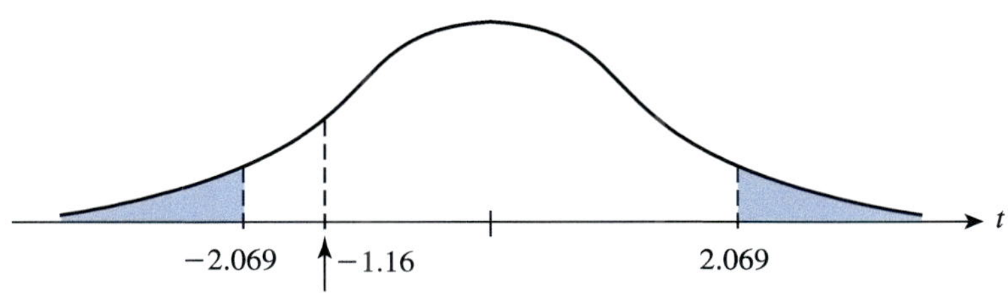

8.4.3 짝을 이룬 표본(대응표본)에서 두 모평균의 차에 대한 검정

두 종류의 운동화 A, B에 대해서 밑창의 마모 정도를 비교하기 위하여 이들을 10명의 학생들에게 신도록 하고, 1달 후 마모 정도를 측정하는 것보다는 학생들 각각에 한쪽 발은 A사 운동화를, 다른 한쪽 발은 B사 운동화를 신기고 1달 후 마모 정도를 측정하는 것이 학생들 개개인의 걸음걸이에 의한 마모 차이를 배제하는 좋은 실험이 될 것이다. 마찬가지로 볶은 땅콩과 날 땅콩 간에 단백질 함유량의 차이를 알아보는 실험은 10g의 볶은 땅콩과 날 땅콩의 단백질 함량을 각각 분석하는 것 보다 땅콩을 두 조각으로 쪼개서 한쪽은 볶은 후 분석하고 다른 쪽은 날 것 자체를 분석하는 방법이 땅콩 자체의 단백질 함유량 차이를 배제하는 실험이 될 것이다. 이와 같이 실험단위를 동질적인 쌍(pair)으로 나누고 각 쌍에서 실험단위를 임의로 선택하여 어떤 처리를 한 후 얻은 관측값의 차를 이용하여 두 모평균을 비교하는 방법을 대응비교(paired comparison)라 한다.

이와 같이 쌍으로 관측된 값의 차, $d_i = y_{2i} - y_{1i}$ 는 y_1과 y_2가 정규분포를 따를 때, 귀무가설, $H_0 : \mu_1 - \mu_2 = 0$하에서 정규분포를 따른다. 이 때 $d_1, d_2, \cdots, d_{n-1}, d_n$의 표본평균, $\bar{d}$는 평균이 $\mu_1 - \mu_2$ 인 정규분포를 따른다.

따라서 통계량,

$$t = \frac{\bar{d}}{\frac{s_d}{\sqrt{n}}}$$

는 t분포를 따른다. 따라서 대응비교에서의 t-검정절차는 다음과 같다.

1. $H_0 : \mu_1 - \mu_2 = 0 \quad H_a : \mu_1 > \mu_2, \quad t > t_{\alpha,\, n-1}$이면 H_0를 기각한다.
2. $H_0 : \mu_1 - \mu_2 = 0 \quad H_a : \mu_1 < \mu_2, \quad t < t_{\alpha,\, n-1}$ 이면 H_0를 기각한다.
3. $H_0 : \mu_1 - \mu_2 = 0 \quad H_a : \mu_1 \neq \mu_2, \quad |t| > t_{\frac{\alpha}{2},\, n-1}$ 이면 H_0를 기각한다.

예제 17

위에서 설명한 운동화 밑창의 마모 정도를 비교하기 위해서 임의로 10명의 학생을 추출하고 한쪽은 A사 제품을 다른 한쪽은 B사 제품을 신어 쌍을 이루도록 실험을 하였다. 물론 어느 쪽 발에 어느 회사 제품을 신을 지는 동전을 던져서 결정하였다. 1달 후 마모 정도를 측정한 결과가 다음과 같다. 유의수준 5%에서 마모 정도에 차이가 있는지 검정하라.

A사제품의 마모(y_1)	B사제품의 마모(y_2)	차 ($d = y_2 - y_1$)
13.2	14.0	0.8
8.2	8.8	0.6
10.9	11.2	0.3
14.3	14.2	-0.1
10.7	11.8	1.1
6.6	6.4	-0.2
9.5	9.8	0.3
10.8	11.3	0.5
8.8	9.3	0.5
13.3	13.6	0.3

<풀이>

위 표에서 $\bar{d} = \frac{1}{n}\sum_{i=1}^{n} d_i = \frac{4.1}{10} = 0.41$, $s_d^2 = \frac{1}{n-1}\sum_{i=1}^{n}(d_i - \bar{d})^2 = 0.149$이다.

1. $H_0 : \mu_1 = \mu_2$, $H_1 : \mu_1 < \mu_2$

2. 검정 통계량은 $t = \dfrac{\bar{d}}{\frac{s_d}{\sqrt{n}}} = \dfrac{0.41}{\frac{0.386}{\sqrt{10}}} = 3.36$

3. 단측검정으로 기각역은 $t < t_{0.05}$, $t = 3.36 > t_{0.05} = 1.833$이므로 유의수준 5%에서 H_0를 기각한다. 즉 B사 제품의 마모가 더 크다.

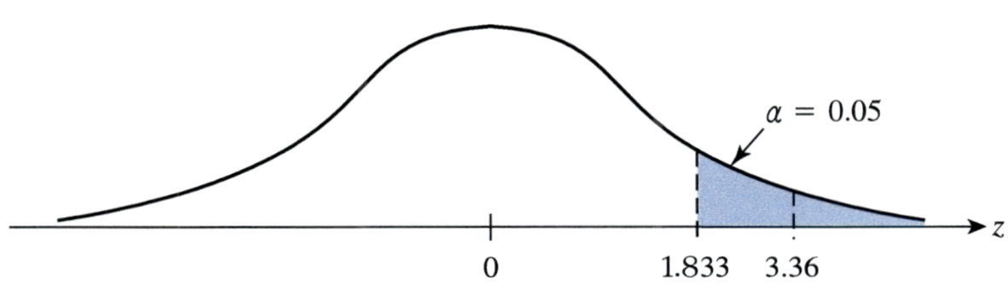

예제 18

임의로 추출된 10명의 비만여성에 대해서 음식 조절법을 실시한 전후의 체중이 다음과 같다. 음식조절법의 효과를 유의수준 5%에서 검정하라.

음식 조절 전(y_1)	음식 조절 후(y_2)	차 $d=y_2-y_1$
82.1	80.7	−1.4
78.1	78.1	−0.0
86.2	83.9	−2.3
84.8	83.5	−1.3
95.2	91.2	−4.0
91.6	91.2	−0.4
75.3	72.6	−2.7
78.5	76.2	−2.3
83.0	81.6	−1.4
83.5	81.2	−2.3

<풀이>

위 표에서 $\bar{d}=\frac{1}{n}\sum_{i=1}^{n}d_i=-\frac{18.1}{10}=-1.81$, $s_d^2=\frac{1}{n-1}\sum_{i=1}^{n}(d_i-\bar{d})^2=1.35$이다.

1. $H_0: \mu_1=\mu_2$, $H_a: \mu_1 > \mu_2$
2. 검정 통계량 $t = \dfrac{\bar{d}}{\frac{s_d}{\sqrt{n}}} = \dfrac{-1.81}{\frac{1.1628}{\sqrt{10}}} = -4.922$
3. $t=-4.922 < t_{0.05}=-1.833$ 이므로 유의수준 5%에서 H_0를 기각한다. 즉 음식 조절법의 효과가 인정된다.

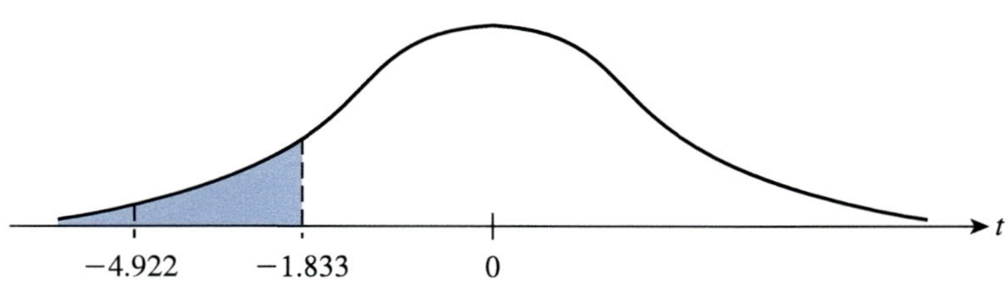

8.4.4 두 모집단 비율의 차 검정

두 모집단 비율의 차에 대한 가설검정은 두 모비율의 차, $P_1 - P_2$의 추정량, $p_1 - p_2 = \dfrac{Y_1}{n_1} - \dfrac{Y_2}{n_2}$의 분포를 이용하여 검정법을 만든다.

표본의 크기가 클 때 $p_1 - p_2$을 표준화시킨 통계량

$$Z = \frac{(p_1 - p_2) - (P_1 - P_2)}{\sqrt{\dfrac{(p_1 - p_2)}{n_1} + \dfrac{(p_1 - p_2)}{n_2}}}$$

은 근사적으로 표준정규분포를 따른다.

귀무가설 $H_0 : P_1 = P_2$하에서 모비율 P에 대한 추정량은 다음과 같은 통합추정량,

$$p = \frac{Y_1 + Y_2}{n_1 + n_2}$$

을 이용한다.

따라서 $H_0 : P_1 = P_2$가 참일 때 검정통계량은 다음과 같이 쓸 수 있다.

$$Z = \frac{(p_1 - p_2)}{\sqrt{p(1-p)}\sqrt{\dfrac{1}{n_1} + \dfrac{1}{n_2}}}$$

두 모집단비율의 차에 대한 가설검정절차는 다음과 같다.

1. $H_0 : P_1 = P_2$ $H_a : P_1 > P_2$, $Z > z_\alpha$이면 H_0를 기각한다.
2. $H_0 : P_1 = P_2$ $H_a : P_1 < P_2$, $Z < z_\alpha$이면 H_0를 기각한다.
3. $H_0 : P_1 = P_2$ $H_a : P_1 \neq P_2$, $|Z| > z_{\frac{\alpha}{2}}$이면 H_0를 기각한다.

예제 19

제조업체 생산라인의 품질관리를 위하여 A, B 두 그룹으로 나누어 제조된 제품을 조사하고 있다. 임의로 표본을 추출하여 조사한 결과 A그룹은 110개 중 15개의 불량품이 나왔으며 B그룹은 90개 중 20개의 불량품이 나왔다. 두 그룹의 불량률에 차이가 있는지 유의수준 5%에서 검정하라.

표본 특성 / 그 룹	표본의 크기	표본비율	통합추정치
A 그룹 B 그룹	$n_1 = 110$ $n_2 = 90$	$p_1 = \frac{15}{110}$ $p_2 = \frac{20}{90}$	$p = \frac{Y_1 + Y_2}{110 + 90} =$ 0.175

<풀이>

1. $H_0 : P_1 = P_2 \qquad H_a : P_1 \neq P_2$

2. 검정통계량 $Z = \dfrac{\left(\frac{15}{110} - \frac{20}{90}\right)}{\sqrt{0.175(1-0.175)}\sqrt{\frac{1}{110} + \frac{1}{90}}} = -0.665$

3. $|Z| = 0.665 < z_{\frac{0.05}{2}} = 1.96$

4. A, B 두 그룹간의 불량률의 차이는 없다.

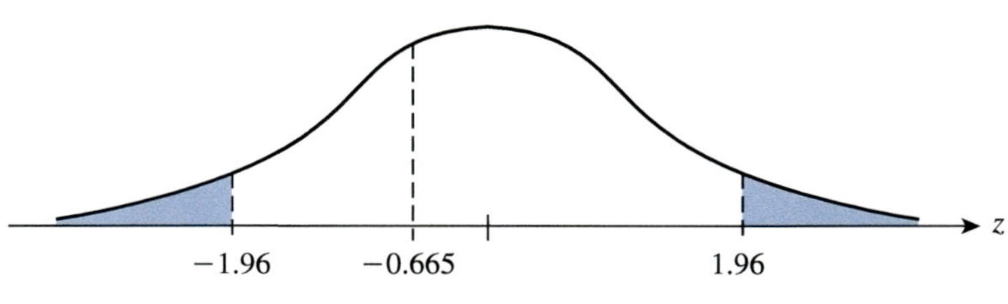

예제 20

통합신도시의 시장에 출마한 입후보자가 도시지역과 농촌지역에서 자신의 지지율에 차이가 있는지 알아보기 위해 도시지역에서 100명 농촌지역에서 150명을 임의 추출하여 여론 조사한 결과가 다음과 같다. 두 지역의 지지율에 차이가 있는지 유의수준 5%에서 검정하라.

표본 특성 / 지 역	표본의 크기	표본비율	통합추정치
도시 지역	$n_1 = 100$	$p_1 = \dfrac{40}{100}$	$p = \dfrac{40+70}{100+150} = 0.44$
농촌지역	$n_2 = 150$	$p_2 = \dfrac{70}{150}$	

<풀이>

1. $H_0 : P_1 = P_2 \qquad H_a : P_1 \neq P_2$
2. 검정통계량 $Z = \dfrac{\left(\dfrac{40}{100} - \dfrac{70}{150}\right)}{\sqrt{0.44(1-0.44)}\sqrt{\dfrac{1}{100}+\dfrac{1}{150}}} = -1.04$
3. $|Z| = 1.04 < z_{\frac{0.05}{2}} = 1.96$
4. H_0채택 즉 두 지역 간 지지율의 차이는 없다.

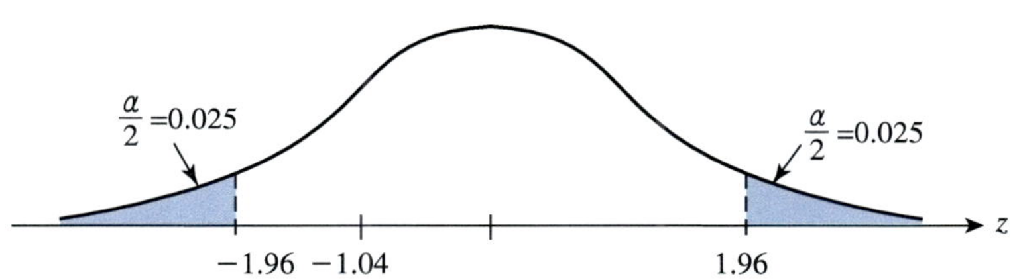

연습문제

1. 어느 공장에서 매주 평균 기계 유지비가 $\mu=1,200$만원이라고 한다. 예산 편성을 위해 과거 $n=10$주간의 유지비용을 조사하니 평균 1,290만원이었으며 표본표준편차는 110만원이었다. 귀무가설 H_0 : $\mu=1,200$만원을 $\alpha=0.05$에서 검정하라.

2. 기계부품 생산업체에서 볼트의 반경에 대한 분산이 0.0002cm보다 작다고 주장하고 있다. 그 공장에서 생산된 볼트 10개를 임의로 추출하여 측정하니 분산이 0.0003이었다. 볼트의 반경은 정규분포를 따른다고 할 때 위 회사의 주장을 $\alpha=0.05$에서 검정하라.

3. 조립제품을 생산하는 업체에서 남녀간에 차이가 있는지를 알아보기 위해 각 50명씩을 임의로 추출하여 동일한 제품에 대한 조립시간을 측정한 결과 남자는 평균 42초, 분산 18초이었으며 여자는 평균 38초, 분산은 14초였다. 남녀간 제품을 조립하는 시간에 차이가 있는지 $\alpha=0.05$에서 검정하라.

4. 강판절단업체에서 두 종류의 절단기를 이용하여 강판을 절단해 본 결과가 다음과 같다. 수입제품이 절단속도가 빠른지 $\alpha=0.05$에서 검정하라.

국산 제품	수입 제품
$n_1=9$	$n_2=9$
$\bar{x}_1=35.22$초	$\bar{x}_2=31.56$초
$(n_1-1)s_1^2=195.5$	$(n_2-1)s_2^2=160.22$

5. 철광석 중에서 철의 비율을 측정하는 2가지 방법을 비교하기 위해 각 방법에 대해 12회 측정한 결과가 다음과 같다.

철광석 표본	방법 A	방법 B
1	38.25	38.27
2	31.68	31.71
3	26.24	26.22
4	41.29	41.33
5	44.81	44.80
6	46.37	46.39
7	35.42	35.46
8	38.41	38.39
9	42.68	42.72
10	46.71	46.76
11	29.20	29.18
12	30.76	30.79

방법 B가 더 높은 비율을 제시하는지 $\alpha = 0.05$에서 검정하라.

6. 어느 대학에서 수시합격생과 정시합격생의 입학 후 첫 학기 성적을 비교하기위하여 같은 과목을 수강한 학생들 중 7명을 임의로 추출하여 조사한 결과가 다음과 같다. 수시합격생과 정시합격생의 첫 학기 성적의 평균이 같은지 유의수준 5%에서 검정하라(두 그룹의 성적은 서로 독립인 정규분포를 따르며 두 그룹의 표준편차는 같다고 하자).

수시	690	780	898	815	784	590	650
정시	675	580	780	535	693	710	770

7. 어느 연구소에서 16대의 PC를 선택하여 이중 임의로 선택한 8대에는 A사에서 개발한 스팸차단 S/W를 설치하고, 나머지 8대에는 B사에서 개발한 스팸차단 S/W를 설치하였다. 두 그룹이 서로 독립이고 정규분포를 따른다고 가정할 때 1주일 동안 차단한 스팸메일의 수가 다음과 같다.

A S/W	23	29	33	43	42	28	19	39
B S/W	20	21	33	18	33	34	40	21

A사가 개발한 스팸차단 S/W가 B사가 개발한 S/W보다 더 많은 스팸메일을 차단하였다고 할 수 있는지 유의수준 5%에서 검정하라.

제 9 장

상관계수와 회귀분석

CHAPTER 09

상관계수와 회귀분석

9.1 상관계수

두 변수 간의 선형관계는 직선의 식을 이용하여 그래프로 표현할 수 있다. 그렇다면 직선적인 관계를 수식을 통해서 어떻게 표현할 수 있는가? 다음과 같은 예를 생각하자.

택시기사가 1km당 500원씩을 추가로 더 받는다고 하자. x를 택시가 달린 거리, 그리고 y를 택시기사가 청구한 요금이라 하면 거리와 요금과의 관계식은 다음과 같이 표현된다.

$$y=0.5x \text{(단위 1,000원)}$$

이제 택시의 기본요금을 2,000원이라고 하면 위 식은 다음과 같이 쓸 수 있다.

$$y=2+0.5x$$

x의 각 값에 따른 청구요금 y는 다음과 같다.

거리(x)	청구요금(y)
0	2.0
1	2.5
2	3.0
3	3.5
4	4.0

쌍으로 수집된 값(x, y)를 좌표상에 그려 보면 [그림 9.1]과 같다.

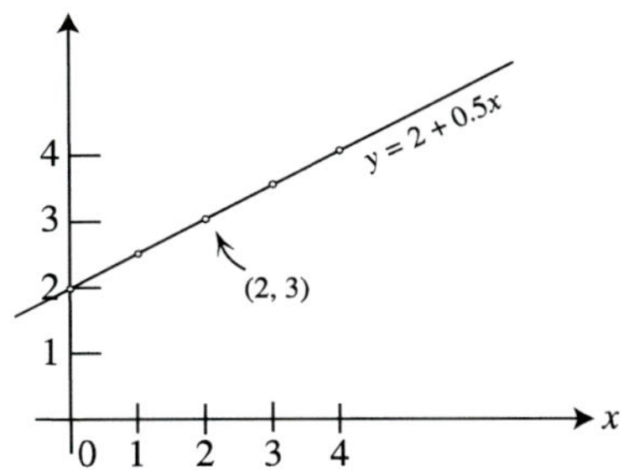

그림 9.1 주행거리와 청구요금 간의 직선의 식

위 그림에서 보는 바와 같이 $(x,\ y)$의 값은 모두 직선 위에 있다.

또 다른 예로서, 4만원을 가지고 있는 사람이 택시를 탔고 택시요금은 1Km당 500원씩 올라간다고 하자. 승객이 가지고 있는 돈만큼 택시를 탄 후 내렸다고 할 때 직선의 식은 다음과 같다.

$$y = 40 - 0.5x$$

이 때 x의 값에 따른 y의 값은 다음과 같다.

거리(x)	남은금액(y)
0	40
2	39
4	38
10	35

위 자료의 $(x,\ y)$값을 좌표상에 그려 보면 [그림 9.2]와 같다.

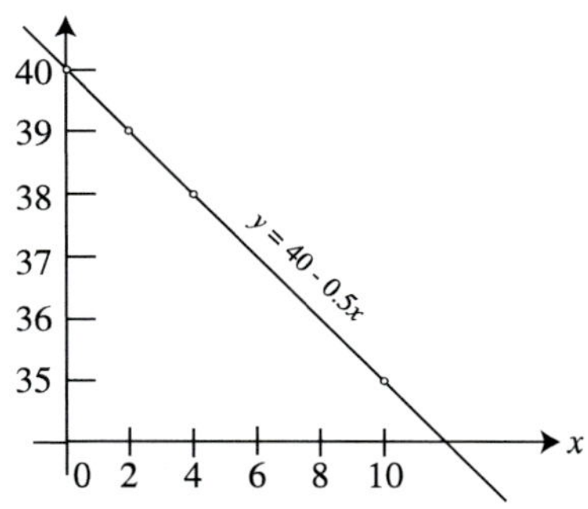

그림 9.2 주행거리와 남은금액간의 직선의 식

일반적으로, 두 변수 x와 y간의 직선관계는

$$y=a+bx$$

에 의해서 수학적으로 표현할 수 있다. 여기에서 a와b는 상수이며 직선의 성격을 결정짓는 값들이다.

만약 x의 계수 b가 양의 값을 가지면 [그림 9.1]과 같은 방향의 직선을 나타내고, 음의 값을 갖는다면 [그림 9.2]와 같은 방향의 직선을 나타낸다. $x=0$일 때 y의 값은 α가 되며 이를 y의 절편이라 한다. 상수 b에 의미를 부여하기 위해서 x를 한 단위 증가시켜 보자. 즉, x를 $x+1$로 바꾸면 $y=a+bx$는 $y_1=a+b(x+1)$이 된다. 이 때 $y_1-y=b$를 x가 한 단위 증가할 때 y의 변화라 하며 이를 직선의 기울기라 부른다. 이상에서 보는바와 같이 절편과 기울기가 직선을 결정짓는다.

선형상관계수

10명의 학생들의 IQ와 평균평점에 관한 데이터가 다음과 같다.

IQ(x)	평점(y)
100	3.0
120	3.8
110	3.1
105	2.9
85	2.6
95	2.9
130	3.6
100	2.8
105	3.1
90	2.4

위 데이터(x, y)를 좌표상에 그려 보면 [그림 9.3]과 같다. 이와 같은 그림을 통해 두 변수 간의 관계가 선형인지, 곡선인지를 파악할 수 있다.

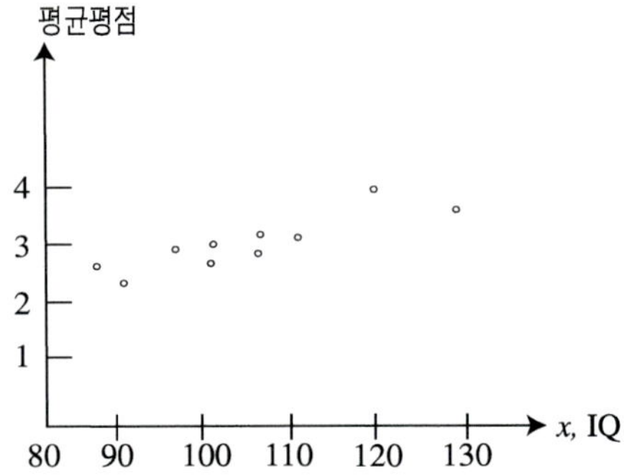

그림 9.3 IQ와 평균평점의 산포도

[그림 9.3]으로부터 IQ가 높은 학생들이 평균평점이 높다는 것을 알 수 있다. 즉 x값이 높으면 y의 값도 높고, 반대로 x의 값이 낮으면 y의 값도 낮다는 것을 볼 수 있는데 이와 같은 경우 IQ와 평균평점은 양의 관계를 갖는다고 말한다.

한편, 이와 반대되는 경우에 음의 관계를 갖는다고 표현한다. 예를 들어, 중고차의 가격(y)과 사용한 연수(x)를 나타낸 자료는 음의 관계를 갖는다.

[그림 9.3]을 살펴보면 두 변수간의 관계가 직선적인 관계가 있음을 볼 수 있다. 이와 같은 직선적인 관계의 정도를 측정하는 척도를 선형상관계수(coefficient of linear correlation) 혹은 상관계수라 하며 r로 표기한다.

만약 두 변수로부터 관측된 n쌍의 값이 (x_1, y_1), (x_2, y_2), ⋯, (x_n, y_n)이라면 상관계수는 다음 식에 의해 구한다.

$$r = \frac{\sum_{i=1}^{n}(x_i - \bar{x})(y_i - \bar{y})}{\sqrt{\sum_{i=1}^{n}(x_i - \bar{x})^2 \sum_{i=1}^{n}(y_i - \bar{y})^2}}$$

피어슨 상관계수(Pearson product moment correlation coefficient)라 불리는 위 식은 계산을 편하게 하기 위한 방법으로 다음과 같이 표현되곤 한다.

▶ 상관계수

$$r = \frac{n\sum_{i=1}^{n} x_i y_i - \sum_{i=1}^{n} x_i \sum_{i=1}^{n} y_i}{\sqrt{\left[n\sum_{i=1}^{n} x_i^2 - (\sum_{i=1}^{n} x_i)^2\right]\left[n\sum_{i=1}^{n} y_i^2 - (\sum_{i=1}^{n} y_i)^2\right]}}$$

예제 1

앞에서 설명한 IQ와 평균평점 간의 상관계수를 구하라.

<풀이>

$\sum_{i=1}^{n} x_i = 1,040$ $\sum_{i=1}^{n} y_i = 30.2$ $\sum_{i=1}^{n} x_i^2 = 109,800$

$\sum_{i=1}^{n} y_i^2 = 92.8$ $\sum_{i=1}^{n} x_i y_i = 3187.5$이므로

$$r = \frac{10(3187.5) - (1040)(30.2)}{\sqrt{[10(109,800) - (1040)^2][10(92.80) - (30.2)^2]}}$$

$= 0.913$

상관계수의 특징

1. 상관계수는 항상 -1과 1사이의 값을 취한다. 즉 $|r| \leq 1$
2. $r=1$인 경우 완전한 양의 상관관계를 나타내며 이 경우 좌표상의 모든 점$(x_i,\ y_i)$는 직선 위에 있다.
3. $r=-1$인 경우 완전한 음의 상관관계를 나타내며 이 경우 좌표상의 모든 점$(x_i,\ y_i)$는 직선 위에 있다.
4. $r=0$ 혹은 $r \doteq 0$인 경우는 다음과 같다.
   (a) 두 변수들 간에 명확한 관계가 존재하지 않는다.
   (b) 두 변수들 간에 관련은 있지만 선형관계는 아니다.

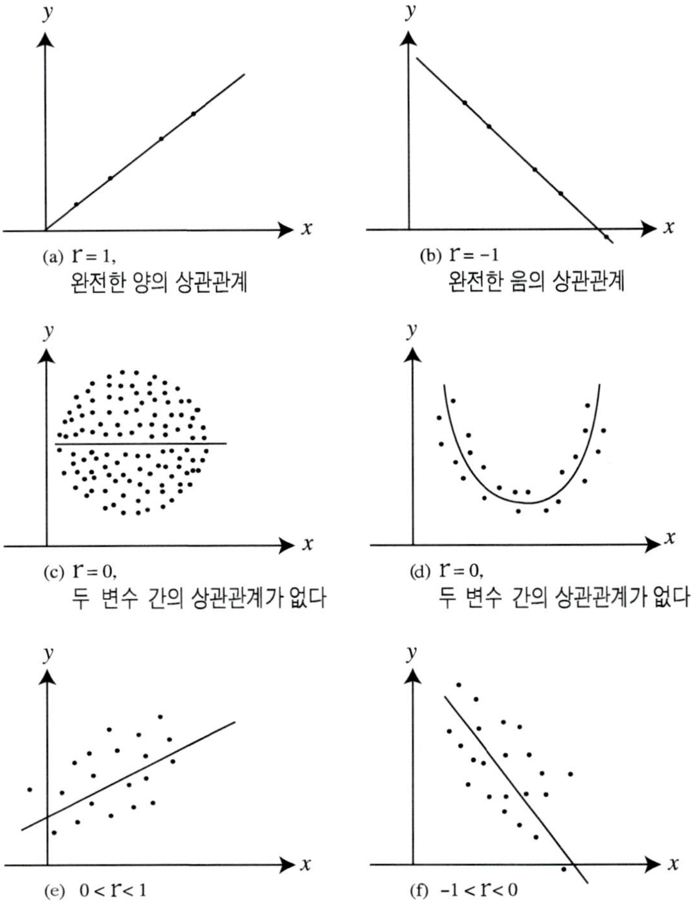

그림 9.4 r의 값에 따른 상관관계 그림

9.2 회귀분석이란?

회귀분석이라는 단어는 프랑스의 수학자인 갈톤(Francis Galton : 1822-1911)에 의해 처음 소개되었다. 갈톤은 1886년 그의 저서 Natural Inheritance라 는 책에서 부모의 신장이 자녀들의 신장에 미치는 영향을 소개하면서 "회귀(regression)"라는 단어를 사용하였다.

이 책에서 그는 "자녀의 키는 그 부모의 키와 전체 부모 평균 키 간의 차이를 2/3하는 점으로 회귀한다."고 밝히고 있다. 다시 말해서, 부모의 키가 크건 작건 간에 자녀들의 키는 전체 평균으로 돌아가는 경향을 보이고 있다는 해석이다. 갈톤은 "아버지의 키"와 "아들의 키"라는 두 개의 변수의 연관성을 설명하는 데 "회귀"라는 단어를 처음 사용한 것이다.

GNP와 저축과의 관계, 차량의 주행속도와 제동거리와의 관계 등 서로 관련 있는 자료가 (x_1, y_1), (x_2, y_2), $(x_3, y_3), \cdots, (x_n, y_n)$와 같이 쌍으로 관측되었을 때 각 점들을 2차원 평면에 점으로 표현할 수 있다.

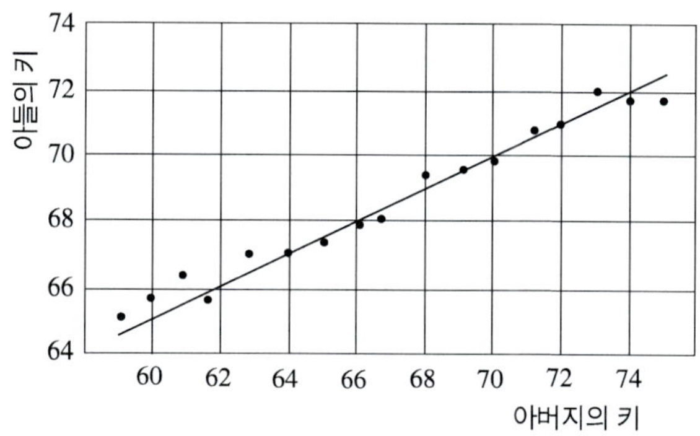

그림 9.5 아들의 키와 아버지의 키와의 산포도(단위 : 인치)

실제 자료분석에서 관측값이 쌍으로 주어졌을 때 하나의 변수값을 이용하여 다른 변수값을 예측하고자 하는 경우에 적용되는 분석방법이 선형회귀(linear regression)이다. 이때 예측되는 변수를 종속변수(dependent variable) 또는 반응변수(response variable)라 하고, 예측에 사용되는 변수를 독립변수(independent variable) 또는 설명변수(explanatory variable)라고 한다. 일반적으로 회귀분석은 독립변수와 종속변수가 각각 하나일 때의 관계를 분석하는 단순선형회귀(simple linear regression)와 하나의 종속변수와 두 개 이상의 독립변수들 간의 관계를 분석하는 중회귀분석(multiple regression)으로 구분된다.

9.3 단순선형회귀모형

독립변수 x와 종속변수 y의 관계가 그림 9.5와는 다르게, 즉 그림 9.6과 같이 완전한 직선의 관계를 갖는다면 오차가 전혀 없는 직선의 관계를 갖는 것으로 $y=a+bx$로 표현할 수 있다.

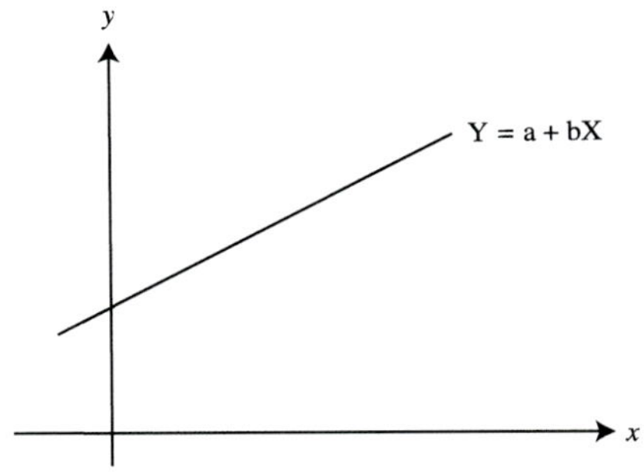

그림 9.6 두 변수 x,y의 선형식

이때 두 변수간의 관계는 :

① $x=0$일 때 $y=a$이며 이는 x가 1단위 증가하면 y는 b단위 증가함을 의미한다.
② a, b가 주어지면 x의 각 값에 대응하는 y값을 구할 수 있다.
③ 두 변수 간의 관계를 $y=a+bx$와 같이 표현했을 때 이 식을 선형식(linear equation)이라 한다.

그러나 그림 9.5에서 보는 바와 같이 독립변수 x의 값이 주어졌을 때 종속변수의 값이 직선위에 놓이는 경우는 흔하지 않다. 두 변수 (x, y)를 쌍으로 관측하였을 때 종속변수 y의 값들이 그림 9.5와 같이 직선 주위에 놓이는 경우, 두 변수들 간의 관계를 정립하기위해서는 통계적 개념을 도입해야 한다. 즉 독립변수 x의 값이 주어졌을 때 종속변수 y의 값이 직선에서 벗어나는 것을 오차로 설명해야하는데, 이 오차는 확률분포를 갖는 확률변수로 가정한다. 즉, 확률변수를 포함하는 종속변수도 확률변수가 된다.

이제, 회귀분석에서 독립변수 x와 종속변수 y의 관측치가 쌍으로 관측될 때 단순선형회귀모형을 다음과 같이 정의한다.

$$y=\beta_0+\beta_1 x+\epsilon$$

위 모형은 각 관측치에 대해 다음과 같이 정의된다.

$$y_i=\beta_0+\beta_1 x_i+\epsilon_i,\ \ \epsilon_i \sim N(0,\sigma^2),\ \ i=1,2,\cdots,n$$

여기에서 β_0, β_1은 모회귀계수(population regression coefficients)라 하며 ϵ_i는 오차항을 나타내는 확률변수로 서로 독립이라고 가정한다. 따라서

$$E(y_i) = \beta_0 + \beta_1 x_i + E(\varepsilon_i) = \beta_0 + \beta_1 x_i$$

$$V(y_i) = \beta_0 + \beta_1 x_i + V(\varepsilon_i) = \sigma^2$$

이고 정규확률변수의 선형결합은 정규분포를 따르므로 종속변수 y_i는 $N(\beta_0 + \beta_1 x_i,\ \sigma^2)$를 따른다.

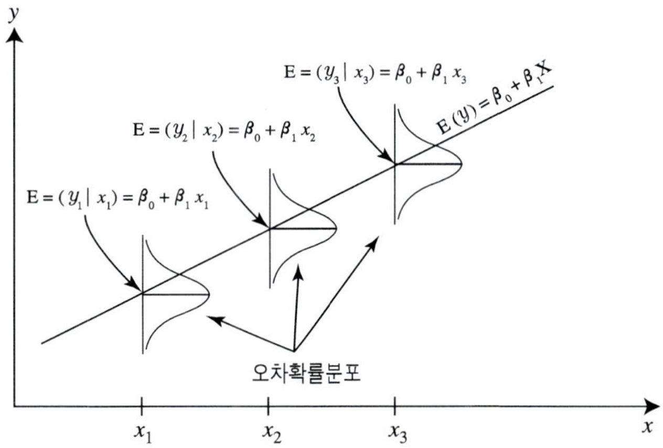

그림 9.7 단순선형회귀에서 ε의 분포

[그림 9.7]에서 보는 바와 같이 y_i는 x_i의 값이 주어졌을 때 $N(\beta_0 + \beta_1 x_i,\ \sigma^2)$로 부터 추출된 표본값이고, 모회귀직선은 확률변수 y_i 분포들의 평균을 지나는 직선이 된다.

9.4 회귀계수의 추정

선형회귀직선 $E(y) = \beta_0 + \beta_1 x$에서 β_0와 β_1은 모수이다. 여기에서는 표본자료를 통해서 모수의 추정치, $\widehat{\beta_0} = b_0$, $\widehat{\beta_1} = b_1$를 구하는 방법에 대해서 알아보겠다.

앞에서 정의한 단순선형회귀모형에서 오차는 $\epsilon_i = y_i - (\beta_0 + \beta_1 x_i)$이고 이 값은 관측되지 않는 미지의 확률변수이다.

모집단으로부터 n개의 관측치를 임의로 추출했을 때 회귀모형은

$$y_i = b_0 + b_1 x_i + e_i, \quad i = 1,\ 2,\ \cdots,\ n$$

이 되고 추정된 회귀직선은

$$\hat{y_i} = b_0 + b_1 x_i$$

가 된다. 이 때

$$y_i - \hat{y_i} = y_i - (b_0 + b_1 x_i) = e_i$$

는 회귀직선을 적합한 후의 오차가 된다. 이를 잔차(residual)라 하며 오차의 추정량으로 해석할 수 있다. 이 오차제곱의 합, 즉

$$Q = \sum_{i=1}^{n} e_i^2 = \sum_{i=1}^{n} (y_i - b_0 - b_1 x_i)^2$$

을 최소화하는 b_0와 b_1을 찾는 방법을 최소제곱법(least squares method)이라 한다. 그러면 Q를 최소로 하는 b_0와 b_1을 구하는 방법을 알아보자. 먼저 Q를 b_0와 b_1에 대해서 각각 편미분한다.

$$\begin{cases} \dfrac{\partial Q}{\partial b_0} = 2\displaystyle\sum_{i=1}^{n} (y_i - b_0 - b_1 x_i)(-1) = 0 \\ \dfrac{\partial Q}{\partial b_1} = 2\displaystyle\sum_{i=1}^{n} (y_i - b_0 - b_1 x_i)(-x_i) = 0 \end{cases}$$

위 두 식을 정리하면 다음과 같은 정규방정식(normal equation)을 얻는다.

$$\begin{cases} \displaystyle\sum_{i=1}^{n} y_i = n b_0 + b_1 \sum_{i=1}^{n} x_i \\ \displaystyle\sum_{i=1}^{n} x_i y_i = b_0 \sum_{i=1}^{n} x_i + b_1 \sum_{i=1}^{n} x_i^2 \end{cases}$$

위 정규방정식을 b_0, b_1에 대해서 풀면

$$b_0 = \overline{y} - b_1 \overline{x}$$

$$b_1 = \frac{\sum_{i=1}^{n}(x_i - \bar{x})(y_i - \bar{y})}{\sum_{i=1}^{n}(x_i - \bar{x})^2} = \frac{\sum_{i=1}^{n} x_i y_i - n\bar{x}\bar{y}}{\sum_{i=1}^{n} x_i^2 - n\bar{x}^2}$$

을 얻는다.

따라서 추정된 회귀직선은

$$y_i = b_0 + b_1 x_i = \bar{y} + b_1(x_i - \bar{x})$$

가 된다.

위 식으로부터 추정된 회귀직선은 $(\bar{x}, \bar{y})$를 지남을 알 수 있다.

예제 2

앞에서 설명한 IQ (x)와 평균평점(y) 자료에서 β_0와 β_1을 추정하라.

<풀이>

모회귀계수를 추정하기 위해 다음과 같은 표를 작성하자.

id	IQ(x)	평균평점(y)	xy	x^2
1	100	3	300	10,000
2	120	3.8	456	14,400
3	110	3.1	341	12,100
4	105	2.9	304.5	11,025
5	85	2.6	221	7,225
6	95	2.9	275.5	9,025
7	130	3.6	468	16,900
8	100	2.8	280	10,000
9	105	3.1	325.5	11,025
10	90	2.4	216	8,100
합계	1,040	30.2	3,187.5	109,800

$$b_1 = \frac{\sum_{i=1}^{n} x_i y_i - n\bar{x}\bar{y}}{\sum_{i=1}^{n} x_i^2 - n\bar{x}^2} = \frac{3,187.5 - 10 \times 104 \times 3.02}{109,800 - 10 \times 104^2} = 0.028$$

$$b_0 = \bar{y} - b_1\bar{x} = 3.02 - 0.028 * 104 = 0.058$$

따라서 추정회귀식은 $\hat{y} = 0.058 + 0.028x$가 된다.

회귀계수와 상관계수와의 관계

회귀계수의 추정치 b와 표본상관계수 r과의 관계를 살펴보기 위해 b를 r의 함수로 표현하자.

$$b = \frac{\sum_{i=1}^{n}(x_i - \bar{x})(y_i - \bar{y})}{\sum_{i=1}^{n}(x_i - \bar{x})^2} = r\frac{\sqrt{\sum_{i=1}^{n}(y_i - \bar{y})^2}}{\sqrt{\sum_{i=1}^{n}(x_i - \bar{x})^2}}$$

위 식에서 보는 바와 같이 b와 r과의 관계는 다음과 같다.

$b > 0$ 이면 $r > 0$
$b < 0$ 이면 $r < 0$
$b = 0$ 이면 $r = 0$

9.5 회귀직선의 정도

앞 절에서 표본자료로부터 회귀직선을 추정하는 방법을 알아보았다. 여기에서는 회귀직선의 정도(precision)를 나타내는 측도인 오차항의 분산 σ^2에 대한 추정값의 표준오차(standard error of estimate)와 결정계수(coefficient of determination)에 대해서 생각해 보기로 하겠다.

$X = x$가 주어졌을 때 y는 평균이 $\beta_0 + \beta_1 x$이고 분산이 σ^2인 정규분포를 따른다. 즉,

따라서 분산의 추정량은 오차 ϵ의 추정량 e를 이용하여 구한다.

$$e_i = y_i - \hat{y_i} = y_i - (b_0 + b_1 x_i)$$

이고 오차제곱의 합

$$\sum_{i=1}^{n} e_i^2 = \sum_{i=1}^{n} (y_i - \hat{y_i})^2$$

을 SSE(Sum of Squares due to Error)라 부른다.

오차항의 분산 σ^2의 추정량 s^2은 오차제곱합을 이용하여 다음과 같이 구할 수 있으며, 이 추정량을 평균제곱오차(Mean Squared Error : MSE)라고 한다.

$V(y) = \sigma^2 = E[y - (\beta_0 + \beta_1 x)]^2 = E(\epsilon^2)$

$$s^2 = \frac{SSE}{n-2} = \frac{1}{n-2} \sum_{i=1}^{n} (y_i - \hat{y_i})^2$$

분모의 자유도$(n-2)$는 $\hat{y_i}$에서 b_0와 b_1, 즉 두 개의 모수를 추정한 데서 기인하는 것이다.

추정회귀직선의 정도를 측정하는 방법으로 결정계수를 생각하자. 두 자료의 산포도가 아래 그림과 같다.

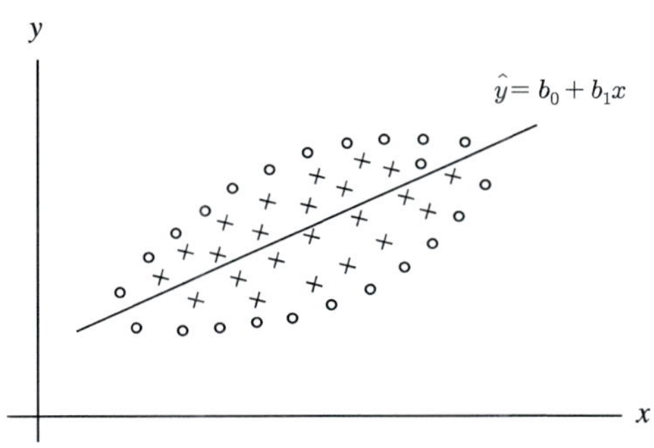

그림 9.8 두 자료의 산포도와 회귀직선

위 그림에서 어떤 자료가 회귀직선에 의해서 잘 설명될 수 있는가? 물론 'x' 표시된 자료이다. 이와 같이 회귀분석에서는 주어진 자료에 대한 회귀직선의 설명력을 측정할 수 있다. 이와 같이 회귀직선의 설명력을 측정하는 통계량을 결정계수라 하며 R^2으로 표기한다.

결정계수를 설명하기 전에 편차를 다음과 같이 분해하자.

$$y_i - \bar{y} = (y_i - \hat{y}_i) + (\hat{y}_i - \bar{y})$$

y_i와 y_i들의 평균 $\bar{y}$와의 차이를 합으로 표현하였다. 이제 이들의 제곱합을 구하면 다음과 같이 표현된다.

$$\sum_{i=1}^{n}(y_i - \bar{y})^2 = \sum_{i=1}^{n}(y_i - \hat{y}_i)^2 + \sum_{i=1}^{n}(\hat{y}_i - \bar{y})^2$$

위 식의 좌변을 총제곱합(Total Sum of Squares : TSS)이라 하며 우변의 첫 항은 회귀직선에 의해 설명되지 않고 오차항에 의해 설명되는 오차제곱합(Sum of Squares due to Error : SSE)이라 한다. 한편 우변의 두 번째 항은 회귀직선에 의해 설명이 되는 회귀제곱합(Sum of Squares due to Regression : SSR)이 된다. 즉

$$TSS = SSE + SSR$$

위 식을 보면 TSS에 비해 SSE가 작으면(같은 의미로 SSR이 크면) 회귀모형의 설명 정도는 총제곱합 중에서 회귀제곱합이 차지하는 비율

$$R^2 = \frac{SSR}{TSS}$$

에 의해서 측정되는데 이를 결정계수(coefficient of determination)라 한다.

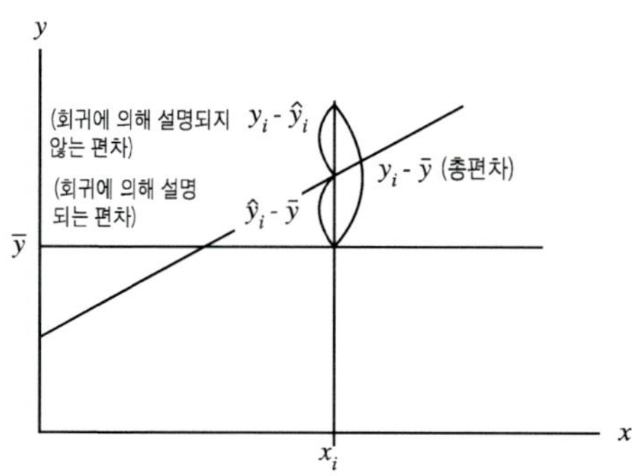

그림 9.9 총편차의 분해

단순선형회귀에서의 결정계수는 상관계수의 제곱과 같다. 즉 결정계수의 값이 1에 가까울수록 관측값들이 추정회귀직선에 가까이 있으므로 자료들을 잘 설명하고 있다고 볼 수 있다.

예제 3

앞에서 설명한 IQ(x)와 평균평점(y) 자료에서 결정계수를 구하라.

<풀이>

$$R^2 = \frac{SSR}{TSS} = \frac{1.32981}{1.59600} = 0.833$$

한편, 추정된 회귀직선의 총제곱합에 대한 분해는 11장에서 다룰 분산분석표로 다음과 같이 표현 할 수 있다.

요인	자유도	제곱합	평균제곱	F
회귀	1	SSR	$\frac{SSR}{1} = MST$	$\frac{MSR}{MSE}$
오차	$n-2$	SSE	$\frac{SSE}{n-2} = MSE$	
계	$n-1$	TSS		

회귀직선의 분산분석표에 대한 설명 및 검정은 11장에서 상세히 다루도록 하겠다.

예제 4

앞에서 설명한 IQ (x)와 평균평점(y) 자료에서 회귀직선 추정시 총제곱합을 분해하여 분산분석표를 작성하라.

<풀이>

요인	자유도	제곱합	평균제곱	F
회귀	1	1.32981	$\frac{1.32981}{1}=1.32981$	$\frac{1.32981}{0.03327}=39.97$
오차	8	0.26619	$\frac{0.26619}{8}=0.03327$	
계	9	1.59600		

예제 5

다음 자료는 어떤 도시에서 낮의 온도에 따른 전력 소모량을 조사한 것이다. 회귀직선의 식을 추정하고 분산분석표를 작성하시오.

[표 9.1] 최고온도와 전력 소모량자료

	최고온도(x)	전력소모량(y)
1	95	214
2	82	152
3	90	156
4	81	129
5	99	254
6	100	266
7	93	210
8	95	204
9	93	213
10	87	150

<풀이>

위 자료에서 $\bar{x}=91.5$, $\bar{y}=194.8$이다.

$$b_1=\frac{\sum_{i=1}^{n}(x_i-\bar{x})(y_i-\bar{y})}{\sum_{i=1}^{n}(x_i-\bar{x})^2}=\frac{2,556}{380.5}=6.7175$$

$$b_0 = \bar{y} - b_1\bar{x} = 194.8 - 6.7175(91.5)$$
$$= -419.85$$

따라서 추정된 회귀직선은

$$\hat{y} = -419.85 + 6.7175x$$

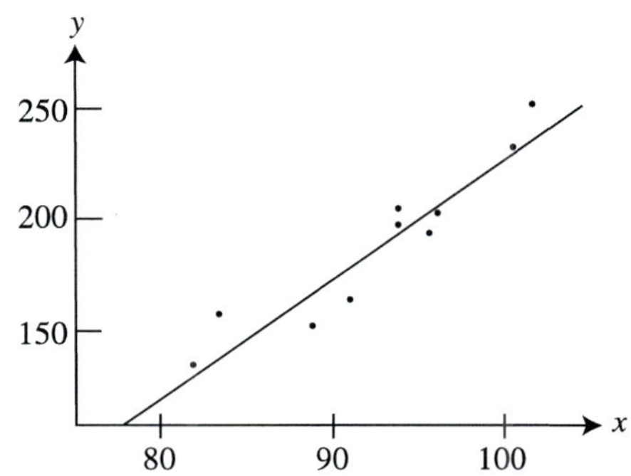

그림 9.10 온도와 전력소모 자료의 회귀직선

x	y	$\hat{y} = b_0 + b_1 x$	$(y-\bar{y})$	$(y-\bar{y})^2$	$(y-\hat{y})$	$(y-\hat{y})^2$
95	214	218.31	19.2	368.64	−4.31	18.58
82	152	130.98	−42.8	1831.84	21.02	441.84
90	156	184.72	−38.8	1505.44	−28.72	824.84
81	129	124.27	−65.8	4329.64	4.73	22.37
99	254	241.18	59.2	3504.64	8.82	77.79
100	266	251.90	71.2	5069.44	14.10	198.81
93	210	204.88	15.2	231.04	5.12	26.21
95	204	218.31	9.2	84.64	−14.31	204.78
93	213	204.88	18.2	331.24	8.12	65.93
87	150	164.57	−44.8	2007.04	−14.57	212.28
				TSS=19264.0		SSE=2093.73

그림 9.11 TSS와 SSE

요인	자유도	제곱합	평균제곱	F
회귀	1	17170	$\frac{17170}{1}=17170$	$\frac{17170}{261.72}=65.60$
오차	8	2093.73	$\frac{2093.73}{8}=261.72$	
계	9	19264		

9.6 회귀계수에 대한 추론

우선 모회귀계수 β_0와 β_1의 추정치의 특성과 분포에 대해서 알아보겠다. 앞 절에서의 추정결과를 인용하면 β_1의 추정치는 다음과 같다.

$$b_1 = \frac{\sum_{i=1}^{n}(y_i-\overline{y})(x_i-\overline{x})}{\sum_{i=1}^{n}(x_i-\overline{x})^2} = \frac{\sum_{i=1}^{n}(x_i-\overline{x})y_i}{\sum_{i=1}^{n}(x_i-\overline{x})^2} = \sum_{i=1}^{n} c_i y_i$$

위 식의 두 번째 등호는 $\sum_{i=1}^{n}(x_i-\overline{x}) = \sum_{i=1}^{n} x_i - n\overline{x} = 0$의 관계에 의해 성립되며 $c_i = \frac{(x_i-\overline{x})}{\sum_{i=1}^{n}(x_i-\overline{x})^2}$이다.

즉, b_1은 y_i의 선형결합으로 표현된다. 그리고 9.3절에서 y_i는 $N(\beta_0+\beta_1 x_i,\ \sigma^2)$임을 보였다. 따라서

$$E(b_1) = E(\sum_{i=1}^{n} c_i y_i)$$

$$= \sum_{i=1}^{n} c_i E(y_i) = \sum_{i=1}^{n} c_i (\beta_0 + \beta_1 x_i)$$

$$= \frac{\beta_0 \sum_{i=1}^{n} (x_i - \bar{x}) + \beta_1 \sum_{i=1}^{n} (x_i - \bar{x}) x_i}{\sum_{i=1}^{n} (x_i - \bar{x})^2}$$

$$= \beta_1, \qquad \left(\sum_{i=1}^{n} (x_i - \bar{x})^2 = \sum_{i=1}^{n} (x_i - \bar{x}) x_i, \sum_{i=1}^{n} (x_i - (\bar{x}) = 0 \right)$$

b_0의 기대값은 다음과 같이 구한다.

$$E(b_0) = E(\bar{y} - b_1 \bar{x})$$
$$= E(\bar{y}) - \bar{x} E(b_1)$$
$$= \beta_0 + \beta_1 \bar{x} - \bar{x} \beta_1 = \beta_0$$

이제 추정된 회귀계수의 분산을 구해 보자.

$$V(b_1) = V\left(\sum_{i=1}^{n} c_i y_i\right)$$
$$= \sum_{i=1}^{n} c_i^2 \, V(y_i) \; = \sigma^2 \sum_{i=1}^{n} c_i^2$$
$$= \sigma^2 \sum_{i=1}^{n} \left(\frac{(x_i - \bar{x})}{\sum_{i=1}^{n} (x_i - \bar{x})^2} \right)^2$$
$$= \sigma^2 \frac{\sum_{i=1}^{n} (x_i - \bar{x})^2}{\left[\sum_{i=1}^{n} (x_i - \bar{x})^2 \right]^2}$$
$$= \frac{\sigma^2}{\sum_{i=1}^{n} (x_i - \bar{x})^2}$$

$$V(b_0) = V(\bar{y} - b_1\bar{x})$$
$$= V(\bar{y}) + \bar{x}^2 V(b_1) - 2\bar{x}\,Cov(\bar{y},\, b_1)$$

여기에서 $Cov(\bar{y},\, b_1) = 0$이므로

$$= \frac{\sigma^2}{n} + \frac{\bar{x}^2\sigma^2}{\sum_{i=1}^{n}(x_i - \bar{x})^2}$$
$$= \left(\frac{1}{n} + \frac{\bar{x}^2}{\sum_{i=1}^{n}(x_i - \bar{x})^2}\right)\sigma^2$$

따라서

$$b_0 \sim N\left[\beta_0\,,\ \left(\frac{1}{n} + \frac{\overline{x^2}}{\sum_{i=1}^{n}(x_i - \bar{x})^2}\right)\sigma^2\right]$$

$$b_1 \sim N\left[\beta_1\,,\ \frac{\sigma^2}{\sum_{i=1}^{n}(x_i - \bar{x})^2}\right]$$

추정된 회귀계수 b_1에 대한 $100(1-\alpha)\%$ 신뢰구간은 다음과 같이 구한다.

① σ^2이 알려진 경우 $\qquad b_1 \pm z_{\frac{\alpha}{2}}\sqrt{\dfrac{\sigma^2}{\sum_{i=1}^{n}(x_i - \bar{x})^2}}$

② σ^2이 알려지지 않은 경우 $\qquad b_1 \pm t_{\frac{\alpha}{2}}(n-2)\sqrt{\dfrac{MSE}{\sum_{i=1}^{n}(x_i - \bar{x})^2}}$

한편 b_0에 대한 $100(1-\alpha)\%$ 신뢰구간은 다음과 같다.

① σ^2이 알려진 경우 $\qquad b_0 \pm z_{\frac{\alpha}{2}} \sqrt{\left(\frac{1}{n} + \frac{\overline{x}^2}{\sum_{i=1}^{n}(x_i - \overline{x})^2}\right)\sigma^2}$

② σ^2이 알려지지 않은 경우 $\quad b_0 \pm t_{\frac{\alpha}{2}}(n-2) \sqrt{MSE \cdot \left(\frac{1}{n} + \frac{\overline{x}^2}{\sum_{i=1}^{n}(x_i - \overline{x})^2}\right)}$

예제 6

예제 5에서 구한 b_0와 b_1에 대한 95% 신뢰구간을 구하라.

<풀이>

$$b_1 \pm t_{\frac{\alpha}{2}}(n-2) \sqrt{\frac{MSE}{\sum_{i=1}^{n}(x_i - \overline{x})^2}}$$

$$= 6.7175 \pm 2.306 \sqrt{\frac{261.72}{380.5}}$$

$$= 6.7175 \pm 1.913$$

$$= (4.80\ ,\ 8.63)$$

$$b_0 \pm t_{\frac{\alpha}{2}}(n-2) \sqrt{MSE \cdot \left(\frac{1}{n} + \frac{\overline{x}^2}{\sum_{i=1}^{n}(x_i - \overline{x})^2}\right)}$$

$$= 419.85 \pm 2.306 \sqrt{261.72 \cdot \left(\frac{1}{10} + \frac{91.5^2}{380.5}\right)}$$

$$= (244.46,\quad 595.24)$$

9.7 회귀계수에 대한 가설검정

모회귀계수 β_0에 대한 검정을 위해 추정치 b_0를 이용한다.

한편 b_0의 분포를 알고 있으므로 검정통계량은

① σ^2이 알려진 경우, $z_0 = \dfrac{b_0 - \beta_0}{\sqrt{\sigma^2\left(\dfrac{1}{n} + \dfrac{\bar{x}^2}{\sum_{i=1}^{n}(x_i - \bar{x})^2}\right)}}$ 은 $N(0,1)$을 따른다.

② σ^2이 알려지지 않은 경우, $t_0 = \dfrac{b_0 - \beta_0}{\sqrt{MSE \cdot \left(\dfrac{1}{n} + \dfrac{\bar{x}^2}{\sum_{i=1}^{n}(x_i - \bar{x})^2}\right)}}$ 은 자유도가 $(n-2)$인 t-분포를 따른다.

따라서 b_0에 대한 가설검정은 다음과 같이 정리할 수 있다.

귀무가설 H_0 : $\beta_0 = \beta_{00}$

검정통계량 z_0 혹은 t_0

가설검정 $H_a : \beta_0 > \beta_{00}$일 때, $z_0 > z_\alpha \; (t_0 > t_{\alpha(n-2)})$이면, H_0를 기각

$H_a : \beta_0 < \beta_{00}$일 때, $z_0 < -z_\alpha \; (t_0 < -t_{\alpha(n-2)})$이면, H_0를 기각

$H_a : \beta_0 \neq \beta_{00}$일 때, $|z_0| > z_{\frac{\alpha}{2}} \; (|t_0| > t_{\frac{\alpha}{2}(n-2)})$이면, H_0를 기각

이제 모회귀계수 β_1의 가설검정을 위해 추정치 b_1의 분포를 이용하자.

β_1의 가설검정을 위한 검정통계량은

① σ^2이 알려진 경우, $z_0 = \dfrac{b_1 - \beta_1}{\sqrt{\dfrac{\sigma^2}{\sum_{i=1}^{n}(x_i - \bar{x})^2}}}$ 은 $N(0,1)$을 따른다.

② σ^2이 알려지지 않은 경우, $t_0 = \dfrac{b_1 - \beta_1}{\sqrt{\dfrac{MSE}{\sum_{i=1}^{n}(x_i - \bar{x})^2}}}$ 은 $t_{(n-2)}$를 따른다.

따라서 b_1에 대한 가설검정은 다음과 같이 정리할 수 있다.

귀무가설 H_0 : $\beta_1 = \beta_{10}$

검정통계량 z_0 혹은 t_0

가설검정 H_a : $\beta_1 > \beta_{10}$일 때, $z_0 > z_\alpha (t_0 > t_{\alpha^{(n-2)}})$이면, H_0를 기각

H_a : $\beta_1 < \beta_{10}$일 때, $z_0 < -z_\alpha (t_0 < -t_{\alpha^{(n-2)}})$이면, H_0를 기각

H_a : $\beta_1 \neq \beta_{10}$일 때, $|z_0| > z_{\frac{\alpha}{2}} (|t_0| > t_{\frac{\alpha}{2}^{(n-2)}})$이면, H_0를 기각

예제 7

예제 5에서 추정한 회귀계수에 대한 가설 검정을 하라.

<풀이>

가설 H_0 : $\beta_1 = 0$ H_a : $\beta_1 \neq 0$

검정통계량을 계산하면 $t_0 = \dfrac{b_1}{\sqrt{\dfrac{MSE}{\sum_{i=1}^{n}(x_i - \bar{x})^2}}} = \dfrac{6.7175}{\sqrt{\dfrac{261.72}{380.5}}} = 8.10$ 가 된다.

이 때 $|t_0| = 8.10 > t_{0.025^{(8)}} = 2.306$ 이므로 H_0를 기각한다.

9.8 잔차분석

회귀분석의 첫 단계는 수집된 자료의 산점도를 그려 보고 직선회귀의 타당성을 확인한 후 자료를 회귀모형에 적합시키는 것이다.

단순선형 회귀모형의 가정은 다음과 같다.

$$y_i = \beta_0 + \beta_1 x_i + \epsilon_i,\ \epsilon_i \sim N(0, \sigma^2) \quad i = 1, 2, \cdots, n$$

① x와 y는 선형관계, 즉

$$E(y \mid x) = \beta_0 + \beta_1 x$$

② 정규성, 즉

$$\epsilon_i \sim N(0, \sigma^2)$$

③ 등분산성, 즉

$$V(\epsilon_1) = V(\epsilon_2) = \cdots = V(\epsilon_n) = \sigma^2$$

④ 독립성, 즉

$$Cov(\epsilon_i, \epsilon_j) = 0, \quad i \neq j = 1, 2, \cdots, n$$

여기에서는 오차항의 분포에 대한 가정인 정규성, 등분산성, 독립성 등을 검토하는 것을 잔차분석(analysis of residuals)이라 한다.

위와 같은 가정들이 만족되는지의 여부는 잔차와 $\hat{y}$간의 산점도를 그려 봄으로써 판단할 수 있으며 이러한 가정들이 만족되지 않으면 최소자승법에 의해 추정된 계수와, 추정된 모형에 의미가 없다고 볼 수 있다.

잔차와 $\hat{y}$간의 산점도를 위해서 표준화잔차(standard residual)

$$e_i^* = \frac{\hat{\epsilon}_i}{\hat{\sigma}} = \frac{y_i - \hat{y}_i}{\hat{\sigma}}, \quad i = 1, 2, \cdots, n$$

를 이용한다. 표준화잔차 e_i^*는 $\hat{\epsilon}_i$과는 달리 척도에 영향을 받지 않는다.

가정된 모형이 타당한 경우, 표준화잔차는 평균 0, 분산 1을 갖는다. 또한 정규분포를 따른다는 가정이 만족되면 e_i^*의 95%는 ±2 이내에 있고, 99.7%는 ±3 이내에 있는 것으로 기대된다.

아래 그림은 일반적인 잔차의 산점도를 나타낸 것이다.

①번 산점도의 경우 잔차의 분포가 0을 중심으로 고르게 퍼져 있으므로 선형성과 등분산성의 가정에 부합됨을 알 수 있다.

②번 산점도의 경우 잔차의 분포가 0을 중심으로 대칭이므로 선형성의 가정을 만족하나 $\hat{y}_i$이 커짐에 따라 잔차의 분산이 증가되는 것을 볼 수 있다. 즉 등분산성에 의심이 간다.

③번 산점도의 경우 잔차의 값이 '−'에서 '+'로 증가한 뒤 다시 '−'로 감소하는 '어떠한 경향'을 보여 주고 있다. 즉 독립성에 의심이 간다.

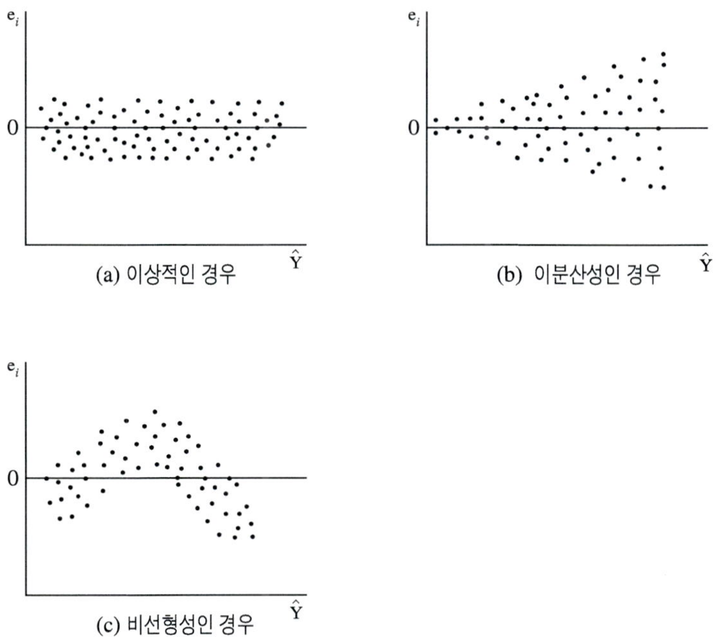

(a) 이상적인 경우

(b) 이분산성인 경우

(c) 비선형성인 경우

그림 9.12 잔차산점도

이와 같이 설정된 가정에 위배되는 경우에 대처방법은 이 책의 범위를 넘어섬으로 여기에서는 생략하기로 하겠다.

연습문제

1. **다음 자료를 회귀직선에 적합시키기 위해 최소자승법을 이용하라.**

x	1	2	3	4	5	6
y	1	2	2	3	5	3

(a) β_0와 β_1을 추정하라.

(b) 자료의 각점을 그리고 그 위에 회귀직선의 식을 그려라.

2. **다음 자료를 회귀직선에 적합시키기 위해 최소자승법을 이용하라.**

x	–2	–1	0	1	2
y	4	3	3	1	–1

(a) β_0와 β_1을 추정하라.

(b) 자료의 각 점을 그리고 그 위에 회귀직선의 식을 그려라.

3. **연습문제 1의 자료에서** $H_0 : \beta_0 = 0$**을** $\alpha = 0.05$**에서 검정하라.**

4. **연습문제 2의 자료에서** $H_0 : \beta_0 = 0$**을** $\alpha = 0.05$**에서 검정하라.**

5. **다음 자료는 드릴의 강도와 마모의 정도를 관측한 것이다.**
회귀직선의 식을 추정하라.

드릴의 강도	x	60	62	63	67	70	74	79	81
마모	y	251	245	246	233	221	202	188	17

6. 다음 자료는 지상으로부터 유성의 발광점(x)과 소멸점(y)의 높이를 관측한 자료이다.

단위 : Km

x	96	103	116	107	100	98	99	114	104	117
y	78	91	100	88	88	86	86	94	91	99

(a) 회귀직선의 식을 추정하라.

(b) $\beta_1 = 0.5$에 대해 $\alpha = 0.05$에서 검정하라.

7. 다음 자료는 임의로 추출된 10가구에 대한 연봉(x)과 지출(y)을 조사한 자료이다.

단위 : 100만원(x), 10만원(y)

x	50	10	20	30	40	35	20	30	35	30
y	115	35	75	85	115	110	50	70	100	95

(a) 회귀직선의 식을 추정하라.

(b) $H_0 : \beta_1 = 0$에 대해 $\alpha = 0.05$에서 검정하라.

제10장

범주형자료의 분석

C/H/A/P/T/E/R 10

범주형자료의 분석

앞 절에서 설명한 가설검정에서 두 모집단의 모평균 또는 모비율 간에 차이가 있는지를 다루었다. 여기에서는 위와 같은 개념의 확장으로서 두 개 이상의 모집단 간의 모평균 또는 모비율에 차이가 있는지에 대한 가설검정을 생각해 보기로 하겠다.

표본조사 또는 실험을 통해 얻어진 관측값들, 특히 질적 자료들을 분석할 때 관측값들은 어떤 속성에 따라 몇 가지의 범주로 분류되어 도수화된 범주형 자료로 만들어진다. 범주형 자료는 주로 표본조사자료에서 볼 수 있는데 예를 들어, 교육정도를 초등학교, 중학교, 고등학교, 대학교로, 거처구분을 단독주택, 아파트, 연립 및 다세대, 기타 등으로 분류하여 얻은 자료들을 말한다.

여기에서 다루는 분석방법은 주로 질적 자료의 분석에 이용되며 양적 자료의 경우도 범주화가 가능한 경우 적용할 수 있다. 대표적인 범주형 자료의 분석 방법은, 관측된 결과가 확률모형에 적합한지 또는 특정 확률분포를 따르는지를 검정하는 적합도의 검정(goodness of fit test), 속성들 간에 관련성을 검정하는 독립성의 검정(test of independence), 부차 모집단의 속성이 동일한지를 검정하는 동질성의 검정(test of homogeneity) 등이 있다.

10.1 적합도의 검정

앞 절에서 모비율의 가설검정을 논하는 과정에서 모집단에 속한 개체들은 두 개의 범주 중 하나에 속하는 것으로 분류하였다. 예를 들자면, 안경을 쓴 사람의 비율, 모 후보를 지지하는 유권자의 비율, 생산품 중에서 불량품의 비율 등 이와 같은 개념의 확장으로서 두 개 이상의 범주를 생각할 수 있다. 즉, 혈액형의 비율, 주사위를 던졌을 때 눈의 값 등을 생각할 수 있다. n개의 독립적인 값들이 위와 같은 분포로부터 관측되었다면 이를 이항분포의 일반화된 개념인 다항분포라고 부른다.

앞 절의 개념을 도입하면 가설검정을 다음과 같이 일반화할 수 있을 것이다.

H_0 : 학생들의 혈액형의 비율은 A형 0.30, B형 0.35, AB형 0.20, O형 0.15

위와 같은 가설 검정을 위해 1,000명의 학생들에게 설문조사를 한 결과 A형 320명, B

형 340명, AB형 210명, O형 130명이었다면 H_0를 받아들여야 하는지? 혹은 기각해야 하는지를 결정해야 한다. 이를 위해 최종분석에서 연구자들은 표본조사를 통해 관측한 값들이 H_0에서 제시된 값들에 얼마나 적합한지 혹은 얼마나 가까운지에 관심을 갖게 된다. 표본자료가 가설로 제시된 분포에 얼마나 적합한지를 결정하는 검정을 적합도의 검정이라고 한다.

이해를 돕기 위해서 주사위를 던지는 문제를 생각하자. 공정한 주사위를 던질 때, 1의 눈이 나올 확률을 p_1, 2의 눈을 얻을 확률을 p_2, $\cdots$, 6의 눈을 얻을 확률을 p_6라 하면 귀무가설을 다음과 같이 표현할 수 있다.

$$H_0 : \ p_1 = \frac{1}{6}, p_2 = \frac{1}{6}, p_3 = \frac{1}{6}, p_4 = \frac{1}{6}, p_5 = \frac{1}{6}, p_6 = \frac{1}{6}$$

H_a : 이 주사위는 공정하지 않다.

이를 검정하기 위해 주사위를 120회 던진 결과가 다음과 같다고 하자.

눈의 값	1	2	3	4	5	6	합계
빈도	17	25	17	23	15	23	120

만약 주사위가 공정하다면 120회를 던졌을 때 각각의 눈의 관측 값은 20회 정도일 것이라고 기대할 것이며 이 때 관측값과 이론적인 기대값과의 차이는 단지 표본오차에 의한 것이라는 데 이의를 제기하지 않을 것이다. 그러나 관측값과 이론적인 기대값과의 차이가 심하다면 주사위를 만드는 과정에서 어떤 잘못이 있지 않았나 의심하지 않을 수 없다.

이러한 문제를 해결하기 위해선 관측값과 이론적인 기대값과의 차이를 어떻게 측정 할 것인가? 그리고 어느 정도의 차이를 진정한 차이로 인정할 것인가? 등이다. 이러한 질문에 대한 검정은 χ^2 통계량을 이용하여 시행 가능하다.

$$\chi^2 = \sum_{i=1}^{6} \frac{(O_i - E_i)^2}{E_i}$$

여기에서 O_i는 눈의 값 i의 관측 수를 의미하며 E_i는 귀무가설이 사실일 때 눈의 값

i의 이론적인 기대값을 의미한다.

위의 주사위를 던지는 실험의 결과를 이용하여 검정통계량의 값을 계산하면 4.3이 된다. 그리고 이때의 자유도는 (6−1)=5가 되므로 유의수준 5%일 때 부록의 카이제곱표의 값은 11.07이다. 4.3은 11.07을 초과하지 않으므로 H_0를 기각하지 않는다. 즉 주사위는 공정하게 만들어졌다.

눈의 값	관측도수(O)	기대도수(E)	$(O-E)^2/E$
1	17	20	0.45
2	25	20	1.25
3	17	20	0.45
4	23	20	0.45
5	15	20	1.25
6	23	20	0.45
합 계	120	120	4.30

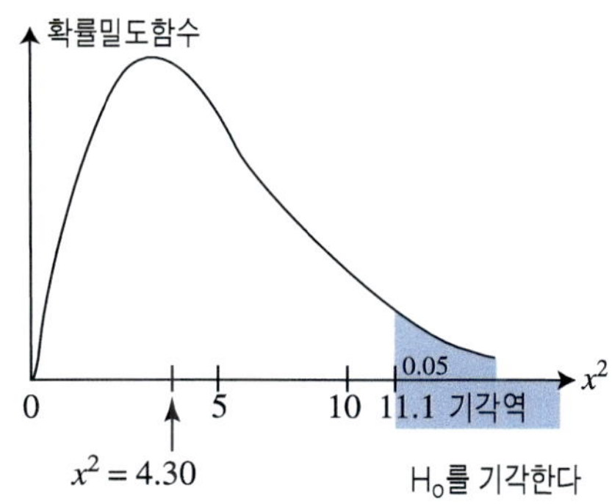

그림 10.1 카이제곱분포의 확률밀도함수와 기각역

예제 1

일반적으로 혈액형 비율이 A형은 0.4, B형은 0.2, O형은 0.3, AB형은 0.1인 것으로 알려져 있다. 이를 검정하기 위해 어느 대기업 사원들 400명을 임의로 추출하여 조사한 결과, 146, 96, 106, 50명 순으로 나타났다. 유의수준 5%에서 가설을 검정하라.

<풀이>

H_0 : $p_A = 0.4$, $p_B = 0.2$, $p_O = 0.3$, $p_{AB} = 0.1$

H_a : H_0가 아니다.

계산된 통계량의 값은 8.23이며 부록에서 자유도가 3일 때의 값은 $\chi^2_{3,\ 0.05} = 7.815$가 된다. 따라서 H_0를 기각한다.

혈액형	관측도수(O)	기대도수(E)	$(O-E)^2/E$
A	148	160	0.90
B	96	80	3.20
O	106	120	1.63
AB	50	40	2.50
합 계	400	400	8.23

예제 2

린드스트롬(Lindstrom)은 2종의 옥수수를 교배하여 4가지의 각기 다른 종의 옥수수를 총1301개 수확하였는데, 그 중 773개는 초록빛 옥수수, 231개는 금빛 옥수수, 238개는 초록빛에 줄이 있는 옥수수, 59개는 금빛과 초록빛에 줄이 있는 옥수수 등이었다고 한다. 멘델의 유전법칙에 의하면 이러한 4가지 종을 얻을 확률은 각각 $\frac{9}{16}$, $\frac{3}{16}$, $\frac{3}{16}$, $\frac{1}{16}$ 이다. 위 실험의 결과가 멘델의 유전의 법칙을 따르는지 검정하라.

<풀이>

H_0 : $p_1 = \frac{9}{16}$, $p_2 = \frac{3}{16}$, $p_3 = \frac{3}{16}$, $p_4 = \frac{1}{16}$

H_a : H_0와 다르다.

검정통계량은 $\chi^2 = \sum_{i=1}^{4} \frac{(O_i - E_i)^2}{E_i} \sim \chi^2(3)$ 인데 이를 계산하면 9.25를 얻는다.

이 때 $\chi^2_{0.05}(3) = 7.8147$이므로 유의수준 5% 하에서 귀무가설을 기각한다.

이제 기대도수가 어떤 이론적 모수에 의해 결정되는 것이 아니라, 수집된 자료에 대한 가정으로부터 우선 모수를 추정하고 이것을 이용하여 기대도수를 계산해야 하는 경우를 생각하자. 즉, 귀무가설에 의하여 각 범주의 확률이 정해져 있지 않는 경우에 자료들이 어떤 특정한 분포로부터 수집되었는가를 검정하는 방법에 대하여 알아보자.

우선 이항분포를 따르는 경우를 예를 들어 설명하면 다음과 같다. 동전을 5회씩 총 500회 던지는 실험을 한 결과가 다음과 같다.

앞면의 수($X=x$)	0	1	2	3	4	5	합계
관측도수(O_x)	21	84	160	142	69	24	500

위 실험에서 앞면이 나올 확률이 $p = \frac{1}{2}$ 인 이항분포를 따르는지 유의수준 5%에서 검정해 보자. 위 실험에서 관측도수는 알고 있으므로 기대도수를 구할 필요가 있다. 기대도수는 다음과 같이 구한다.

$$E(X) = 500 \times \binom{5}{x}\left(\frac{1}{2}\right)^2\left(\frac{1}{2}\right)^{5-x},$$

$$= \begin{cases} 500 \times \binom{5}{0}\left(\frac{1}{2}\right)^0\left(\frac{1}{2}\right)^{5-0} = 15.5 = E_0 \\ 500 \times \binom{5}{1}\left(\frac{1}{2}\right)^1\left(\frac{1}{2}\right)^{5-1} = 78.5 = E_1 \\ 500 \times \binom{5}{2}\left(\frac{1}{2}\right)^2\left(\frac{1}{2}\right)^{5-2} = 156 = E_2 \\ 500 \times \binom{5}{3}\left(\frac{1}{2}\right)^3\left(\frac{1}{2}\right)^{5-3} = 156 = E_3 \\ 500 \times \binom{5}{4}\left(\frac{1}{2}\right)^4\left(\frac{1}{2}\right)^{5-4} = 78.5 = E_4 \\ 500 \times \binom{5}{5}\left(\frac{1}{2}\right)^5\left(\frac{1}{2}\right)^{5-5} = 15.5 = E_5 \end{cases}$$

$$\chi^2 = \sum_{x=0}^{5} \frac{(O_x - E_x)^2}{E_x} = 1.95 + 0.385 + 0.102 + 1.256 + 1.149 + 4.661 = 9.503$$

$< \chi^2_{0.05}(5) = 11.0705$이므로 귀무가설을 기각할 수 없다.

예제 3

이제 관측도수가 포아송 분포를 따르는 모집단에서 추출된 것이라는 가정 하에서 포아송분포의 모수를 추정하고 기대도수를 계산하여 검정하는 예를 살펴보자.
볼드게비치(Bortkewitch, 1898)는 20년 동안 200개의 군부대에서 말에 치어 죽은 병사의 수를 기록하였다. 다음 표를 이용하여 병사의 사망 수가 포아송분포를 따르는지 유의수준 5%에서 검정하라.

연간 사망자 수 (O_x)	0	1	2	3	4	합계
부대 수	109	65	22	3	1	200

<풀이>

먼저 도수분포표를 이용하여 모수 λ를 다음과 같이 추정한다.

$$\lambda = \frac{(0 \times 109 + 1 \times 65 + 2 \times 22 + 3 \times 3 + 4 \times 1)}{200} = 0.61$$

기대도수는 다음과 같이 추정된다.

$$E(X) = n \times \left(\frac{\lambda^x}{x!} e^{-\lambda} \right)$$

$$= \begin{cases} 200 \times \left(\frac{0.61^0}{0!} e^{-0.61} \right) = 108.67 = E_0 \\ 200 \times \left(\frac{0.61^1}{1!} e^{-0.61} \right) = 66.29 = E_1 \\ 200 \times \left(\frac{0.61^2}{2!} e^{-0.61} \right) = 20.22 = E_2 \\ 200 \times \left(\frac{0.61^3}{3!} e^{-0.61} \right) = 4.11 = E_3 \\ 200 \times \left(\frac{0.61^4}{4!} e^{-0.61} \right) = 0.71 = E_4 \end{cases}$$

이 때 주의해야 할 점은 사망자 수가 4 이상인 기대도수가 1 이하로 나타나므로 이를 사망자 수가 3인 기대도수 4.11과 함께 묶어 하나의 기대도수 4.82로 사용하여야 한다. 왜냐하면 기대도수가 1보다 작게 나타나면 몇 개의 기대도수를 묶어 1 이상이 되도록 권하고 있기 때문이다. 그러므로 도수분포표는 다음과 같이 정리된다.

사망자 수(x)	관측도수(O_x)	기대도수(E_x)	$(O_x-E_x)^2/E_x$
0	109	108.67	0.0010
1	65	66.29	0.0251
2	22	20.22	0.1567
3 이상	4	4.82	0.1395
합계	200	200.00	0.3223

따라서 검정통계량의 χ^2의 값은 0.3223이다. 이 때 자유도는 다음과 같이 계산된다.
자유도=(분류항목의 개수)-1-(추정된 모수의 개수)=4-1-1=2.
이 때 $\chi^2 = 0.3223 < \chi^2_{0.05}(2) = 5.9915$이므로 유의수준 5% 하에서 말에 치어 죽은 병사에 대한 도수분포가 포아송분포를 따른다고 할 수 있다.

예제 4

데이터처리 입문 수강생들에 대한 성적분포를 알아보기 위해 1,052명의 학생들의 기말고사성적을 3점 구간으로 하여 도수분포표를 만들었다. 이 때 표본평균이 62.49점, 표본표준편차가 2.435점이였다면 다음 표로부터 학생들의 성적이 정규분포를 따르는지 유의수준 5%에서 검정하라.

계급	≤55	55~57	57~59	59~61	61~63	63~65	65~67	67~69	69<	합계
관측도수(O)	3	9	52	215	346	277	120	23	7	1,052

<풀이>

기대도수는 다음과 같이 구한다.

$$P(X \le 55) = P\left(z \le \frac{62.49-55}{2.435}\right) = P(z \le 3.08) = 0.5-0.4990 = 0.001$$

$$E_1 = 0.001 \times 1052 = 1.052$$

$$P(55 < X \le 57) = P\left(z < \frac{62.49-57}{2.435}\right) - P\left(z \le \frac{62.49-55}{2.435}\right) = 0.5-0.4878-0.01$$
$$= 0.0112$$

$$E_2 = 0.0112 \times 1052 = 11.7824$$

$$P(57 < X \le 59) = P\left(z < \frac{62.49-59}{2.435}\right) - P\left(z \le \frac{62.49-57}{2.435}\right) = 0.5-0.4236-0.0112$$
$$= 0.0652$$

$$E_3 = 0.0652 \times 1052 = 68.5904$$

$$P(59 < X \le 1) = P\left(z < \frac{62.49-61}{2.435}\right) - P\left(z \le \frac{62.49-59}{2.435}\right) = 0.5-0.2291-0.0652$$
$$= 0.2057$$

$$E_4 = 0.2057 \times 1052 = 216.3964$$

$$P(61 < X \le 63) = P\left(z < \frac{62.49-63}{2.435}\right) - P\left(z \le \frac{62.49-61}{2.435}\right)$$
$$= P(0 \le z < 0.61) + P(0 \le z < 0.21)$$
$$= 0.2291 + 0.0832 = 0.3032$$

$$E_5 = 0.3032 \times 1052 = 318.9664$$

$$\vdots$$

마찬가지 방법으로 계산하면 다음과 같은 표를 얻는다.

계 급	관측도수(O_x)	기대도수(E_x)	$(O_x - E_x)^2/E_x$
≤55	3	1.05	3.6214
55–57	9	11.78	0.6561
57–59	52	68.59	4.0126
59–61	215	216.39	0.0089
61–63	346	318.96	2.2923
63–65	277	279.55	0.0233
65–67	120	125.52	0.2427
67–69	24	29.72	1.1009
69<	6	3.95	1.0639
합 계	1,052	1,055.51	13.0221

이때 $\chi^2 = 13.0221 < \chi^2_{0.05}(8) = 16.919$이므로 유의수준 5%하에서 귀무가설을 기각할 수 없다. 즉 시험성적은 정규분포를 따른다고 볼 수 있다.

10.2 독립성의 검정

하나의 모집단으로부터 임의 추출된 크기가 n개인 표본이 두 가지 변수들에 의하여 분류되는 경우 두 변수들 간에 어떤 관련성이 있는지를, 즉 "한 그룹 내에서 분류된 두 가지 특성(요인)들 사이에 서로 관련성이 있는가?"를 검정하는 방법을 독립성 검정(χ^2 independence test)이라 한다. 예를 들어, 임의 추출된 표본으로부터 두 가지 변수, 즉 흡연과 폐암간에 어떠한 관련성이 있는지, 또한 성별과 급여 간에 어떠한 관계가 있는지 등을 검정하는 경우에 독립성 검정을 하게 된다.

우선 크기가 n인 표본을 추출하여 얻은 자료를 2개의 변수를 이용하여 2원표에 분류한다.

이와 같은 표를 분할표라 한다. r개의 열과 c개의 행으로 이루어진 경우 $r \times c$ 분할표라 부른다. 다음 자료는 혈액형과 눈동자의 색깔 간에 어떤 관계가 있는지 알아보기 위해 400명을 임의로 추출하여 2×4 분할표에 정리한 것이다.

눈의 색깔	혈 액 형				
	A	B	O	AB	합 계
파란색	95	40	80	25	240
갈 색	65	50	40	5	160
합 계	160	90	120	30	400

위 자료에서 열과 행의 합계를 주변합이라 한다. 이제 가설검정을 위한 귀무가설과 대립가설은 다음과 같이 정의된다.

H_0 : 어떤 사람의 혈액형과 그 사람의 눈의 색깔은 독립이다.

H_a : 두 속성은 독립이 아니다.

귀무가설을 검정하기 위해서 관측도수와 기대도수 사이에 차이가 얼마나 큰가를 살펴볼 필요가 있다.

눈의 색깔	혈액형	관측도수(O)	기대도수(E)	$(O-E)^2/E$
파란색	A	95	96	0.01
파란색	B	40	54	3.63
파란색	O	80	72	0.89
파란색	AB	25	18	2.72
갈 색	A	65	64	0.02
갈 색	B	50	36	5.44
갈 색	O	40	48	1.33
갈 색	AB	5	12	4.08
합 계		400	400	18.12

검정통계량 χ^2의 값은

$$\chi^2 = \sum_{i=1}^{r}\sum_{j=1}^{c}\frac{(O_{ij}-E_{ij})^2}{E_{ij}} = 18.12$$

가 되며 자유도는 $(r-1)(c-1)=3$이 된다.

한편 $\chi^2_{0.05}(3)=7.815$이므로 H_0를 기각한다. 즉 혈액형과 눈의 색깔과는 어떠한 관계가 있다.

일반적으로 두 가지 변수들을 분류하는 요인들을 각각 A, B라 하자. 요인 A는 r개의 범주들로, 요인 B는 c개의 범주들로 나누어질 때, n개의 표본을 추출하여 각 요인 (A_i, B_j)를 갖는 것들을 분류하여 그 개수를 각각의 위치에 작성하면 다음과 같은 분할표가 될 것이다.

요인B / 요인A	B_1	B_2	$\cdots$	B_j	$\cdots$	B_c	표본의 크기
A_1	n_{11}	n_{12}	$\cdots$	n_{1j}	$\cdots$	n_{1c}	$n_{1.}$
A_2	n_{21}	n_{22}	$\cdots$	n_{2j}	$\cdots$	n_{2c}	$n_{2.}$
$\vdots$	$\vdots$	$\vdots$	$\ddots$	$\vdots$	$\ddots$	$\vdots$	$\vdots$
A_i	n_{i1}	n_{i2}	$\cdots$	n_{ij}	$\cdots$	n_{ic}	$n_{i.}$
$\vdots$	$\vdots$	$\vdots$	$\ddots$	$\vdots$	$\ddots$	$\vdots$	$\vdots$
A_r	n_{r1}	n_{r2}	$\cdots$	n_{rj}	$\cdots$	n_{rc}	$n_{r.}$
합 계	$n_{.1}$	$n_{.2}$	$\cdots$	$n_{.j}$	$\cdots$	$n_{.c}$	n

독립성 검정은 두 변수들이 서로 독립인지를 검정하는 것이다. 따라서 p_{ij}는 실험 대상이 범주 A_i와 범주 B_j에 동시에 속할 확률이고, $p_{i.}$는 범주 A_i에, $p_{.j}$는 범주 B_j에 속할 확률이므로, 범주 A와 범주 B가 서로 독립이기 위해서는 다음이 성립하여야 한다. 즉,

$$p_{ij} = \Pr(A_i \cap B_j) = \Pr(A_i) \times \Pr(B_j) = p_{i.} \times p_{.j}$$

$$H_0 : \ p_{ij} = p_{i.} \times p_{.j}$$

따라서, 앞의 가설을 검정하기 위한 검정통계량은 다음과 같을 것이다. 즉,

$$\chi^2 = \sum_{i=1}^{r}\sum_{j=1}^{c}\frac{(O_{ij}-E_{ij})^2}{E_{ij}}$$

$$= \sum_{i=1}^{r}\sum_{j=1}^{c}\frac{(n_{ij}-np_{i.}p_{.j})^2}{np_{i.}p_{.j}} \sim \chi^2_{\alpha}(rc-1)$$

그러나, 이 때 $p_{i.}$ 와 $p_{.j}$ 는 미지의 모수들이므로 $\widehat{p_{i.}} = \frac{n_{i.}}{n}$ 와 $\widehat{p_{.j}} = \frac{n_{.j}}{n}$ 로 추정하여야 한다. 따라서 독립성 검정에서 사용되는 검정통계량은 다음과 같다. 즉,

$$\begin{aligned}\chi^2 &= \sum_{i=1}^{r}\sum_{j=1}^{c}\frac{\left(O_{ij}-\widehat{E_{ij}}\right)^2}{\widehat{E_{ij}}} \\ &= \sum_{i=1}^{r}\sum_{j=1}^{c}\frac{\left(n_{ij}-n\widehat{p_{i.}}\widehat{p_{.j}}\right)^2}{n\widehat{p_{i.}}\widehat{p_{.j}}} \\ &= \sum_{i=1}^{r}\sum_{j=1}^{c}\frac{\left(n_{ij}-\frac{n_{i.}n_{.j}}{n}\right)^2}{\frac{n_{i.}n_{.j}}{n}} \sim \chi^2_{\alpha}((r-1)(c-1))\end{aligned}$$

여기에 사용된 자유도가$(rc-1)$에서$(r-1)(c-1)$로 바뀐 까닭은 추정된 모수의 개수만큼 빼주어야 했기 때문이다. 즉,

$$\begin{aligned}(rc-1)-(\text{추정된 모수의 개수}) &= (rc-1)-\ [(r-1)+(c-1)] \\ &= (r-1)(c-1)\end{aligned}$$

예제 5

혈액형과 위질환 사이의 관련유무를 알아보기 위하여 8,766명을 임의 추출하여 관측한 결과들이 다음과 같을 때(단, AB형은 인원수가 너무 적어 편리를 위해 생략하였음), 두 변수가 서로 독립적인지를 유의수준 5% 하에서 검정하라.

혈액형 \ 위질환	위궤양	위암	정상인	합 계
O 형	983	383	2,892	4,258
A 형	679	416	2,625	3,720
B 형	134	84	570	788
합 계	1,796	883	6,087	8,766

<풀이>

혈액형과 위질환 유무와의 관련성을 검정하는 것은 두 변수들이 서로 독립인지를 검정하는 것이므로 가설은 다음과 같다.

H_0 : 혈액형과 위질환은 독립이다.

이 때, 기대도수의 추정치는 $\widehat{E_{ij}} = \dfrac{n_{\cdot i} n_{\cdot j}}{n}$ $(i=1,2,3;\ j=1,2,3)$이므로 각각의 값은

$$\widehat{E_{11}} = 872.39, \quad \widehat{E_{12}} = 428.91, \quad \widehat{E_{13}} = 2{,}956.70,$$
$$\widehat{E_{21}} = 762.16, \quad \widehat{E_{22}} = 374.72, \quad \widehat{E_{23}} = 2{,}583.12,$$
$$\widehat{E_{31}} = 161.45, \quad \widehat{E_{32}} = 79.38, \quad \widehat{E_{33}} = 547.18$$

과 같다.

따라서, 검정통계량의 값은 40.54이고, $\chi^2_{0.05}(4) = 9.4877$이므로 귀무가설은 기각된다. 그러므로 "혈액형과 위질환은 서로 간 독립적이지 않다", 즉 "유의수준 5% 하에서 두 변수 간 관련성이 있다"고 할 수 있다.

검정통계량의 값은 40.54이고, $\chi^2_{0.05}(4) = 9.4877$이므로 귀무가설이 기각되므로 "혈액형과 위질환은 서로 간 독립적이지 않다", 즉 "유의수준 5% 하에서 두 변수 간 관련성이 있다"고 할 수 있다.

예제 6

어느 도시에서 임의로 추출한 360명에 대해 연령별 정당지지자를 분할표에 정리하였다.

정 당	연 령			
	20-35	36-50	50 이상	합 계
자 민 련	10	40	10	60
민 주 당	80	85	45	210
한나라당	30	25	35	90
합 계	120	150	90	360

연령과 지지정당 간에 어떠한 관련이 있는지 $\alpha=0.05$에서 검정하라.

<풀이>

귀무가설과 대립가설은 다음과 같다.

H_0 : 유권자의 연령과 지지정당은 독립이다.

H_a : 두 변수는 독립이 아니다.

기대도수의 추정치는

$$\widehat{E_{11}}=\frac{120\times60}{360} \qquad \widehat{E_{12}}=\frac{150\times60}{360} \qquad \widehat{E_{13}}=\frac{90\times60}{360}$$

$$\widehat{E_{21}}=\frac{120\times210}{360} \qquad \widehat{E_{22}}=\frac{150\times210}{360} \qquad \widehat{E_{23}}=\frac{90\times210}{360}$$

$$\widehat{E_{31}}=\frac{120\times90}{360} \qquad \widehat{E_{32}}=\frac{150\times90}{360} \qquad \widehat{E_{33}}=\frac{90\times90}{360}$$

검정통계량 χ^2의 값은

$$\chi^2=\sum_{i=1}^{r}\sum_{j=1}^{c}\frac{(O_{ij}-E_{ij})^2}{E_{ij}}=29.35$$

한편 $\chi^2_{0.05}(4)=9.488$이므로 H_0를 기각한다.

즉 유권자들의 연령에 따라 지지정당이 다르다.

10.3 동질성 검정

한 모집단을 여러 개의 부분모집단(subpopulation)들로 분할하여, 이 부분모집단들의 분포의 형태가 동일한지를 검정하고자 할 때, 즉 여러 개의 범주로 분류된 두 가지 이상의 독립된 표본들간 특성 선택에 차이가 있는가를 검정하는 방법으로, 분할된 몇 개의 독립된 그룹들이 동일한 분포를 갖는지를 검정하는 측도를 동질성 검정(χ^2-homogeneity test)이라 한다.

r개의 부분모집단으로부터 각 크기가 $n_1, n_2, \cdots, n_i, \cdots, n_r$ 개의 표본들을 추출하였을 때, 다음은 c개의 범주로 나누어진 특성에 관한 분할표이다.

특 성 / 부분모집단	B_1	B_2	$\cdots$	B_j	$\cdots$	B_c	표본의 크 기
S_1	n_{11}	n_{12}	$\cdots$	n_{1j}	$\cdots$	n_{1c}	n_1
S_2	n_{21}	n_{22}	$\cdots$	n_{2j}	$\cdots$	n_{2c}	n_2
$\vdots$	$\vdots$	$\vdots$	$\ddots$	$\vdots$	$\ddots$	$\vdots$	$\vdots$
S_i	n_{i1}	n_{i2}	$\cdots$	n_{ij}	$\cdots$	n_{ic}	n_i
$\vdots$	$\vdots$	$\vdots$	$\ddots$	$\vdots$	$\ddots$	$\vdots$	$\vdots$
S_r	n_{r1}	n_{r2}	$\cdots$	n_{rj}	$\cdots$	n_{rc}	n_r
합 계	$n_{.1}$	$n_{.2}$	$\cdots$	$n_{.j}$	$\cdots$	$n_{.c}$	n

동질성 검정은 조사대상 모집단이 r 개의 부분모집단들로 분할될 때, i 번째 부분모집단으로부터 $n_i\,(i=1,2,\cdots,r)$ 개의 표본을 추출하면, 특성 B의 범주 중 $B_j\,(j=1,2,\cdots,c)$에 속하는 도수는 $n_{.j}\,(j=1,2,\cdots,c)$ 가 될 것이다.

따라서, 동질성 검정은 각 부분모집단들의 분포들이 동일한가를 검정하는 것이므로 귀무가설은 다음과 같다. 즉,

$$H_0 : \; p_{1j} = p_{2j} = \cdots = p_{ij} = \cdots = p_{rj}, \; j=1,2,3,\ldots,c$$

따라서, 앞의 가설을 검정하기 위한 검정통계량은 다음과 같을 것이다. 즉,

$$\begin{aligned}\chi^2 &= \sum_{i=1}^{r}\sum_{j=1}^{c}\frac{(O_{ij}-E_{ij})^2}{E_{ij}} \\ &= \sum_{i=1}^{r}\sum_{j=1}^{c}\frac{(n_{ij}-n_i\,p_{.j})^2}{n_i\,p_{.j}} \quad \sim \quad \chi^2_{\alpha}(r(c-1))\end{aligned}$$

그러나, 이 때 $p_{.j}$는 미지의 모수이므로 $\hat{p}_{.j}=\dfrac{n_{.j}}{n}$로 추정하여야 한다. 따라서 동질성 검정에서 사용되는 검정통계량은 다음과 같다. 즉,

$$\chi^2 = \sum_{i=1}^{r}\sum_{j=1}^{c}\frac{\left(O_{ij} - \widehat{E_{ij}}\right)^2}{\widehat{E_{ij}}}$$
$$= \sum_{i=1}^{r}\sum_{j=1}^{c}\frac{\left(n_{ij} - n_i\,\widehat{p_{.j}}\right)^2}{n_i\,\widehat{p_{.j}}}$$
$$= \sum_{i=1}^{r}\sum_{j=1}^{c}\frac{\left(n_{ij} - n_i\,\dfrac{n_{.j}}{n}\right)^2}{n_i\,\dfrac{n_{.j}}{n}} \quad \sim \quad \chi^2_{\alpha}((r-1)(c-1))$$

여기서 자유도가 $r(c-1)$에서 $(r-1)(c-1)$로 바뀐 까닭은 추정된 모수의 개수만큼 빼주어야 했기 때문이다. 즉,

$$\begin{aligned} r(c-1) - (\text{추정된 모수의 개수}) &= r(c-1) - (c-1) \\ &= (r-1)(c-1) \end{aligned}$$

예제 8

미국의 캘리포니아, 뉴욕, 인디아나 주에서 각각 200명, 200명, 100명을 추출하여 지지정당에 관한 조사를 한 결과를 분할표에 정리하였다. 이 분할표에서 각 주의 표본의 크기는 사전에 정해진 것이다. 각 주별 정당 지지자 비율이 같은지 $\alpha=0.05$에서 검정하라.

정 당	3개 주			
	캘리포니아	뉴욕	인디아나	합계
민 주	95	105	40	240
공 화	80	60	50	190
기 타	25	35	10	70
합 계	200	200	100	500

<풀이>

위 분할표에 대응되는 확률을 다음과 같이 표현하자.

정 당	3개 주		
	캘리포니아	뉴욕	인디아나
민 주	P_{11}	P_{12}	P_{13}
공 화	P_{21}	P_{22}	P_{23}
기 타	P_{31}	P_{32}	P_{33}

동질성의 검정을 위한 귀무가설은 다음과 같다.

$$H_0 : \begin{cases} P_{11} = P_{12} = P_{13} : & \text{민주당원의 비율은 각 주에서 같다.} \\ P_{21} = P_{22} = P_{23} : & \text{공화당원의 비율은각 주에서 같다.} \\ P_{31} = P_{32} = P_{33} : & \text{기타당원의 비율은각 주에서 같다.} \end{cases}$$

3개 주	정 당	관측도수	기대도수	$(O-E)^2/E$
캘리포니아	민주	95	96	0.01
캘리포니아	공화	80	76	0.21
캘리포니아	기타	25	28	0.32
뉴 욕	민주	105	96	0.84
뉴 욕	공화	60	76	3.37
뉴 욕	기타	35	28	1.75
인디아나	민주	40	48	1.33
인디아나	공화	50	38	3.80
인디아나	기타	10	14	1.14
합 계		500	500	12.77

검정통계량 χ^2의 값은

$$\chi^2 = \sum_{i=1}^{r}\sum_{j=1}^{c}\frac{(O_{ij}-E_{ij})^2}{E_{ij}} = 12.77$$

이며 $\chi^2_{0.05}(4)=9.488$이므로 H_0를 기각한다. 즉 당원들의 비율이 주마다 같지 않다.

예제 9

다음은 어느 대학 컴퓨터학부 주·야간 소속 학생들을 각각 46명, 44명을 뽑아 그들의 각 전공에 대한 선호도를 나타낸 분할표이다. 주·야간에 따라 전공 선호도가 다른지 유의수준 $\alpha=0.05$에서 검정하라.

전공 / 부분모집단	DB	S/W	System	합 계
주 간	22	17	7	46
야 간	9	15	20	44
합 계	31	32	27	90

<풀이>

주·야간에 따라 전공별 선호도가 같다고 할 수 있는가에 대하여, p_{11}, p_{12}, p_{13}를 각각 주간 학생들 중 DB, S/W, System을 선호할 확률이라 하고, p_{21}, p_{22}, p_{23}를 각각 야간 학생들 중 DB, S/W, System을 선호할 확률이라 하면 가설은 다음과 같다.

$H_0 : (p_{11}, p_{12}, p_{13}) = (p_{21}, p_{22}, p_{23})$

이 때, 기대도수의 추정치는$\widehat{E_{ij}}$ $(i=1,2;\ j=1,2,3)$는 다음과 같다.

$$\widehat{E_{11}} = \frac{22\times 46}{90},\qquad \widehat{E_{12}} = \frac{32\times 46}{90},\qquad \widehat{E_{13}} = \frac{27\times 46}{90},$$

$$\widehat{E_{21}} = \frac{31\times 44}{90},\qquad \widehat{E_{22}} = \frac{32\times 44}{90},\qquad \widehat{E_{23}} = \frac{27\times 44}{90}$$

과 같다.

따라서, 검정통계량의 값은 11.8035이고, $\chi^2_{0.05}(2) = 5.9915$이므로 귀무가설은 기각된다. 그러므로 유의수준 5% 하에서 컴퓨터학부 주·야간 학생들의 각 전공에 대한 선호도는 다르다고 할 수 있다.

연습문제

1. 매주 어떤 공장에서 발생하는 안전사고 건수를 Y라 하자. 지난 50주 동안의 안전사고 결과가 다음과 같을 때, Y가 포아송분포를 따르는지 $\alpha=0.05$에서 검정하라.

Y	0	1	2	3 혹은 그 이상
빈 도	32	12	6	0

2. 남학생과 여학생에 따라 국어, 영어, 수학 세 과목에 대한 선호도가 다른지를 검정하기 위해 남·여학생 각 250명씩을 임의로 추출하여 가장 좋아하는 과목을 하나 택하게 하고 아래와 같이 그 결과를 분할표에 정리하였다. 성별에 따라 과목의 선호도가 다른지 $\alpha=0.05$에서 검정하라.

	국어	영어	수학
남학생	100	80	70
여학생	110	60	80

3. 교육수준이 결혼생활에 영향을 미치는지 알아보기 위해 1,000명을 임의로 추출하여 조사한 결과를 분할표에 정리하였다. 이 자료를 통하여 교육수준이 결혼생활의 만족도에 영향을 미치는지 $\alpha=0.05$에서 검정하라.

교육수준	결혼생활		
	불만	원만	대단히 양호
대 학 교	72	112	245
고등학교	65	90	120
중 학 교	95	103	98

4. 음주와 흡연과의 관계를 파악하기 위해 임의로 600명을 추출하여 조사한 결과가 다음과 같다. 두 변수 간에 관련성이 있는지 $\alpha=0.25$에서 검정하라.

	흡연자	비흡연자
음주	193	165
금주	89	153

5. 어느 병원에서 고혈압과 심장질환과의 관계를 파악하기 위해 600명을 임의로 조사한 결과가 다음과 같다.

고혈압 증세	심장질환	
	유	무
항상	51	89
가끔	72	280
전혀 없음	19	89

고혈압과 심장질환과는 관계가 없는지 $\alpha=0.01$에서 검정하라.

6. 다음 자료는 500명의 학생들의 평균평점과 해당 학생들이 교사에 대한 강의 평가를 정리한 것이다.

강의평가	평균평점			
	4.0 이상	3.0–3.9	2.0–2.9	2.0 이하
매우 잘한다	40	50	55	20
잘한다	25	35	45	20
보통이다	10	25	50	36
잘 못한다	10	15	40	24

학생들의 평균평점과 학생들의 교사에 대한 강의평가 간에 어떠한 연관성이 있는지 $\alpha=0.05$에서 검정하라.

7. 다음 자료는 300명의 학생들에 대한 몸무게와 혈압을 정리한 것이다.

몸무게	혈압		
	높다	정상	낮다
과체중	40	34	18
정상	36	77	27
저체중	16	33	19

혈압과 몸무게와는 무관한지 $\alpha=0.05$에서 검정하라.

8. 다음 자료는 어느 실험실에서 과일나방의 교배에 관한 연구결과이다.

	나방 1	나방 2
날개가 굽은 자손의 수	63	40
자손의 수	180	144

교배 결과 날개가 굽은 자손의 수의 비율에 두 나방 간에 차이가 있는지 $\alpha=0.05$ 에서 검정하라.

9. 로켓발사대가 3종류 있다. 다음 자료는 각 발사대에서 성공적으로 발사된 로켓의 수를 정리한 것이다.

	발사대 1	발사대 2	발사대 3
발사건수	50	80	60
성공적인 발사건수	30	52	33

세 대의 로켓 발사대로부터 발사에 성공할 비율이 서로 다른지 $\alpha=0.05$에서 검정하라.

10. 스쿨버스 종점과 관련하여 100명의 학생들에게 의견수렴 결과가 다음과 같다.

	종로	청계로	을지로	퇴계로
지지학생수	42	44	30	36

종점 위치에 대한 의견이 4지역 모두에 대해 같은지 $\alpha=0.05$에서 검정하라.

11. 두통약의 효과를 알아보기 위해 각 두통약에 대해 100명의 환자를 임의로 추출하여 투약한 결과가 다음과 같다.

	두통약 A	두통약 B	두통약 C
매우 좋다	42	51	55
좋다	38	27	17
나쁘다	20	22	28

3종류 두통약의 효과가 같은지 $\alpha=0.05$에서 검정하라.

12. 세 지역에서 자동차 10부제에 대해 어떻게 생각하는지 주민들을 200명씩 임의로 추출하여 조사한 결과가 다음과 같다.

	서울	대전	부산
찬성	60	86	70
반대	105	76	83
결정유보	35	38	47

각 지역별로 10부제에 대한 반응이 같은지 $\alpha=0.05$에서 검정하라.

제 11 장

분산분석

C/H/A/P/T/E/R 11

분산분석

두 모집단의 평균을 비교하는 방법은 가설검정에서 설명하였다. 여기에서는 가설검정에서 다룬 방법을 확장함으로써 두개 이상의 모집단들간의 평균을 비교하는 방법을 설명하겠다. 여러개의 평균들을 비교할 때 분산분석(Analysis of Variance: ANOVA)이라는 방법을 이용하는데 비교대상이 되는 모집단들을 일원분류하였을 경우 일원분산분석(one way ANOVA)방법을, 이원분류하였을 경우 이원분산분석(two way ANOVA)방법을 이용한다. 마찬가지방법으로 다원분산분석(multi-way ANOVA)방법이 가능하다. 분산분석과 관련된 중요한 방법들은 이원분산분석에서 다루어진다.

11.1 일원분산분석

두 개의 평균을 비교할 때 t-통계량을 이용하는 방법을 8장에서 다루었다. 여러 개의 평균을 비교할 때도 유사한 절차를 따른다. 우선 F-통계량이 계산되고 여러 개의 평균들이 모두 같다는 귀무가설을 검정하기 위해 P-값 혹은 유의수준이 이용된다.

일원분산분석은 다수의 모평균을 비교하기 위한 방법이다. 각 모집단으로부터 단순임의추출로 표본을 추출한다. 그리고 모평균들이 모두 같다는 귀무가설을 검정하기 위해 추출된 표본을 이용한다.

다음과 같은 예를 생각하자.

예방의학 연구자는 콜레스테롤 값을 낮추는 4가지 서로 다른 방법(treatment : 처리)을 비교하는 데 관심이 있다. 이를 위해 80명을 임의로 추출하여 각 처리에 20명씩을 임의로 할당하였다. 그리고 콜레스테롤 값의 감소량을 측정 기록한다.

두 번째 예로 팔당호로 유입되는 5개 개천의 오염도에 차이가 있는지를 살펴보기로 하자. 이를 위해 환경관련단체에서 5개 개천으로부터 일정량의 개울물을 떠다가 각 표본의 오염정도를 측정하였다.

위 두 예를 살펴보면 같은 점과 다른 점이 있다. 같은 점은, 사람들로부터 혹은 개울물 표본으로부터 특정 변수의 값이 측정되었다는 것이다. 이 때 측정된 자료는 정규분포를 따른다고 가정할 수 있다. 그리고 첫 번째에서는 사람들이 각 처리에 임의로 할당되었지만 두 번째 예에서는 임의성이 의미가 없다는 것이 다른 점이다. 그 대신에 채취된 개울물 표본은 해당 개울물의 임의 표본이라고 가정한다. 위 두 경우 모두 평균들 간의 비교를 위해 분산분석을 이용할 수 있다.

표본조사자료나 실험계획자료의 분석에서 동일하게 분산분석방법이 이용된다. 그러나 분석결과를 해석하는 데 있어서 자료수집방법은 분명히 밝혀 두어야 한다. 위와 같은 실험에서 관측값에 영향을 주는 속성을 인자(factor)라 하며 인자의 서로 다른 값을 인자수준(factor level)이라 한다. 위의 첫 번째 예에는 처리에 대한 4개의 인자수준이 있으며 두 번째 예에는 5개의 인자수준이 있다.

다수의 모집단이 같은 평균을 갖는지를 알아보기 위해 각 모집단으로부터 표본을 추출하고 표본평균을 비교한다. 아래 [그림 11.1]은 위의 첫 번째 예에서의 표본평균을 나타낸 것이다.

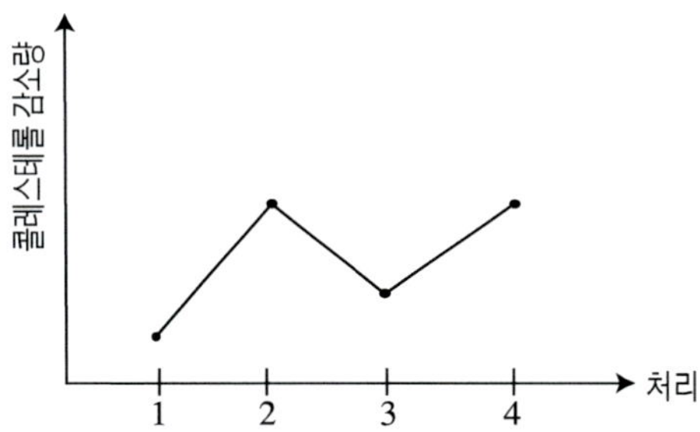

그림 11.1 처리별 콜레스테롤 감소

물론 모평균이 같은 경우에도 표본평균들이 모두 같을 것이라고 기대하지는 않는다.

분산분석의 목적은 표본평균들 간의 관측된 차이가 유의한지를 알아보는 것이다. 다시 말해서, 표본평균들 간의 차이가 표본오차에 의한 것인지 모평균들 간의 실제차이에 의한 것인지를 알아보는 것이다. 위 질문에 대한 답은 처리 내 관측값들의 분산과 표본의 크기에 달려 있다고 하겠다. 우선 처리 내 분산을 살펴보기 위해 상자와 수염그림을 이용하자.

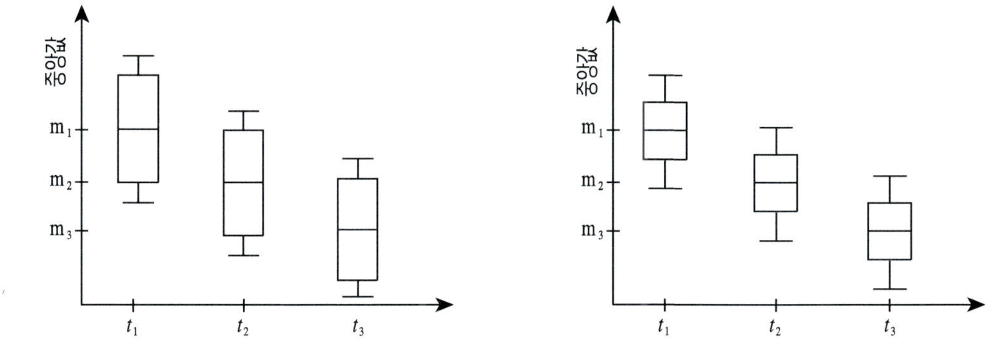

그림 11.2 (a) 처리 내 분산이 큰 경우 (b) 처리 내 분산이 작은 경우

위 두 그림에서 각 처리별 중앙값은 같다. 그러나 [그림 11.2] (a)의 경우 처리 내 관측치들 간의 분산이 크기 때문에 처리별 중앙값의 차이가 표본오차에 의한 것일지도 모른다는 생각을 갖게 한다. 이러한 가능성을 확인하기 위해서는 표본의 크기를 알아야 하는데 상자와 수염그림에는 표본의 크기에 대한 정보가 없다. 즉 상자와 수염그림은 처리별 평균에 차이가 있는지에 대한 분산분석에 앞서 시행되는 사전단계라고 생각하면 되겠다.

첫 번째 예제의 평균들 간의 차이를 정규분포 그림을 이용하여 다음과 같이 설명할 수 있다.

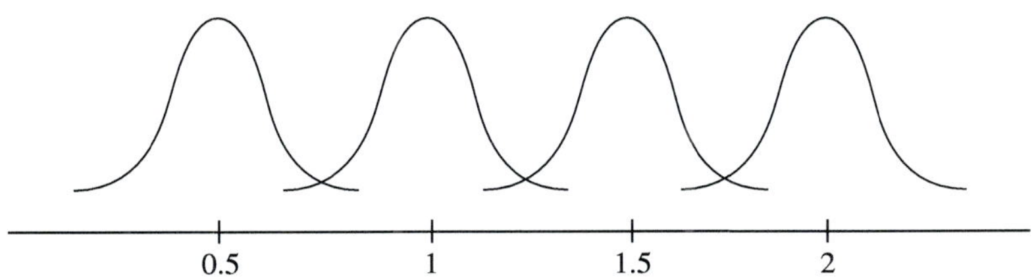

그림 11.3 (a) 처리별 평균이 서로 다른 콜레스테롤의 분포

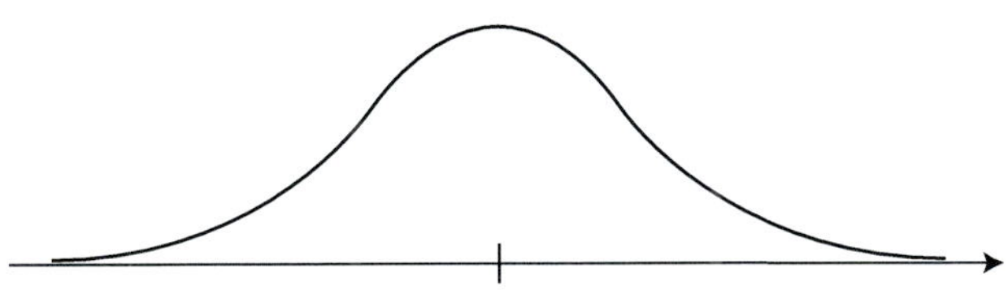

그림 11.3 (b) 처리 평균은 같으나 분산이 큰 콜레스테롤 분포

[그림 11.3] (a)는 네 개의 처리 평균이 모두 다르며 관측된 평균 0.5, 1, 1.5, 2는 네 개의 서로 다른 모집단으로부터 나온 경우라고 생각할 수 있다. 즉, 처리별 콜레스테롤 감소량에 차이가 있다. 한편 [그림 11.3] (b)는 각 관측값들이 분산이 큰 하나의 모집단으로부터 추출된 경우로 생각할 수 있다. 이러한 경우, 관측된 평균들 간의 차이는 큰 분산에 의한 것으로 콜레스테롤 감소량에는 차이가 없다고 볼 수 있다.

11.1.1 분산분석모형

콜레스테롤 감소량에 대한 관측값을 확률변수 y라 하면 다음과 같은 모형을 생각할 수 있다.

$$\text{처리 1}: y_1 = \mu_1 + \epsilon$$
$$\text{처리 2}: y_2 = \mu_2 + \epsilon$$
$$\text{처리 3}: y_3 = \mu_3 + \epsilon$$
$$\text{처리 4}: y_4 = \mu_4 + \epsilon$$

여기에서 $\mu_i (i=1, 2, 3, 4)$는 각 처리에 대한 관측값의 기대값이며 ϵ는 y_i를 측정할 때 개인별 차이와 같은 여러 가지 외적인 변동을 설명하는 오차항으로 일반적으로 $N(0, \sigma^2)$을 따르는 확률변수로 가정한다. 이때 각 방법들 간에 콜레스테롤 함량의 감소에 차이가 없다면 $\mu_1 = \mu_2 = \mu_3 = \mu_4$가 되어 [그림 11.2] (a) 혹은 [그림 11.3] (b)와 같이 관측값들이 하나의 모집단으로부터 추출된 것이며 표본평균들 간의 차이는 오차항 ϵ에 의한 것이라고 할 수 있다. 일원분산분석의 자료구조를 살펴보면 다음과 같다.

[표 11.1] 일원분산분석의 자료구조

반복 \ 처리	처리 1	처리 2	$\cdots$	처리k	전체 평균
1	y_{11}	y_{21}	$\cdots$	y_{k1}	
2	y_{12}	y_{22}	$\cdots$	y_{k2}	
$\vdots$	$\vdots$	$\vdots$	$\vdots$	$\vdots$	
n	y_{1n_1}	y_{2n_2}	$\cdots$	y_{kn_k}	
평균	$\bar{y}_{1\cdot}$	$\bar{y}_{2\cdot}$		$\bar{y}_{k\cdot}$	$\bar{y}_{\cdot\cdot}$

이제 [표 11.1]에서와 같은 자료구조에서 관측된 평균들 간의 차이가 모평균 간의 차이에 의한 것인지 오차항에 의한 것인지를 알아보기 위해 각 처리 내에서의 관측값들의 변동량을 살펴볼 필요가 있다. 즉 각 처리 내의 n_i개의 관측값들의 변동이 작다면 오차항 ϵ의 분산 σ^2이 작다는 것을 의미하며 이는 [그림 11.3] (a)와 같은 분포를 나타낸다. 반면에 각 처리 내 변동량이 크다면 처리평균들 간의 차이가 처리효과에 의한 것이라는 근거가 미약하다고 할 수 있다.

위의 표를 이용하여 처리 내 관측값들의 변동을 다음과 같이 구할 수 있다.

$$
\begin{aligned}
&\text{처리1} : (y_{11}-\overline{y}_{1.})^2 + (y_{12}-\overline{y}_{1.})^2 + \cdots + (y_{1n_1}-\overline{y}_{1.})^2 \\
&\text{처리2} : (y_{21}-\overline{y}_{2.})^2 + (y_{22}-\overline{y}_{2.})^2 + \cdots + (y_{2n_2}-\overline{y}_{2.})^2 \\
&\quad\vdots \\
&\text{처리}k : (y_{k1}-\overline{y}_{k.})^2 + (y_{k2}-\overline{y}_{k.})^2 + \cdots + (y_{kn_k}-\overline{y}_{k.})^2
\end{aligned}
$$

이때 $\sum_{i=1}^{k}\sum_{j=1}^{n}(y_{ij}-\overline{y}_{i.})^2$을 처리 내 변동(within sum of squares) 혹은 잔차제곱합(residual sum of squares)이라고도 하며 처리 수준 내에서의 총변동량을 나타내며 SSE로 표현한다.

한편, 처리 간 변동은 다음과 같이 구한다.

$$n_1(\overline{y}_{1.}-\overline{y}_{..})^2 + n_2(\overline{y}_{2.}-\overline{y}_{..})^2 + \cdots + n_k(\overline{y}_{k.}-\overline{y}_{..})^2$$

이는 처리 간의 변동을 나타내며 처리 간 변동(between sum of squares) 혹은 처리제곱합(treatment sum of squares)이라고도 하며 SST로 표현한다.

위와 같은 자료구조에서의 총변동을 구하기 위해 자료의 분산을 구해 보자.

$$\frac{1}{nk-1}\sum_{i=1}^{k}\sum_{j=1}^{n}(y_{ij}-\overline{y}_{..})^2$$

이 때 분자 $\sum_{i=1}^{k}\sum_{j=1}^{n}(y_{ij}-\overline{y}_{..})^2$은 총제곱합(total sum of squares : TSS)이라고 불리며

자료의 총변동의 정도를 나타낸다. 이를 수리적으로 표현하면 다음과 같다.

$$\sum_{i=1}^{k}\sum_{j=1}^{n}(y_{ij}-\bar{y}_{..})^2 = n\sum_{i=1}^{k}(y_{i.}-\bar{y}_{..})^2 + \sum_{i=1}^{k}\sum_{j=1}^{n}(y_{ij}-\bar{y}_{i.})^2$$

즉 다음과 같이 간략히 표현할 수 있다.

$$TSS = SST + SSE$$

예제 1

20명을 임의추출하여 네 가지 콜레스테롤 감소방법을 적용한 결과가 다음과 같다고 할때 총제곱합, 처리제곱합, 잔차제곱합을 구해 보자.

[표 11.2] 네 가지 방법에 따른 콜레스테롤 변화

방법 1	방법 2	방법 3	방법 4
225	225	185	265
265	230	220	265
225	215	250	285
240	210	200	235
245	220	250	
240			

<풀이>

우선 각 처리에서의 평균을 구하면,

$$\begin{cases} \bar{y}_{1.} = \dfrac{1}{6}(225+265+225+240+245+240) = 240 \\ \bar{y}_{2.} = \dfrac{1}{5}(225+230+215+210+220) = 220 \\ \bar{y}_{3.} = \dfrac{1}{5}(185+220+250+200+250) = 213.75 \\ \bar{y}_{4.} = \dfrac{1}{4}(265+265+285+235) = 260 \end{cases}$$

한편 전체평균은

$$\bar{y}_{..} = \frac{1}{20}(225+265+225+ \cdots +285+235) = 234.75$$

따라서

$$\begin{aligned} SST &= 6(240-234.75)^2+5(220-234.75)^2+ \cdots +4(260-234.75)^2 \\ &= 6,205 \end{aligned}$$

$$\begin{aligned} SSE &= (225-240)^2+(265-240)^2+(225-240)^2+ \cdots +(240-240)^2 \\ &+(225-220)^2+(230-220)^2+(215-220)^2+ \cdots +(220-220)^2 \\ &+(185-213.75)^2+(220-213.75)^2+(250-213.75)^2+ \cdots \\ &+(250-213.75)^2+(265-260)^2+(265-260)^2+(285-260)^2 \\ &+(235-260)^2 = 5,118.75 \end{aligned}$$

한편 관측값들의 총제곱합은

$$\begin{aligned} &\sum_{i=1}^{k}\sum_{j=1}^{n}(y_{ij}-\bar{y}_{..})^2 \\ &= (225-234.75)^2+(265-234.75)^2+(225-234.75)^2+ \\ &\cdots +(285-234.75)^2+(235-234.75)^2 = 11,323.75 \end{aligned}$$

$TSS = SST+SSE$이므로

$11,323.75 = 6,205+5,118.75$가 된다.

11.1.2 분산분석

앞 절에서 설명한 일원분산분석모형은 다음과 같다.

$$y_{ij} = \mu_i+\epsilon_{ij} \qquad i=1, 2, \cdots, k \qquad j=1, 2, \cdots, n_i$$

μ_i : 처리i의 관측값들의 기대값

ϵ_{ij} : 오차항으로 서로 독립이며 $N(0, \sigma^2)$을 따르는 확률변수

일반적으로 일원분산분석은 k개 처리 평균들이 같은지를 검정하는 방법으로 귀무가설과 대립가설은 각각 다음과 같다.

관측값 y_{ij}가 위 모형을 따를 때

$$H_0 : \mu_1 = \mu_2 = \cdots = \mu_k$$
$$H_a : \text{모든 } \mu_i \ (i=1,2,\cdots,k)\text{는 같지 않다.}$$

위 가설을 검정하기 위한 통계량으로

$$F = \frac{SST \ / \ (k-1)}{SSE \ / \sum_{i=1}^{k}(n_i - 1)}$$

을 이용한다.

검정통계량 F 는 $H_0 : \mu_1 = \mu_2 = \cdots = \mu_k$가 성립할 때, 즉 귀무가설이 참일 때 자유도가 $(k-1, \sum_{i=1}^{k}(n_i - 1))$인 F분포를 따른다.

따라서 가설검정 절차는 다음과 같다.

1. 가설을 설정한다.
2. 유의수준 α를 정한다.
3. $F = \dfrac{SST \ / \ (k-1)}{SSE \ / \sum_{i=1}^{k}(n_i - 1)} = \dfrac{MST}{MSE}$를 계산한다.
4. 계산한 F 값이 유의수준 α에서 $F(k-1, \sum_{i=1}^{k}(n_i - 1))$보다 작으면 H_0를 기각한다.

위와 같은 가설검정 결과를 요약한 것을 분산분석표(ANOVA table)라 하는데 일원분산분석에서의 분산분석표는 다음과 같다.

[표 11.3] 분산분석표

요인	자유도	제곱합	평균제곱	F
처리	$k-1$	SST	$MST=SST/(k-1)$	MST/MSE
오차	$\sum_{i=1}^{k}(n_i-1)$	SSE	$MSE=SSE/\sum_{i=1}^{k}(n_i-1)$	
계	$\sum_{i=1}^{k}n_i-1$	TSS		

예제 2

예제1 에서 4개의 콜레스테롤 평균값 간에 차이가 있는지 유의수준 $\alpha=0.05$에서 검정하라.

<풀이>

예제 1의 결과를 정리하면
$SST=6,205$, $SSE=5,118.75$, $TSS=11,323.75$이며 SST의 자유도는 3이고 SSE의 자유도는 16이다. 따라서 분산분석표는 [표 11.4]와 같다.

[표 11.4] 콜레스테롤자료의 분산분석표

요인	자유도	제곱합	평균제곱	F
처리	3	6,205	2,068.33	6.47
오차	16	5,118.75	319.92	
계	19	11,323.75		

한편 가설검정을 위한 절차는

① H_0 : $\mu_1=\mu_2=\mu_3=\mu_4$
H_a : H_0가 아니다.

② 유의수준 $\alpha=0.05$가 주어졌다.

③ 분산분석표에서 보는 바와 같이 $F=6.47$

④ $F=6.47 > F_{3,16}(0.05)=3.24$이므로 H_0를 기각한다. 즉 처리방법에 따라 콜레스테롤의 평균값이 다르다.

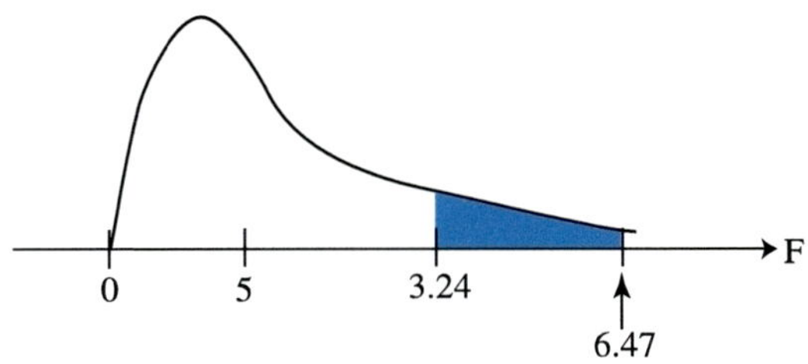

예제 3

시중에 유통되는 두통약의 효과를 검증하기 위해 25명의 환자에게 다섯 가지의 서로 다른 두통약을 투여하였다. 이 때 환자 25명을 임의로 5개 집단으로 구분하고 각 집단에 한 가지의 두통약을 투약한 후 통증완화시간을 측정한 결과가 다음과 같다.

[표 11.4] 알약 투여 후 두통 완화시간

	알약 1	알약 2	알약 3	알약 4	알약 5
	5	9	3	2	7
	4	7	5	3	6
	8	8	2	4	9
	6	6	3	1	4
	3	9	7	4	7
평균	5.2	7.8	4	2.8	6.6

위 실험결과를 이용하여 5가지 두통약의 효과에 차이가 있는지 유의수준 5%에서 검정하라.

<풀이>

$$\sum_{i=1}^{5}(y_{1j}-\bar{y}_{1.})^2=(5-5.2)^2+(4-5.2)^2+(8-5.2)^2+(6-5.2)^2+(3-5.2)^2$$
$$=14.8$$

$$\sum_{j=1}^{5}(y_{2j}-\bar{y}_{2.})^2=(9-7.8)^2+(7-7.8)^2+(8-7.8)^2+(6-7.8)^2+(9-7.8)^2$$
$$=6.8$$

$$\sum_{j=1}^{5}(y_{3j}-\bar{y}_{3.})^2=(3-4)^2+(5-4)^2+(2-4)^2+(3-4)^2+(7-4)^2=16$$

$$\sum_{j=1}^{5}(y_{4j}-\bar{y}_{4.})^2=(2-2.8)^2+(3-2.8)^2+(4-2.8)^2+(1-2.8)^2+(4-2.8)^2$$
$$=6.8$$

$$\sum_{j=1}^{5}(y_{5j}-\bar{y}_{5.})^2=(7-6.6)^2+(6-6.6)^2+(9-6.6)^2+(4-6.6)^2+(7-6.6)^2$$
$$=13.2$$

따라서 $SSE=\sum_{i=1}^{5}\sum_{j=1}^{5}(y_{ij}-\bar{y}_{i.})^2=14.8+6.8+16+6.8+13.2=57.6$

전체평균 $\bar{y}_{..}=\frac{1}{5}(5.2+7.8+4+2.8+6.6)=5.28$

이므로

$$SST=5(5.2-5.28)^2+5(7.8-5.28)^2+5(4-5.28)^2+5(2.8-5.28)^2+5(6.6-5.28)^2=79.44$$

이므로

$$TSS=SST+SSE=79.44+57.6=137.04$$

총제곱합의 자유도는 24이며 처리제곱합의 자유도는 4이므로 잔차제곱합의 자유도는 20이다. 따라서 평균제곱을 구하면

$$MST=\frac{79.44}{4}=19.86,\qquad MSE=\frac{57.6}{20}=2.88,\qquad F=\frac{MST}{MSE}=6.89$$

이므로 분산분석표는 다음과 같다.

요인	자유도	제곱합	평균제곱	F
처리	4	79.44	19.86	6.89
오차	20	57.6	2.88	
계	24	137.04		

한편 $F_{4,20}(0.05)=3.89<F=6.89$ 이므로 H_0를 기각한다.

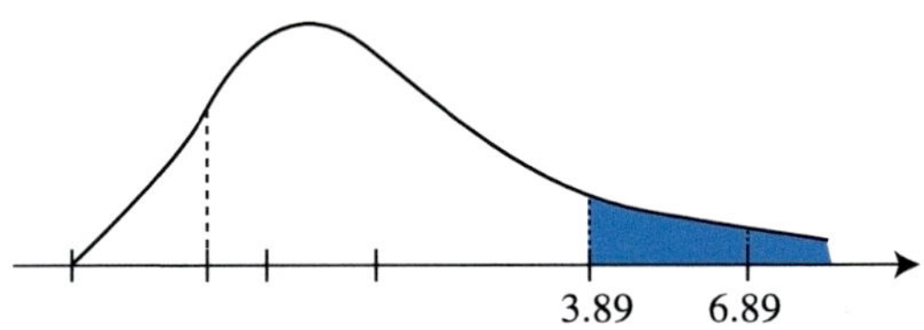

11.2 이원분산분석

이원분산분석은 분석하고자 하는 자료들이 두 개의 인자에 의해 영향을 받는 경우로 두 인자 A, B는 각각 p개, q개의 수준으로 나누어진다. 이 때 두 개 인자들의 수준들의 조합 $(A_i, B_j :\ i=1, 2, \cdots, p,\ j=1, 2, \cdots, q)$ 이 처리가 된다.

자료를 수집할 때 pq개의 서로 다른 처리에 대해 하나씩의 관측값을 얻는(반복이 없는) 방법과 하나 이상의 관측값을 얻는(반복이 있는) 방법으로 구분하여 설명하겠다.

11.2.1 반복이 없는 이원분산분석

반복이 없는 이원분산분석의 자료구조는 다음과 같다.

[표 11.5] 반복이 없는 이원분산분석의 자료구조

A \ B	B_1	$\cdots$	B_j	$\cdots$	B_q	각수준의 평균
A_1	y_{11}	$\cdots$	y_{1j}	$\cdots$	y_{1q}	$\bar{y}_{1\cdot}$
$\vdots$	$\vdots$		$\vdots$		$\vdots$	$\vdots$
A_i	y_{i1}	$\cdots$	y_{ij}	$\cdots$	y_{iq}	$\bar{y}_{i\cdot}$
$\vdots$	$\vdots$		$\vdots$		$\vdots$	$\vdots$
A_p	y_{p1}	$\cdots$	y_{pj}	$\cdots$	y_{pq}	$\bar{y}_{p\cdot}$
각 수준의 평균	$\bar{y}_{\cdot 1}$	$\cdots$	$\bar{y}_{\cdot j}$	$\cdots$	$\bar{y}_{\cdot q}$	$\bar{y}_{..}$

반복이 없는 경우의 모형을 정의하면 다음과 같다.

$$Y_{ij} = \mu_{ij} + \epsilon_{ij} \qquad i = 1,2,\cdots,p, \qquad j = 1,2,\cdots,q$$

여기에서 μ_{ij}는 인자 A의 i 번째 수준과 인자 B의 j 번째 수준의 조합인 처리에 대한 평균이다. ϵ_{ij}는 Y_{ij}에 포함된 관측오차이며 서로 독립인 $N(0,\ \sigma^2)$을 따른다고 가정한다. 이 때 평균μ_{ij}에 대해서

$$\mu_{ij} = \mu + \alpha_i + \beta_j, \quad \sum_{i=1}^{p} \alpha_i = \sum_{j=1}^{q} \beta_j = 0$$

와 같은 구조를 가정한다. 이와 같은 모형을 가법모형(additive model)이라고 한다. 위 조건식으로부터

$$\mu = \frac{1}{pq} \sum_{i=1}^{p} \sum_{j=1}^{q} \mu_{ij} = \bar{\mu}_{..}$$

$$\alpha_i = \frac{1}{q} \sum_{j=1}^{q} \mu_{ij} - \mu = \bar{\mu}_{i.} - \bar{\mu}_{..}$$

$$\beta_j = \frac{1}{p} \sum_{i=1}^{p} \mu_{ij} - \mu = \bar{\mu}_{.j} - \bar{\mu}_{..}$$

이 유도된다.

위 식에서 μ는 총평균을 α_i는 인자 A의 i 번째 수준효과를, β_j는 인자 B의 j 번째 수준효과를 나타낸다. 따라서 평균 μ_{ij}에 대한 가법모형은 인자 A와 B의 수준효과가 각각 독립적으로 가법적으로 움직이는 것을 의미한다. 즉 $\bar{\mu}_{i.}$ 는 인자 A의 i 번째 수준에서의 평균, $\bar{\mu}_{.j}$는 인자 B의 j 번째 수준에서의 평균이다.

다음 그림은 가법모형 하에서 A의 수준을 변화시켰을 때의 평균의 움직임이 B의 수준에 따르지 않고 일정한 형태를 유지함을 보여 주고 있다.

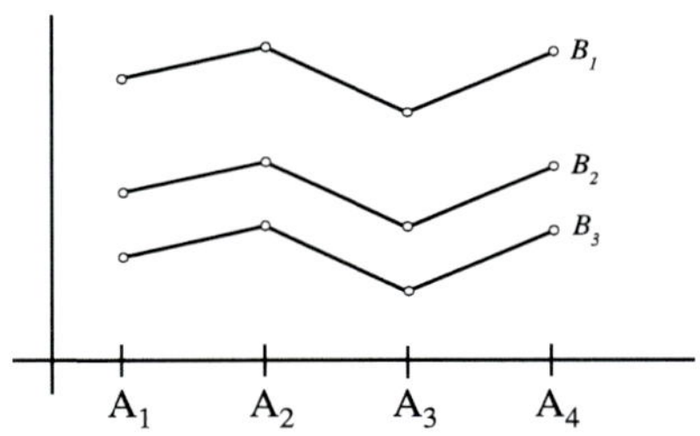

그림 11.4 평균의 가법구조

따라서 반복이 없는 이원분산분석에서 귀무가설은 두 인자에 대해 각각 다음과 같다.

$$H_0: \ \alpha_1 = \alpha_2 = \cdots = \alpha_p = 0 \quad \text{(A의 수준효과는 없다.)}$$
$$H_0: \ \beta_1 = \beta_2 = \cdots = \beta_q = 0 \quad \text{(B의 수준효과는 없다.)}$$

이제 분산분석을 위한 제곱합을 위해 관측치, y_{ij}를 다음과 같이 표현하자.

$$y_{ij} = \bar{y}_{..} + (\bar{y}_{i.} - \bar{y}_{..}) + (\bar{y}_{.j} - \bar{y}_{..}) + (\bar{y}_{ij} - \bar{y}_{i} - \bar{y}_{.j} - \bar{y}_{..})$$

위 식에서 $(\bar{y}_{i.} - \bar{y}_{..})$는 α_i의 추정치로서 인자 A의 i 수준효과를 나타내며 $(\bar{y}_{.j} - \bar{y}_{..})$는 β_j 의 추정치로서 인자 B의 j 수준효과를 나타낸다. 한편 $(\bar{y}_{ij} - \bar{y}_{i} - \bar{y}_{.j} - \bar{y}_{..})$ 는 관측오차를 나타낸다. 위 식에서 $\bar{y}_{..}$를 좌변으로 이동한 후 제곱을 취하면 다음과 같은 식을 얻는다.

$$\sum_{i=1}^{p}\sum_{j=1}^{q}(y_{ij} - \bar{y}_{..})^2 = q\sum_{i=1}^{p}(\bar{y}_{i.} - \bar{y}_{..})^2 + p\sum_{j=1}^{q}(\bar{y}_{.j} - \bar{y}_{..})^2$$

$$+\sum_{i=1}^{p}\sum_{j=1}^{q}(y_{ij}-\overline{y}_{i.}-\overline{y}_{.j}+\overline{y}_{..})^2$$

즉 위식의 좌변은 총변동량, TSS가 된다. 한편 우변의 첫항은 인자 A의 제곱합으로 SSA로 표현하며 둘째항은 인자B의 제곱합으로 SSB로 표현하고 세째항은 오차제곱합으로 SSE 로 표현하면 이원분산분석의 제곱합의 분해공식은

$$TSS = SSA + SSB + SSE$$

가 성립한다. 마찬가지 방법으로 제곱합들의 자유도는

$$TSS\text{자유도} = SSA\text{자유도} + SSB\text{자유도} + SSE\text{자유도}$$

즉,

$$(pq-1) = (p-1) + (q-1) + (p-1)(q-1)$$

의 관계를 갖는다.

분산분석

반복이 없는 이원분산분석의 분산분석표는 다음과 같이 정리된다.

[표 11.6] 반복이 없는 이원분산분석의 분산분석표

요인	자유도	제곱합	평균제곱	F
인자A	$p-1$	SSA	$MSA = SSA/(p-1)$	MSA/MSE
인자B	$q-1$	SSB	$MSB = SSB/(q-1)$	MSB/MSE
오차	$(p-1)(q-1)$	SSE	$MSE = SSE/(p-1)(q-1)$	
계	$pq-1$	TSS		

위 분산분석표에서 인자 A에 대한 F통계량은 A의 수준효과의 크기를 측정하는 제곱합이다. SSA가 오차변동SSE에 비해서 지나치게 클 때, 가설 $H_0 : \alpha_1 = \alpha_2 = \cdots = \alpha_p = 0$을 기각한다.

즉 $F_A = \frac{MSA}{MSE}$는 H_0가 참일 때 자유도 $(p-1,\ (p-1)(q-1))$인 F-분포를 따르는 것으로 $F_A > F_{p-1,(p-1)(q-1)}(\alpha)$일 때 유의수준 α에서 H_0를 기각한다.

마찬가지 방법으로 인자 B에 대한 F 통계량은 B의 수준효과의 크기를 측정하는 제곱합이다. SSB가 오차변동 SSE에 배해서 지나치게 클 때 가설 $H_0 : \beta_1 = \beta_2 = \cdots = \beta_q = 0$을 기각한다.

즉 $F_B = \frac{MSB}{MSE}$는 H_0가 참일 때 자유도 $(q-1,\ (p-1)(q-1))$인 F-분포를 따르는 것으로 $F_B > F_{q-1,(p-1)(q-1)}(\alpha)$일 때 유의수준 α에서 H_0를 기각한다.

예제 4

어떤 농작물에 대해서 3종류의 비료를 각각 4종류의 토양에 실험을 행하였더니 다음의 수확량(kg)을 얻었다.

	토양 1	토양 2	토양 3	토양 4
비료 1	34	33	32	45
비료 2	28	24	28	30
비료 3	26	22	25	26

이 때, 비료 차이가 있는지 또 토양의 차이가 있는지를 각각 유의수준 5%로 검정하라.

<풀이>

요인 A를 비료, 요인 B를 토양이라고 생각하면 검정하여야 할 가설은

$H_A : \alpha_1 = \alpha_2 = \alpha_3 = 0$ (비료수준의 효과는 없음)

$H_B : \beta_1 = \beta_2 = \beta_3 = \beta_4 = 0$ (토양수준의 효과는 없음)

이 된다. 총변동은 다음과 같이 계산한다. $\bar{x}_{..} = 29.4$이므로

$$TSS = (34-29.4)^2 + \cdots + (45-29.4)^2 + (28-29.4)^2 + \cdots + (30-29.4)^2$$

$$+(26-29.4)^2+\cdots+(26-29.4)^2$$
$$=414.9$$

A의 수준효과의 제곱합은 다음과 같이 계산한다.

$$SSA=4\times\{(36-29.4)^2+(27.5-29.4)^2+(24.75-29.4)^2\}=275.2$$

B의 수준효과의 제곱합은 다음과 같이 구한다.

$$SSB=3\times\{(29.3-29.4)^2+(26.3-29.4)^2+(28.3-29.4)^2+(33.7-29.4)^2\}$$
$$=87.96$$

오차변동은 다음과 같이 구한다.

$$SSE=TSS-SSA-SSB$$
$$=414.9-275.2-87.96$$
$$=51.74$$

이것으로부터 다음의 분산분석표를 얻는다.

요인	변동	자유도	평균변동	F값
비료	275.2	2	137.6	15.96
토양	87.96	3	29.32	3.40
오차	51.74	6	8.62	
계	414.9	11		

가설 H_A의 검정을 시행하면

$$F_A=15.96 > F_{2,6}(0.05)=5.14$$

이므로 가설 H_A는 유의수준 5%로 기각되고, 비료에 의한 효과에 차이가 있다.
가설 H_B의 검정을 시행하면

$$F_B=3.40 < F_{3,6}(0.05)=4.53$$

이므로 가설 H_B는 유의수준 5%로 기각되지 않고, 토양에 따른 효과에 차이가 있다고는 할 수가 없다.

11.2.2 반복이 있는 이원분산분석

서로 다른 pq개의 처리에 대해 하나의 관측치를 얻는 것 보다는 2개 이상의 관측치를 얻을 수 있다면 분산분석의 신뢰도를 높일 수 있을 것이다. 이와 더불어 반복이 있는 이원분산분석에서는 두 인자 A, B의 수준들의 조합 때문에 생길 수 있는 효과인 교호작용(interaction)효과를 구할 수 있는 장점이 있다.

각 처리에 대해서 r회 반복이 있는 이원분산분석의 모형을 다음과 같이 정의하자.

$$Y_{ijk} = \mu_{ij} + \epsilon_{ijk} = \mu + \alpha_i + \beta_j + \gamma_{ij} + \epsilon_{ijk}$$

$$i = 1, 2, \cdots, p \quad j = 1, 2, \cdots, q \quad k = 1, 2, \cdots, r$$

즉 $\mu_{ij} = \mu + \alpha_i + \beta_j + \gamma_{ij}, \quad \sum_{i=1}^{p} \alpha_i = \sum_{j=1}^{q} \beta_j = 0, \quad \sum_{i=1}^{p} \gamma_{ij} = \sum_{j=1}^{q} \beta_j = 0$

과 같은 관계를 갖는다.

위 모형에서 μ, α_i 그리고 β_j는 반복이 없는 이원분산분석의 경우와 같으나 γ_{ij}는 인자 A와 인자 B의 교호작용을 나타낸다.

반복이 있는 이원분산분석에서의 귀무가설은 다음과 같다.

$$H_0 : \ \alpha_1 = \alpha_2 = \cdots = \alpha_p = 0$$
$$H_0 : \ \beta_1 = \beta_2 = \cdots = \beta_q = 0$$
$$H_0 : \ \gamma_{ij} = 0, \quad i = 1, \cdots, p, \quad j = 1, \cdots, q$$

위와 같은 가설을 검정하기 위한 제곱합을 위해 관측치 y_{ijk}를 다음과 같이 분해하자.

$$y_{ijk} = \bar{y}_{...} + (\bar{y}_{i..} - \bar{y}_{...}) + (\bar{y}_{.j.} - \bar{y}_{...}) + (\bar{y}_{ij.} - \bar{y}_{i...} - \bar{y}_{.j.} + \bar{y}_{...}) + (y_{ijk} - \bar{y}_{ij.})$$

위 식에서 우변의 전체평균 $\bar{y}_{...}$를 좌변으로 이항한 후 제곱합을 구하면 다음과 같은 제곱합들 간의 관계를 얻을 수 있다.

$$\sum_{i=1}^{p} \sum_{j=1}^{q} \sum_{k=1}^{r} (y_{ijk} - \bar{y}_{...})^2 = qr \sum_{i=1}^{p} (\bar{y}_{i..} - \bar{y}_{...})^2 + pr \sum_{j=1}^{p} (\bar{y}_{i..} - \bar{y}_{...})^2$$

$$+r\sum_{i=1}^{p}\sum_{j=1}^{q}(\bar{y}_{ij.}-\bar{y}_{i..}-\bar{y}_{.j.}+\bar{y}_{...})^2$$
$$+\sum_{i=1}^{p}\sum_{j=1}^{q}\sum_{k=1}^{r}(y_{ijk}-\bar{y}_{ij.})^2$$

따라서 총 제곱합 TSS는 인자 A의 제곱합 SSA, 인자 B의 제곱합 SSB, 교호작용 제곱합 $SSAB$, 그리고 오차제곱합 SSE로 분해됨을 볼 수 있다.

즉, $TSS = SSA + SSB + SSAB + SSE$로 표현된다.

마찬가지 방법으로 제곱합들의 자유도는

$$(pqr-1) = (p-1) + (q-1) + (p-1)(q-1) + pq(r-1)$$

의 관계를 갖는다.

위와 같은 관계를 분산분석표로 정리하면 다음과 같다.

[표 11.7] 반복이 있는 이원분산분석의 분산분석표

요 인	자유도	제곱합	평균제곱	F
인자A	$p-1$	SSA	$MSA = SSA/(p-1)$	$F_A = MSA/MSE$
인자B	$q-1$	SSB	$MSB = SSB/(q-1)$	$F_B = MSB/MSE$
교호작용AB	$(p-1)(q-1)$	$SSAB$	$MSAB = SSAB/(p-1)(q-1)$	$F_{AB} = MSAB/MSE$
오 차	$pq(r-1)$	SSE	$MSE = SSE/pq(r-1)$	
계	$pqr-1$	TSS		

만약 $F_{AB} = \dfrac{MSAB}{MSE} > F_{(p-1)(q-1),pq(r-1)}(\alpha)$이면

H_0 : $\gamma_{ij}=0$, $(i=1, \cdots, p,\ j=1, \cdots, q)$ 은 기각된다. 그러나 위 가설이 기각되지 않을 때, 즉 교호작용이 존재할 때 인자 A의 수준효과는 인자 B의 수준에 따라서 다르게 나타난다.

다음 그림은 교호작용이 있을 때의 평균의 움직임을 나타낸다.

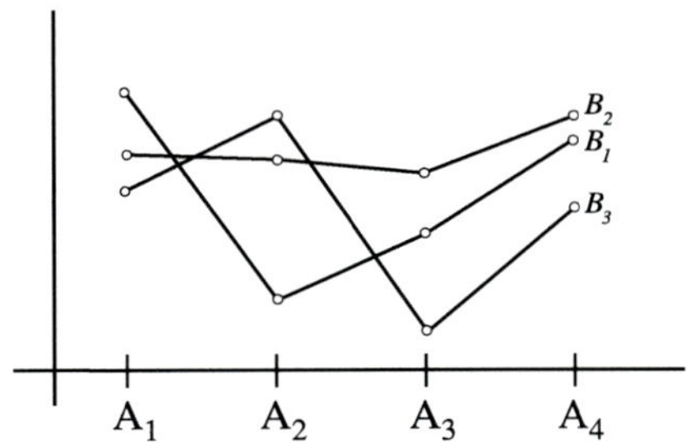

그림 11.5 교호작용이 있을 때의 평균

예제 5

다음 자료는 3가지 가격대의 PC를 4개의 서로 다른 대리점에서 4개월 동안 판매한 결과이다.

[표 11.8] 대리점과 가격에 따른 PC 판매량

가격	가	나	다	라
200	49	50	43	53
	39	58	40	57
	40	48	38	48
	50	55	39	50
180	55	65	53	80
	50	60	42	72
	45	55	40	76
	43	56	45	70
160	60	90	62	83
	58	80	66	87
	65	82	70	98
	64	86	60	80

(a) PC가격에 따라 판매량에 차이가 있는가?
(b) 대리점에 따라 PC판매량에 차이가 있는가?
(c) 가격과 대리점 간에 교호작용이 인정되는가?

<풀이>

〈분산분석표〉

요 인	자유도	제곱합	평균제곱	F
가 격	2	6,073.167	3,036.583	126.19
대리점	3	3,942.729	1,314.243	54.62
교호작용	6	705.833	117.638	4.88
오차	36	866.250	24.062	
계	47	11,587.979		

$F_{2,36}(0.05)=3.26<F=126.19$이므로 PC가격에 따라 판매량에 차이가 인정된다.

$F_{3,36}(0.05)=2.88<F=54.62$이므로 대리점에 따라 판매량에 차이가 인정된다.

$F_{6,36}(0.05)=2.38<F=4.88$이므로 교호작용이 존재한다.

연습문제

1. 작물시험장에서 어떤 식물을 세 그룹으로 나누어 하루의 조명시간을 바꾸어 가면서 꽃이 되어 있는 일수를 조사한 것이다.

처리 1	20	17	14	15	12
처리 2	16	25	21	20	18
처리 3	27	30	22	24	25

조명시간에 따라 꽃이 되어 있는 일수에 차이가 있는지 유의수준 5%에서 검정하라.

2. 농기계 생산 3사가 지난 1년간 판매한 농기계의 고장처리를 접수한 결과이다.

A 사	16	18	20	13	22
B 사	15	19	12		
C 사	8	10	16	14	

농기계 생산업체의 농기계 고장률에 차이가 있는지 유의수준 5%에서 검정하라.

3. 자료입력 회사에서 3명의 데이터 입력자에게 10,000장의 설문지를 각각 코딩하게 한 후 실수한 개수를 파악하니 다음과 같았다.

직원 1	50	60	35	45
직원 2	29	25	22	18
직원 3	35	38	29	34

데이터 입력 직원들 간에 차이가 있는지 유의수준 5%에서 검정하라.

4. 4종류의 사료로 키운 돼지의 몸무게를 측정한 것이다.

사료 1	18	25	27	19	18
사료 2	25	22	28	30	
사료 3	33	32	30	28	
사료 4	15	17	18	14	16

사료에 따라 몸무게에 차이가 있는지 유의수준 5%에서 검정하라.

5. 유아식에 따라 유아의 체중 증가에 차이가 있는지를 알아보기 위해 유아들에게 랜덤하게 유아식을 주고, 일정기간 후 체중 증가를 기록한 결과이다.

유아식 A	2.6	3.2	4.3	4.6
유아식 B	2.4	2.5	3.6	3.8
유아식 C	3.2	4.6	5.2	5.6

유아식에 따라 체중 증가에 차이가 있는지 유의수준 5%에서 검증하라.

6. 3종류의 옥수수의 수확량 차이를 조사하기 위해서, 4곳의 비닐하우스에서 실험한 결과 단위 면적당 수확량이 다음과 같다.

하우스 / 옥수수	1	2	3	4
A	28.2	20.5	26.2	24.8
B	13.6	12.4	18.3	19.0
C	18.4	17.2	20.2	18.2

3종류의 옥수수의 평균수확량에 차이가 있는지 유의수준 5%에서 검정하라.

7. 4명의 교사가 동일한 과목을 강의한 후 학기말 성적을 준 결과가 다음과 같다.

학점 \ 교사	1	2	3	4
A	13	8	31	11
B	21	20	45	18
C	9	35	20	20
D	2	16	8	4

A학점은 4, B=3, C=2, D=1을 이용하여 교사들이 준 평균학점은 같은지 유의수준 5%에서 검정하라.

참고문헌

1. 고승곤, 양완연, 일반통계학(1998), 교우사
2. 김주환, 이기성, 일반통계학(2002), 자유아카데미
3. 김우철외 7인, 통계학개론(1994), 영지문화사
4. 김익찬외 7인, 엑셀을 활용한 기초통계학(2002), 교우사
5. 박영술, 전산통계개론(1995), 이한출판사
6. 최기헌 이종협, 통계학(1992), 자유아카데미
7. 김병휘 외 6인, 통계학의 이해(2002), 자유아카데미
8. Ramakant. K Elementary statistics(1996), scott, Foresman and company
9. Scheaffer, R. L. and Mc Clave, J. T., probability and statistics for Engineers(1995), Duxbury Press
10. Mendenhall, W., Wacherly, D. D., scheaffer, R. L. Mathematical statistics with Applications(1990), PWS-KENT Publishing Company
11. Moore, D. S., Mc Cake, G. P., Introduction to the practice of statistics, Freeman and company
12. Triola, M.F., Elementary statistics(1987), The Benjamin/Cummings publishing Company
13. Berry, D. A., and Lindgrem(1990), Statistics Theory and Metnods, Brooks/cole company

연습문제 해답

Chapter 2

5. 평균 = 79.6, 중앙값 = 80, 최빈수 = 76

$Q_1 = 72$, $Q_3 = 88$

7. $n = 80$, $\sum_{i=1}^{80} f_i x_i = 4{,}455$, $\bar{x} = \frac{4{,}455}{80} = 55.7$

$$\sum_{i=1}^{80} f_i x_i^2 = 285{,}075,\ s^2 = \frac{1}{80}\left[285{,}075 - \frac{(4{,}455)^2}{80}\right]$$

$$= 468.19$$

Chapter 3

1. $P(\{3\}) + P(\{6\}) = \frac{1}{12} + \frac{1}{12}$

$P(\{2\}) + P(\{4\}) + P(\{6\}) = \frac{1}{4} + \frac{1}{12} + \frac{1}{12}$

$P(\{2\}) + P(\{3\}) + P(\{4\}) + P(\{6\}) = \frac{1}{4} + \frac{1}{12} + \frac{1}{12} + \frac{1}{12}$

2. $\Omega = \{1, 2, 3, \cdots, 98, 99, 100\}$

$A = \{12, 24, 36, 48, 60, 72, 84, 96\}$

$B = \{9, 18, 27, 36, 45, 54, 63, 72, 81, 90, 99\}$

$P(A) = \frac{8}{100}$, $P(B) = \frac{11}{100}$, $P(A \cap B) = \frac{2}{100}$

$P(A \cup B) = P(A) + P(B) - P(A \cap B) = \frac{17}{100}$

3. R : 빨간 공이 꺼내질 사건

W : 흰 공이 꺼내질 사건

각각의 사건은 서로 독립이므로 $P(R \cap W) = 0$이다.

$$P(R)+P(W) = \frac{3}{12} + \frac{5}{12}$$

4. P(적어도 한 종목이 오른다)

=P(A_1 혹은 A_2 혹은 A_3 혹은 A_4 혹은 A_5)

$=P(A_1)+P(A_2)+P(A_3)+P(A_4)+P(A_5)$

=0.9

=1−P(오르는 종목이 없다) = 1−0.1

P(A_0 혹은 A_1 혹은 A_2 혹은 A_3 혹은 A_4)

$=P(A_0)\ +P(A_1)+P(A_2)+P(A_3)+P(A_4)$

=0.1+0.2+0.3+0.22+0.1

=0.92

=1−P(5종목이 오른다)

=1−0.08

5. P(월요일 주가상승)=0.6

P(화요일 주가상승)=0.3

P(월요일 주가상승 그리고 화요일 주가상승)

=P(월요일 주가상승) · P(화요일 주가상승 | 월요일 주가상승)

=(0.6)(0.3)=0.18

6. 각 사건은 서로 독립이므로 $P=\frac{5}{9} \cdot \frac{1}{2} \cdot \frac{1}{3} = \frac{5}{54}$

7. $P=0.5\times0.7\times0.8\times0.8$

8. $P(A|D)=\dfrac{(0.6)(0.35)}{(0.6)(0.35)+(0.4)(0.25)}$

D : 불량일 사건

9.

10. A : 회비인상

B_1= 김군이 회장에 당선

B_2= 이군이 회장에 당선

B_3= 박군이 회장에 당선

$P(A)=P(B_1)P(A|B_1)+P(B_2)P(A|B_2)+P(B_3)P(A|B_3)$

$$P(B_3|A) = \frac{0.08}{0.24+0.05+0.08}$$

11.
$$F(x)=\begin{cases} 0 & x<0 \\ 0.04 & 0 \le x < 1 \\ 0.36 & 1 \le x < 2 \\ 1 & 2 \le x \end{cases}$$

13.

표본공간	HHH	HHT	HTH	THH	HTT	THT	TTH	TTT
X	3	2	2	2	1	1	1	0
Y	0	0	1	1	1	1	2	2

<결합확률분포표>

x \ y	0	1	2	3
0	0	0	$\frac{1}{8}$	$\frac{1}{8}$
1	0	$\frac{1}{4}$	$\frac{1}{4}$	0
2	$\frac{1}{8}$	$\frac{1}{8}$	0	0

<주변분포>

X	0	1	2	3
$P(X=x)$	$\frac{1}{8}$	$\frac{3}{8}$	$\frac{3}{8}$	$\frac{1}{8}$

Y	0	1	2
$P(Y=y)$	$\frac{1}{4}$	$\frac{1}{2}$	$\frac{1}{4}$

$$\mu=0\times\frac{1}{4}+1\times\frac{2}{4}+2\times\frac{1}{4}=1$$

즉 두개의 동전을 던지는 횟수를 점차 늘여가면, 각 시행에서 앞면이 나온 횟수의 평균은 점점 1에 가까워진다.

Chapter 4

1. $P(x)=\dfrac{\binom{8}{x}\binom{2}{2-x}}{\binom{10}{2}},\ \ x=0,1,2$

$P(X\le 1)=P(X=0)+P(X=1)=0.0222+0.3556=0.3778$

$P(x)=\binom{2}{x}(0.8)^{x}(0.2)^{2-x},\ \ x=0,1,2$

$P(X\le 1)=P(X=0)+P(X=1)=0.04+0.32=0.36$

2. $P(x)=\dfrac{\binom{10}{x}\binom{90}{2-x}}{\binom{100}{2}},\ x=0,1,2$

납품이 거절당할 확률은

$P(X\ge 1)=1-P(X=0)=1-0.81=0.19$

3. $P(x)=\binom{5}{x}\left(\dfrac{1}{2}\right)^{2}\left(\dfrac{1}{2}\right)^{5-x},\ \ x=0,1,2,3,4,5$

4. $P(x)=\dfrac{5^{x}e^{-5}}{x!},\ \ x=0,1,2,3,\cdots$

5. $P(x)=\dfrac{\binom{3}{x}\binom{7}{2-x}}{\binom{10}{2}},\ \ x=0,1,2$

6. $P(x)=pq^{x-1}=(0.6)(1-0.6)^{x-1},\ \ x=0,1,2,3,\cdots$

7. $P(x=0)=\dfrac{(0.5)^{0}e^{-0.5}}{0!}=0.607$

$\lambda=0.5$

8. $P(X \geq 3) = 1 - P(X \leq 2)$

$$= 1 - \sum_{x=0}^{2} \binom{100}{x} (0.0005)^x (0.9995)^{100-x}$$

$$P(X \geq 3) \doteq \sum_{x=3}^{\infty} \frac{(0.05)^x e^{-0.05}}{x!}$$

$$= 1 - \sum_{x=0}^{2} \frac{(0.05)^x e^{-0.05}}{x!}$$

9. $P(X=4) = 0.23(0.77)^3$

$P(X=5) = 0.23(0.77)^4$

$P(4) + P(5) \doteq 0.186$

10. $P(x) = \binom{10}{x} (0.9)^x (0.1)^{10-x}, \ x = 0, 1, \cdots, 10$

11. $P(x) = \binom{5}{x} (0.75)^x (0.25)^{5-x}, \ x = 0, 1, 2, \cdots, 5$

12. $P(x) = \binom{100}{x} (0.01)^x (0.99)^{100-x}, \ x = 0, 1, 2, \cdots, 100$

$P(x) = \dfrac{1^x e^{-1}}{x!}$, $np = \lambda = 1$이므로

13. $P(X=1) = \dfrac{\binom{3}{1}\binom{57}{4}}{\binom{60}{5}}$

14. $P(X=5) = (0.001)(0.999)^4$

Chapter 5

2. (a) 130 (b) 115.6

3. $f(x)=0.2e^{-0.2x}$, $x > 0$

$$F(x)=\begin{cases}0 & x \le 0 \\ 1-e^{-0.2x} & x>0\end{cases}$$

4. $N(np=50\ ,\ npq=\frac{1}{4})$이므로 $P(X \ge 55)=P(X > 54.5)$

$$\doteq P(z > \frac{54.5-50}{0.5})$$

5. $f(x)=\frac{1}{5}e^{\frac{x}{5}}$, $x \ge 0$

6. 60, $\frac{1}{3}$

7. 4

8. 5.5, 0.15

9. (a) $F(x)=0$, $x<a$

$$=\frac{x-a}{b-a},\ a \le x \le b$$

$$=1,\ x>b$$

(b) $\frac{b-c}{b-a}$

(c) $\frac{b-d}{b-c}$

10. $P(X > 4) = \int_4^{\infty} \frac{1}{4} e^{-\frac{x}{4}} dx = 0.37$

P(두 라인이 4톤 이상 정제)$=\binom{3}{2}(0.37)^2(0.63)$

11. $P(X > a) = \int_a^{\infty} \frac{1}{4} e^{-\frac{x}{4}} dx = 0.05$

$a = 11.98$

13. $e^{-\frac{5}{4}}$, $e^{-\frac{5}{6}} - e^{-\frac{5}{4}}$

14. $Y = X_1 + X_2$,

$f(y) = \frac{1}{\Gamma_{(2)} 400^2} y e^{-\frac{y}{400}}, \ y > 0$

$E(Y) = \alpha\beta = 800$

16. 20, 200

17. $f(y) = \frac{1}{\Gamma_{(3)} (3.2)^3} y^2 e^{-\frac{y}{3.2}}, \ y > 0$

9.6, 30.72

19. $P(X > 17) = P(z > \frac{17-16}{1})$

20. (a) $z = \frac{x-\mu}{\sigma} = 0.7$, 0.758 (b) $z = \frac{x-\mu}{\sigma} = 2.2$, 0.0139

21. (a) z=2.82, 0.9976 z=2.09, 0.9817

(b) z=2.54, 0.0055

Chapter 6

1.1 $P(\bar{x} > 450{,}000) \doteq P\left(Z > \dfrac{450{,}000 - 500{,}000}{\dfrac{90{,}000}{\sqrt{(100)}}}\right)$

$= P(Z > -0.556)$

$= 0.71055$

1.2 $P(450{,}000 < \bar{X} < 520{,}000)$

$\doteq P\left(\dfrac{450{,}000 - 500{,}000}{\dfrac{90{,}000}{\sqrt{(100)}}} < Z < \dfrac{520{,}000 - 500{,}000}{\dfrac{90{,}000}{\sqrt{(100)}}}\right)$

$= P(-0.556 < Z < 0.22)$

$= 0.29765$

2.1 $\sqrt{\dfrac{pq}{n}} = \sqrt{\dfrac{\dfrac{1}{10}\dfrac{9}{10}}{100}} = 0.03$

2.2 $P\left(\dfrac{X}{n} < 0.05\right) = P\left(Z < \dfrac{0.05 - 0.1}{0.03}\right)$

$= P(Z < -1.667) = 0.0475$

3.1 $P(\bar{x} > 4) \doteq P\left(Z > \dfrac{4 - 3.5}{\dfrac{2}{\sqrt{50}}}\right)$

$= P(Z > 1.768) = 0.0392$

3.2 $P(3 < \bar{x} < 4) \doteq P\left(\dfrac{3 - 3.5}{0.2828} < Z < \dfrac{4 - 3.5}{0.2828}\right)$

$= P(-1.768 < Z < 1.768) = 0.9216$

4. $P(167 < \overline{X} < 169) = P\left(\dfrac{167-168}{\dfrac{6}{\sqrt{100}}} < Z < \dfrac{169-168}{\dfrac{6}{\sqrt{100}}}\right)$

$= 0.9525 - 0.0475 = 0.9050$

Chapter 7

1. $n = \left(\dfrac{1.96 \times 120}{30}\right)^2 = 61.5 \doteq 62$

2. $\left(\dfrac{x}{n} - z_{0.025}\sqrt{\dfrac{\dfrac{x}{n}(1-\dfrac{x}{n})}{n}}, \dfrac{x}{n} + z_{0.025}\sqrt{\dfrac{\dfrac{x}{n}(1-\dfrac{x}{n})}{n}}\right)$

$= (0.06 - 1.96 \times 0.006, \quad 0.06 + 1.96 \times 0.006)$

3. $\left(870 - 1.645 \times \dfrac{21}{\sqrt{60}}, \quad 870 + 1.645 \times \dfrac{21}{\sqrt{60}}\right)$

4. $\overline{x} = 20133.33 \qquad s = \sqrt{\dfrac{1}{n-1}\sum(x_i - \overline{x})^2} = 20,174.49$

$= (20,133.33 \pm 12,508.18)$

5. $\overline{x} = 4.34$시간 $\quad s = \sqrt{\dfrac{1}{5-1}\sum_{i=1}^{5}\left(x_i - \overline{x}\right)^2} = 0.879 \qquad t_{\frac{0.05}{2}}(4) = 2.776$

$= (4.34 \pm 1.09)$

6. $s^2 = \dfrac{1}{8-1}\sum_{i=1}^{8}\left(x_i - \overline{x}\right)^2 = 0.122857$

$\chi^2_{7,0.025} = 16.0128, \quad \chi^2_{7,0.975} = 1.68987$

95% 신뢰구간 $= \left(\dfrac{7 \times 0.122857}{16.0128}, \dfrac{7 \times 0.122857}{1.68987}\right) = (0.0537, \ 0.5089)$

7. $\sqrt{\dfrac{\dfrac{x_1}{n_1}(1-\dfrac{x_1}{n_1})}{n_1}+\dfrac{\dfrac{x_2}{n_2}(1-\dfrac{x_2}{n_2})}{n_2}}$

$=\sqrt{\dfrac{\dfrac{54}{200}(1-\dfrac{54}{200})}{200}+\dfrac{\dfrac{35}{150}(1-\dfrac{35}{150})}{150}}$

$=(0.04-1.96\times0.6132,\ \ 0.04+1.96\times0.6132)$

Chapter 8

1. $t_0=\dfrac{\bar{x}-\mu_0}{\dfrac{s}{\sqrt{n}}}=2.587$

2. $\dfrac{(n-1)s^2}{\sigma_0^2}=\dfrac{9(0.0003)}{0.0002}=13.5$

3. $z=\dfrac{42-38}{\sqrt{\dfrac{18}{50}+\dfrac{14}{50}}}=5$

4. $t=\dfrac{35.22-31.56}{4.71\sqrt{\dfrac{1}{9}+\dfrac{1}{9}}}=1.65,\quad \sqrt{s_p^2}=4.71$

5. $\bar{d}=-0.0167$

$t=\dfrac{-0.0167}{\dfrac{\sqrt{0.0007}}{\sqrt{12}}}=-2.1865$

6. $s_p^2 = \dfrac{(7-1)\times 105.77^2 + (7-1)\times 91.45^2}{7+7-2} = 9775.2$

$$t = \frac{\bar{x}-\bar{y}}{s_p\sqrt{\dfrac{1}{n_1}+\dfrac{1}{n_2}}} = \frac{734.86-677.57}{\sqrt{9775.2\times(\dfrac{1}{7}+\dfrac{1}{7})}} = 1.254$$

$H_0 : \mu_1 = \mu_2$를 기각할 충분한 근거가 없다.

7. $s_p^2 = \dfrac{(8-1)\times 8.83^2 + (8-1)\times 8.37^2}{8+8-2} = 74.01$

$$t = \frac{\bar{x}-\bar{y}}{s_p\sqrt{\dfrac{1}{n_1}+\dfrac{1}{n_2}}} = \frac{32-27.5}{\sqrt{74.1*(\dfrac{1}{8}+\dfrac{1}{8})}} = 1.05$$

Chapter 9

1. $b_0 = 0,\ b_1 = \dfrac{6}{7}$

5. $\hat{y}_i = 480.2 - 3.75x_i$

6. $\hat{y} = 9.47 + 0.765x$

$t = 6.89,\ t_8(0.05) = 2.31$

7. $\hat{y} = 18.4 + 2.22x$

$$t = \frac{2.22}{\dfrac{(11.97)}{\sqrt{1150}}} = 6.29,\ t_8(0.05) = 2.31$$

Chapter 10

1. $P(y_i) = \dfrac{\lambda^{y_i} e^{-\lambda}}{y_i!}$, $y_i = 0, 1, 2, \cdots$

$\bar{y} = [0(32) + 1(12) + 2(6)] / 50 = 0.48 = \hat{\lambda}$

$P(Y=0) = e^{-\lambda}$

$P(Y=1) = \lambda e^{-\lambda}$

$P(Y \geq 2) = 1 - e^{-\lambda} - \lambda e^{-\lambda}$

$E_0 = 50e^{-0.48} = 30.94$

$E_1 = 50(0.48)e^{-0.48} = 14.85$

$E_2 = 50(1 - e^{-0.48} - 0.48e^{-0.48}) = 4.21$

$$\chi^2 = \frac{(32-30.94)^2}{30.94} + \frac{(12-14.85)^2}{14.85} + \frac{(6-4.21)^2}{4.21} = 1.34$$

2. H_0: $(P_{11}, P_{12}, P_{13}) = (P_{21}, P_{22}, P_{23})$

3. H_0: 결혼생활의 만족과 학력은 무관하다.

4. $\chi^2 = 17.017$ $\chi^2_{1, 0.025} = 5.024$ H_0를 기각

5. $\chi^2 = 16.837$ $\chi^2_{2, 0.01} = 9.21$ H_0를 기각

6. $\chi^2 = 35.1$ $\chi^2_{9, 0.05} = 16.919$ H_0를 기각

7. $\chi^2 = 12.746$ $\chi^2_{4, 0.05} = 9.488$ H_0를 기각

8. $\chi^2 = 1.924$ $\chi^2_{1, 0.05} = 3.841$ H_0를 기각하지 않는다.

9. $\chi^2 = 1.443$ $\chi^2_{2, 0.05} = 5.991$ H_0를 기각하지 않는다.

10. $\chi^2 = 5.093$ $\chi^2_{3,0.025} = 9.348$ H_0를 기각하지 않는다.

11. $\chi^2 = 6.945$ $\chi^2_{2,0.05} = 5.991$ H_0를 기각

12. $\chi^2 = 11.93$ $\chi^2_{4,0.05} = 9.488$ H_0를 기각

부록

표 1. 이항 분포 확률

(a) $n=5$

k \ p	0.01	0.05	0.10	0.20	0.30	0.40	0.50	0.60	0.70	0.80	0.90	0.95	0.99
0	0.951	0.774	0.590	0.328	0.168	0.078	0.031	0.010	0.002	0.000	0.000	0.000	0.000
1	0.999	0.977	0.919	0.737	0.258	0.337	0.188	0.087	0.031	0.007	0.000	0.000	0.000
2	1.000	0.999	0.991	0.942	0.837	0.683	0.500	0.317	0.163	0.058	0.009	0.001	0.000
3	1.000	1.000	1.000	0.993	0.969	0.913	0.812	0.663	0.472	0.263	0.081	0.023	0.001
4	1.000	1.000	1.000	1.000	0.998	0.990	0.969	0.922	0.832	0.672	0.410	0.226	0.049

(b) $n=10$

k \ p	0.01	0.05	0.10	0.20	0.30	0.40	0.50	0.60	0.70	0.80	0.90	0.95	0.99
0	0.904	0.599	0.349	0.107	0.028	0.006	0.001	0.000	0.000	0.000	0.000	0.000	0.000
1	0.996	0.914	0.736	0.376	0.149	0.046	0.011	0.002	0.000	0.000	0.000	0.000	0.000
2	1.000	0.988	0.930	0.678	0.383	0.167	0.055	0.012	0.002	0.000	0.000	0.000	0.000
3	1.000	0.999	0.987	0.879	0.650	0.382	0.172	0.055	0.011	0.001	0.000	0.000	0.000
4	1.000	1.000	0.998	0.967	0.850	0.633	0.377	0.166	0.047	0.006	0.000	0.000	0.000
5	1.000	1.000	1.000	0.994	0.953	0.834	0.623	0.367	0.150	0.033	0.002	0.000	0.000
6	1.000	1.000	1.000	0.999	0.989	0.945	0.828	0.618	0.350	0.121	0.013	0.001	0.000
7	1.000	1.000	1.000	1.000	0.998	0.988	0.945	0.833	0.617	0.322	0.070	0.012	0.000
8	1.000	1.000	1.000	1.000	1.000	0.998	0.989	0.954	0.851	0.624	0.264	0.086	0.004
9	1.000	1.000	1.000	1.000	1.000	1.000	0.999	0.994	0.972	0.893	0.651	0.401	0.096

(c) $n=15$

k \ p	0.01	0.05	0.10	0.20	0.30	0.40	0.50	0.60	0.70	0.80	0.90	0.95	0.99
0	0.860	0.463	0.206	0.035	0.005	0.000	0.000	0.000	0.000	0.000	0.000	0.000	0.000
1	0.990	0.829	0.549	0.167	0.035	0.005	0.000	0.000	0.000	0.000	0.000	0.000	0.000
2	1.000	0.964	0.816	0.398	0.127	0.027	0.004	0.000	0.000	0.000	0.000	0.000	0.000
3	1.000	0.995	0.944	0.648	0.297	0.091	0.018	0.002	0.000	0.000	0.000	0.000	0.000
4	1.000	0.999	0.987	0.836	0.515	0.217	0.059	0.009	0.001	0.000	0.000	0.000	0.000
5	1.000	1.000	0.998	0.939	0.722	0.403	0.151	0.034	0.004	0.000	0.000	0.000	0.000
6	1.000	1.000	1.000	0.982	0.869	0.610	0.304	0.095	0.015	0.001	0.000	0.000	0.000
7	1.000	1.000	1.000	0.996	0.950	0.787	0.500	0.213	0.050	0.004	0.000	0.000	0.000
8	1.000	1.000	1.000	0.999	0.985	0.905	0.696	0.390	0.131	0.018	0.000	0.000	0.000
9	1.000	1.000	1.000	1.000	0.996	0.966	0.849	0.597	0.278	0.061	0.002	0.000	0.000
10	1.000	1.000	1.000	1.000	0.999	0.991	0.941	0.783	0.485	0.164	0.013	0.001	0.000
11	1.000	1.000	1.000	1.000	1.000	0.998	0.982	0.909	0.703	0.352	0.056	0.005	0.000
12	1.000	1.000	1.000	1.000	1.000	1.000	0.996	0.973	0.873	0.602	0.184	0.036	0.000
13	1.000	1.000	1.000	1.000	1.000	1.000	1.000	0.995	0.965	0.833	0.451	0.171	0.010
14	1.000	1.000	1.000	1.000	1.000	1.000	1.000	1.000	0.995	0.965	0.794	0.537	0.140

표 1. (계속)

(d) $n=20$

k \ p	0.01	0.05	0.10	0.20	0.30	0.40	0.50	0.60	0.70	0.80	0.90	0.95	0.99
0	0.818	0.358	0.122	0.002	0.001	0.000	0.000	0.000	0.000	0.000	0.000	0.000	0.000
1	0.983	0.736	0.392	0.069	0.008	0.001	0.000	0.000	0.000	0.000	0.000	0.000	0.000
2	0.999	0.925	0.677	0.206	0.035	0.004	0.000	0.000	0.000	0.000	0.000	0.000	0.000
3	1.000	0.984	0.867	0.411	0.107	0.016	0.001	0.000	0.000	0.000	0.000	0.000	0.000
4	1.000	0.997	0.957	0.630	0.238	0.051	0.006	0.000	0.000	0.000	0.000	0.000	0.000
5	1.000	1.000	0.989	0.804	0.416	0.126	0.021	0.002	0.000	0.000	0.000	0.000	0.000
6	1.000	1.000	0.998	0.913	0.608	0.250	0.058	0.006	0.000	0.000	0.000	0.000	0.000
7	1.000	1.000	1.000	0.968	0.772	0.416	0.132	0.021	0.001	0.000	0.000	0.000	0.000
8	1.000	1.000	1.000	0.990	0.887	0.596	0.252	0.057	0.005	0.000	0.000	0.000	0.000
9	1.000	1.000	1.000	0.997	0.952	0.755	0.412	0.128	0.017	0.001	0.000	0.000	0.000
10	1.000	1.000	1.000	0.999	0.983	0.872	0.588	0.245	0.048	0.003	0.000	0.000	0.000
11	1.000	1.000	1.000	1.000	0.995	0.943	0.748	0.404	0.113	0.010	0.000	0.000	0.000
12	1.000	1.000	1.000	1.000	0.999	0.979	0.868	0.584	0.228	0.032	0.000	0.000	0.000
13	1.000	1.000	1.000	1.000	1.000	0.994	0.942	0.750	0.392	0.087	0.002	0.000	0.000
14	1.000	1.000	1.000	1.000	1.000	0.998	0.979	0.874	0.584	0.196	0.011	0.000	0.000
15	1.000	1.000	1.000	1.000	1.000	1.000	0.994	0.949	0.762	0.370	0.043	0.003	0.000
16	1.000	1.000	1.000	1.000	1.000	1.000	0.999	0.984	0.893	0.589	0.133	0.016	0.000
17	1.000	1.000	1.000	1.000	1.000	1.000	1.000	0.996	0.965	0.794	0.323	0.075	0.001
18	1.000	1.000	1.000	1.000	1.000	1.000	1.000	0.999	0.992	0.931	0.608	0.264	0.017
19	1.000	1.000	1.000	1.000	1.000	1.000	1.000	1.000	0.999	0.988	0.878	0.642	0.182

(e) $n=25$

k \ p	0.01	0.05	0.10	0.20	0.30	0.40	0.50	0.60	0.70	0.80	0.90	0.95	0.99
0	0.778	0.277	0.072	0.004	0.000	0.000	0.000	0.000	0.000	0.000	0.000	0.000	0.000
1	0.974	0.642	0.271	0.027	0.002	0.000	0.000	0.000	0.000	0.000	0.000	0.000	0.000
2	0.998	0.873	0.537	0.098	0.009	0.000	0.000	0.000	0.000	0.000	0.000	0.000	0.000
3	1.000	0.966	0.764	0.234	0.033	0.002	0.000	0.000	0.000	0.000	0.000	0.000	0.000
4	1.000	0.993	0.902	0.421	0.090	0.009	0.000	0.000	0.000	0.000	0.000	0.000	0.000
5	1.000	0.999	0.967	0.617	0.193	0.029	0.002	0.000	0.000	0.000	0.000	0.000	0.000
6	1.000	1.000	0.991	0.780	0.341	0.074	0.007	0.000	0.000	0.000	0.000	0.000	0.000
7	1.000	1.000	0.998	0.891	0.512	0.154	0.022	0.001	0.000	0.000	0.000	0.000	0.000
8	1.000	1.000	1.000	0.953	0.677	0.274	0.054	0.004	0.000	0.000	0.000	0.000	0.000
9	1.000	1.000	1.000	0.983	0.811	0.425	0.115	0.013	0.000	0.000	0.000	0.000	0.000
10	1.000	1.000	1.000	0.994	0.902	0.586	0.212	0.034	0.002	0.000	0.000	0.000	0.000
11	1.000	1.000	1.000	0.998	0.956	0.732	0.345	0.78	0.006	0.000	0.000	0.000	0.000
12	1.000	1.000	1.000	1.000	0.983	0.846	0.500	0.154	0.017	0.000	0.000	0.000	0.000
13	1.000	1.000	1.000	1.000	0.994	0.922	0.655	0.268	0.044	0.002	0.000	0.000	0.000
14	1.000	1.000	1.000	1.000	0.998	0.966	0.788	0.414	0.098	0.006	0.000	0.000	0.000
15	1.000	1.000	1.000	1.000	1.000	0.987	0.885	0.575	0.189	0.017	0.000	0.000	0.000
16	1.000	1.000	1.000	1.000	1.000	0.996	0.946	0.726	0.323	0.047	0.000	0.000	0.000
17	1.000	1.000	1.000	1.000	1.000	0.999	0.978	0.846	0.488	0.109	0.002	0.000	0.000
18	1.000	1.000	1.000	1.000	1.000	1.000	0.993	0.926	0.659	0.220	0.009	0.000	0.000
19	1.000	1.000	1.000	1.000	1.000	1.000	0.998	0.971	0.807	0.383	0.033	0.001	0.000
20	1.000	1.000	1.000	1.000	1.000	1.000	1.000	0.991	0.910	0.579	0.098	0.007	0.000
21	1.000	1.000	1.000	1.000	1.000	1.000	1.000	0.998	0.967	0.766	0.236	0.034	0.000
22	1.000	1.000	1.000	1.000	1.000	1.000	1.000	1.000	0.991	0.902	0.463	0.127	0.002
23	1.000	1.000	1.000	1.000	1.000	1.000	1.000	1.000	0.998	0.973	0.729	0.358	0.026
24	1.000	1.000	1.000	1.000	1.000	1.000	1.000	1.000	1.000	0.996	0.928	0.723	0.222

표 2. 포아송 분포

$$F(x,\ \lambda) = \sum_{k=0}^{x} e^{-\lambda} \frac{\lambda^k}{k!}$$

λ \ x	0	1	2	3	4	5	6	7	8	9
0.02	0.980	1.000								
0.04	0.961	0.999	1.000							
0.06	0.942	0.998	1.000							
0.08	0.923	0.997	1.000							
0.10	0.905	0.995	1.000							
0.15	0.861	0.990	0.999	1.000						
0.20	0.819	0.982	0.999	1.000						
0.25	0.779	0.974	0.998	1.000						
0.30	0.741	0.963	0.996	1.000						
0.35	0.705	0.951	0.994	1.000						
0.40	0.670	0.938	0.992	0.999	1.000					
0.45	0.638	0.925	0.989	0.999	1.000					
0.50	0.607	0.910	0.986	0.998	1.000					
0.55	0.577	0.894	0.982	0.998	1.000					
0.60	0.549	0.878	0.977	0.997	1.000					
0.65	0.522	0.861	0.972	0.996	0.999	1.000				
0.70	0.497	0.844	0.966	0.994	0.999	1.000				
0.75	0.475	0.827	0.959	0.993	0.999	1.000				
0.80	0.449	0.809	0.953	0.991	0.999	1.000				
0.85	0.427	0.791	0.945	0.989	0.998	1.000				
0.90	0.407	0.772	0.937	0.987	0.998	1.000				
0.95	0.387	0.754	0.929	0.981	0.997	1.000				
1.00	0.368	0.736	0.920	0.981	0.996	0.999	1.000			
1.1	0.333	0.699	0.900	0.974	0.995	0.999	1.000			
1.2	0.301	0.663	0.879	0.966	0.992	0.998	1.000			
1.3	0.273	0.627	0.857	0.957	0.989	0.998	1.000			
1.4	0.247	0.592	0.833	0.946	0.986	0.997	1.000	1.000		
1.5	0.223	0.558	0.809	0.934	0.981	0.996	0.999	1.000		
1.6	0.020	0.525	0.783	0.921	0.976	0.994	0.999	1.000		
1.7	0.183	0.493	0.757	0.907	0.970	0.992	0.998	1.000		
1.8	0.165	0.463	0.731	0.891	0.964	0.990	0.997	0.999	1.000	
1.9	0.150	0.434	0.704	0.875	0.956	0.987	0.997	0.999	1.000	
2.0	0.135	0.406	0.677	0.857	0.947	0.983	0.995	0.999	1.000	

표 2. (계속)

λ \ x	0	1	2	3	4	5	6	7	8	9
2.2	0.111	0.355	0.623	0.819	0.928	0.975	0.993	0.998	1.000	
2.4	0.091	0.308	0.570	0.779	0.904	0.964	0.988	0.997	0.999	1.000
2.6	0.074	0.267	0.518	0.736	0.877	0.951	0.983	0.995	0.999	1.000
2.8	0.061	0.231	0.469	0.692	0.848	0.935	0.976	0.992	0.998	0.999
3.0	0.050	0.199	0.423	0.647	0.815	0.916	0.966	0.988	0.996	0.999
3.2	0.041	0.171	0.380	0.603	0.781	0.895	0.955	0.983	0.994	0.998
3.4	0.033	0.147	0.340	0.558	0.744	0.871	0.942	0.977	0.992	0.997
3.6	0.027	0.126	0.303	0.515	0.706	0.844	0.927	0.969	0.988	0.996
3.8	0.022	0.107	0.269	0.473	0.668	0.816	0.909	0.960	0.984	0.994
4.0	0.018	0.092	0.238	0.433	0.629	0.785	0.889	0.946	0.979	0.992
4.2	0.015	0.078	0.210	0.395	0.590	0.753	0.867	0.936	0.972	0.989
4.4	0.012	0.066	0.185	0.359	0.551	0.720	0.844	0.921	0.964	0.985
4.6	0.010	0.056	0.163	0.326	0.513	0.686	0.818	0.905	0.955	0.980
4.8	0.008	0.048	0.143	0.294	0.476	0.651	0.791	0.887	0.944	0.975
5.0	0.007	0.040	0.125	0.265	0.440	0.616	0.762	0.867	0.932	0.968
5.2	0.006	0.034	0.109	0.238	0.406	0.581	0.732	0.845	0.918	0.960
5.4	0.005	0.029	0.095	0.213	0.373	0.546	0.702	0.822	0.903	0.951
5.6	0.004	0.024	0.082	0.191	0.342	0.512	0.670	0.797	0.886	0.941
5.8	0.003	0.021	0.072	0.170	0.313	0.478	0.638	0.771	0.867	0.929
6.0	0.002	0.017	0.062	0.151	0.285	0.446	0.606	0.744	0.847	0.916
	10	11	12	13	14	15	16			
2.8	1.000									
3.0	1.000									
3.2	1.000									
3.4	0.999	1.000								
3.6	0.999	1.000								
3.8	0.998	0.999	1.000							
4.0	0.997	0.999	1.000							
4.2	0.996	0.999	1.000							
4.4	0.994	0.998	0.999	1.000						
4.6	0.992	0.997	0.999	1.000						
4.8	0.990	0.996	0.999	1.000						
5.0	0.986	0.995	0.998	0.999	1.000					
5.2	0.982	0.993	0.997	0.999	1.000					
5.4	0977	0.990	0.996	0.999	1.000					
5.6	0.972	0.988	0.988	0.998	0.999	1.000				
5.8	0.965	0.984	0.984	0.997	0.999	1.000				
6.0	0.957	0.980	0.980	0.996	0.999	0.999	1.000			

표 2. (계속)

λ \ x	0	1	2	3	4	5	6	7	8	9
6.2	0.002	0.015	0.054	0.134	0.259	0.414	0.574	0.716	0.826	0.902
6.4.	0.002	0.012	0.046	0.119	0.235	0.384	0.542	0.687	0.803	0.886
6.6	0.001	0.010	0.040	0.105	0.213	0.355	0.511	0.658	0.780	0.869
6.8	0.001	0.009	0.034	0.093	0.192	0.327	0.480	0.628	0.755	0.850
7.0	0.001	0.007	0.030	0.082	0.173	0.301	0.450	0.599	0.729	0.830
7.2	0.001	0.006	0.025	0.072	0.156	0.276	0.420	0.569	0.703	0.810
7.4	0.001	0.005	0.022	0.063	0.140	0.253	0.392	0.539	0.676	0.788
7.6	0.001	0.004	0.019	0.055	0.125	0.231	0.365	0.510	0.648	0.765
7.8	0.000	0.004	0.016	0.048	0.112	0.210	0.338	0.481	0.620	0.741
8.0	0.000	0.003	0.014	0.042	0.100	0.191	0.313	0.453	0.593	0.717
8.5	0.000	0.002	0.009	0.030	0.074	0.150	0.256	0.386	0.523	0.653
9.0	0.000	0.001	0.006	0.021	0.055	0.116	0.207	0.324	0.456	0.587
9.5	0.000	0.001	0.004	0.015	0.040	0.089	0.165	0.269	0.392	0.522
10.0	0.000	0.000	0.003	0.010	0.029	0.067	0.130	0.220	0.333	0.458
	10	11	12	13	14	15	16	17	18	19
6.2	0.949	0.975	0.989	0.995	0.998	0.999	1.000			
6.4	0.939	0.969	0.986	0.994	0.997	0.999	1.000			
6.6	0.927	0.963	0.982	0.992	0.997	0.999	0.999	1.000		
6.8	0.915	0.955	0.978	0.990	0.996	0.998	0.999	1.000		
7.0	0.901	0.947	0.973	0.987	0.994	0.998	0.999	1.000		
7.2	0.887	0.937	0.967	0.984	0.993	0.997	0.999	0.999	1.000	
7.4	0.871	0.926	0.961	0.980	0.991	0.996	0.998	0.999	1.000	
7.6	0.854	0.915	0.954	0.976	0.989	0.995	0.998	0.999	1.000	
7.8	0.835	0.902	0.945	0.971	0.986	0.993	0.997	0.999	1.000	
8.0	0.816	0.888	0.936	0.966	0.983	0.992	0.996	0.998	0.999	1.000
8.5	0.763	0.849	0.909	0.949	0.973	0.986	0.993	0.997	0.999	0.999
9.0	0.706	0.803	0.876	0.926	0.959	0.978	0.989	0.995	0.998	0.999
9.5	0.645	0.752	0.836	0.898	0.940	0.967	0.982	0.991	0.996	0.998
10.0	0.583	0.697	0.792	0.864	0.917	0.951	0.973	0.986	0.993	0.997
	20	21	22							
8.5	1.000									
9.0	1.000									
9.5	0.999	1.000								
10.0	0.998	0.999	1.000							

표 2. (계속)

λ \ x	0	1	2	3	4	5	6	7	8	9
10.5	0.000	0.000	0.002	0.007	0.021	0.050	0.102	0.179	0.279	0.397
11.0	0.000	0.000	0.001	0.005	0.015	0.038	0.079	0.143	0.232	0.341
11.5	0.000	0.000	0.001	0.003	0.011	0.028	0.060	0.114	0.191	0.289
12.0	0.000	0.000	0.001	0.002	0.008	0.020	0.046	0.090	0.155	0.242
12.5	0.000	0.000	0.000	0.002	0.005	0.015	0.035	0.070	0.125	0.201
13.0	0.000	0.000	0.000	0.001	0.004	0.011	0.026	0.054	0.100	0.166
13.5	0.000	0.000	0.000	0.001	0.003	0.008	0.019	0.041	0.079	0.135
14.0	0.000	0.000	0.000	0.000	0.002	0.006	0.014	0.032	0.062	0.109
14.5	0.000	0.000	0.000	0.000	0.001	0.004	0.010	0.024	0.048	0.088
15.0	0.000	0.000	0.000	0.000	0.001	0.003	0.008	0.018	0.037	0.070

λ \ x	10	11	12	13	14	15	16	17	18	19
10.5	0.521	0.639	0.742	0.825	0.888	0.932	0.960	0.978	0.988	0.994
11.0	0.460	0.579	0.689	0.781	0.854	0.907	0.944	0.968	0.982	0.991
11.5	0.402	0.520	0.633	0.733	0.815	0.878	0.924	0.954	0.974	0.986
12.0	0.347	0.462	0.576	0.682	0.772	0.844	0.899	0.937	0.963	0.979
12.5	0.297	0.406	0.519	0.628	0.725	0.806	0.869	0.916	0.948	0.969
13.0	0.252	0.353	0.463	0.573	0.675	0.764	0.835	0.890	0.930	0.957
13.5	0.211	0.304	0.409	0.518	0.623	0.718	0.798	0.861	0.908	0.942
14.0	0.176	0.260	0.358	0.464	0.570	0.669	0.756	0.827	0.883	0.923
14.5	0.145	0.220	00.311	0.413	0.518	0.619	0.711	0.790	0.853	0.901
15.0	0.118	0.185	0.268	0.363	0.466	0.568	0.664	0.749	0.819	0.875

λ \ x	20	21	22	23	24	25	26	27	28	29
10.5	0.997	0.999	0.999	1.000						
11.0	0.995	0.998	0.999	1.000						
11.5	0.992	0.996	0.998	0.999	1.000					
12.0	0.988	0.994	0.997	0.999	0.999	1.000				
12.5	0.983	0.991	0.995	1.998	0.999	0.999	1.000			
13.0	0.975	0.986	0.992	0.996	0.998	0.999	1.000			
13.5	0.965	0.980	0.989	0.994	0.997	0.998	0.999	1.000		
14.0	0.952	0.971	0.983	0.991	0.995	0.997	0.999	0.999	1.000	
14.5	0.936	0.960	0.976	0.986	0.992	0.996	0.998	0.999	0.999	1.000
15.0	0.917	0.947	0.967	0.981	0.989	0.994	0.997	0.998	0.999	1.000

표 3. 정규분포

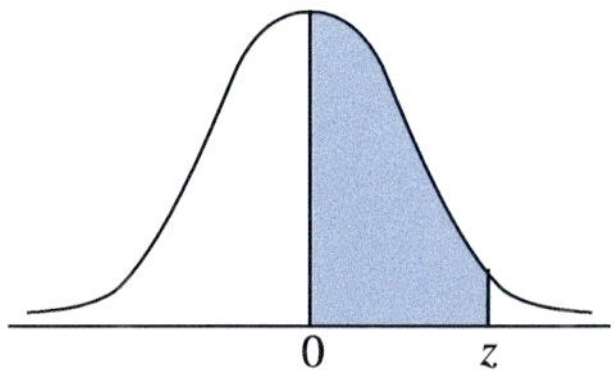

z	0.00	0.01	0.02	0.03	0.04	0.05	0.06	0.07	0.08	0.09
0.0	0.0000	0.0040	0.0080	0.0120	0.0160	0.0199	0.0239	0.00279	0.0319	0.0359
0.1	0.0398	0.0438	0.0478	0.0517	0.0557	0.0596	0.0636	0.0675	0.0714	0.0753
0.2	0.0793	0.0832	0.0871	0.0910	0.0948	0.0987	0.1026	0.1064	0.1103	0.1141.
0.3	0.1179	0.1217	0.1255	0.1293	0.1331	0.1368	0.1406	0.1143	0.1480	0.1517
0.4	0.1554	0.1591	0.1628	0.1664	0.1700	0.1736	0.1772	0.1808	0.1844	0.1879
0.5	0.1915	0.1950	0.1985	0.2019	0.2054	0.2088	0.2123	0.2157	0.2190	0.2224
0.6	0.2257	0.2291	0.2324	0.2357	0.2389	0.2422	0.2454	0.2486	0.2517	0.2549
0.7	0.2580	0.2611	0.2642	0.2673	0.2704	0.2734	0.2764	0.2794	0.2823	0.2852
0.8	0.2881	0.2910	0.2939	0.2967	0.2995	0.3023	0.3051	0.3078	0.3106	0.3133
0.9	0.3159	0.3186	0.3212	0.3238	0.3265	0.3289	0.3315	0.3340	0.3365	0.3389
1.0	0.3413	0.3438	0.3461	0.3485	0.3508	0.3531	0.3554	0.3577	0.3599	0.3621
1.1	0.3643	0.3665	0.3686	0.3708	0.3729	0.3749	0.3770	0.3790	0.3810	0.3830
1.2	0.3849	0.3869	0.3888	0.3907	0.3925	0.3944	0.3962	0.3980	0.3997	0.4015
1.3	0.4032	0.4049	0.4066	0.4082	0.4099	0.4115	0.4131	0.4147	0.4162	0.4177
1.4	0.4192	0.4207	0.4222	0.4236	0.4251	0.4265	0.4279	0.4292	0.4306	0.4319
1.5	0.4332	0.4345	0.4357	0.4370	0.4382	0.4394	0.4406	0.4418	0.4429	0.4441
1.6	0.4452	0.4463	0.4474	0.4484	0.4495	0.4505	0.4515	0.4525	0.45350	0.4545
1.7	0.4554	0.4564	0.4573	0.4582	0.4591	0.4599	0.4608	0.4616	.4625	0.4633
1.8	0.4641	0.4649	0.4656	0.4664	0.4671	0.4678	0.4686	0.4693	0.4699	0.4706
1.9	0.4713	0.4719	0.4726	0.4732	0.4738	0.4744	0.4750	0.4756	0.4761	0.4767
2.0	0.4772	0.4778	0.4783	0.4788	0.4793	0.4798	0.4803	0.4808	0.4812	0.4817
2.1	0.4821	0.4826	0.4830	0.4834	0.4838	0.4842	0.4846	0.4850	0.4854	0.48573
2.2	0.4861	0.4864	0.4868	0.4871	0.4875	0.4878	0.4881	0.4884	0.4887	0.4890
2.3	0.4893	0.4896	0.4898	0.4901	0.4904	0.4906	0.4909	0.4911	0.4913	0.4916
2.4	0.4918	0.4920	0.4922	0.4925	0.4927	0.4929	0.4931	0.4932	0.4934	0.4936
2.5	0.4938	0.4940	0.4941	0.4943	0.4945	0.4946	0.4948	0.4949	0.4951	0.4952
2.6	0.4953	0.4955	0.4956	0.4957	0.4959	0.4960	0.4961	0.4962	0.4963	0.4964
2.7	0.4965	0.4966	0.4967	0.4968	0.4969	0.4970	0.4971	0.4972	0.4973	0.4974
2.8	0.4974	0.4975	0.4976	0.4977	0.4977	0.4978	0.4979	0.4979	0.4980	0.4981
2.9	0.4981	0.4982	0.4982	0.4983	0.4984	0.4984	0.4985	0.4985	0.4986	0.4986
3.0	0.4987	0.4987	0.4987	0.4988	0.4988	0.4989	0.4989	0.4989	0.4990	0.4990

표 4. t 분포

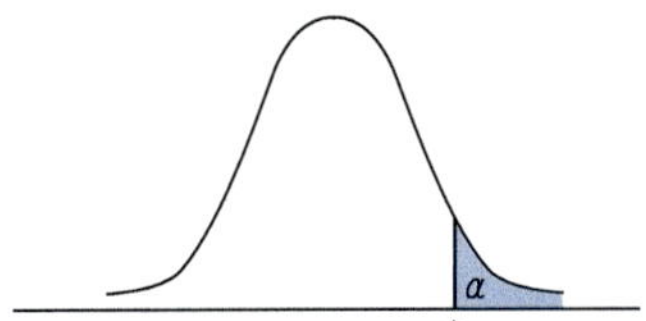

Degrees of Freedom	$t_{0.100}$	$t_{0.050}$	$t_{0.025}$	$t_{0.010}$	$t_{0.005}$
1	3.078	6.314	12.706	31.821	63.657
2	1.886	2.920	4.303	6.695	9.925
3	1.638	2.353	3.182	4.451	5.841
4	1.533	2.132	2.776	3.747	4.604
5	1.476	2.015	2.571	3.365	4.032
6	1.440	1.943	2.447	3.143	3.707
7	1.415	1.895	2.365	2.998	3.499
8	1.397	1.860	2.306	2.896	3.355
9	1.383	1.833	2.262	2.821	3.250
10	1.372	1.812	2.228	2.764	3.169
11	1.363	1.796	2.201	2.718	3.106
12	1.356	1.782	2.179	2.681	3.055
13	1.350	1.771	2.160	2.650	3.012
14	1.345	1.761	2.145	2.624	2.977
15	1.341	1.753	2.131	2.602	2.947
16	1.337	1.746	2.120	2.583	2.921
17	1.333	1.740	2.110	2.567	2.898
18	1.330	1.734	2.101	2.552	2.878
19	1.328	1.729	2.093	2.539	2.861
20	1.325	1.725	2.086	2.528	2.845
21	1.323	1.721	2.080	2.518	2.831
22	1.321	1.717	2.074	2.508	2.819
23	1.319	1.714	2.069	2.500	2.807
24	1.318	1.711	2.064	2.492	2.797
25	1.316	1.708	2.060	2.485	2.787
26	1.315	1.706	2.056	2.479	2.779
27	1.314	1.703	2.052	2.473	2.771
28	1.313	1.701	2.048	2.467	2.763
29	1.311	1.699	2.045	2.462	2.756
∞	1.282	1.645	1.960	2.326	2.576

표 5. 카이제곱분포

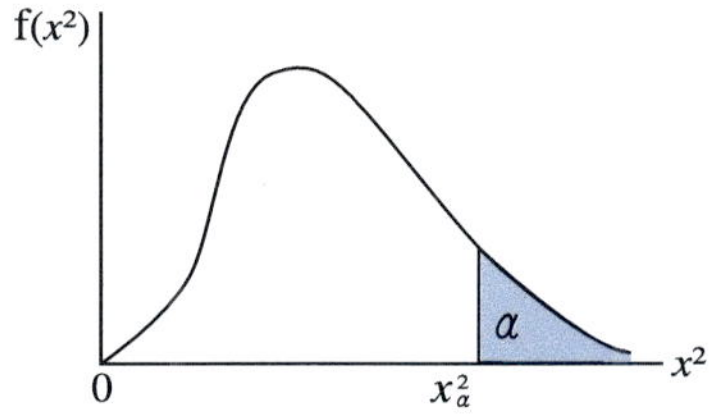

Degrees of Freedom	$x^2_{0.995}$	$x^2_{0.990}$	$x^2_{0.975}$	$x^2_{0.0.950}$	$x^2_{0.900}$
1	0.000039	0.000157	0.000982	0.003932	0.015790
2	0.010025	0.020100	0.050635	0.102587	0.210720
3	0.071721	0.114832	0.215795	0.351846	0.584375
4	0.206990	0.297110	0.484419	0.710721	1.063623
5	0.411740	0.554300	0.831211	1.145476	1.610310
6	0.675727	0.872085	1.237347	1.635390	2.204130
7	0.989265	1.239043	1.689870	2.167350	2.833110
8	1.344419	1.646482	2.179730	2.732640	3.489540
9	1.734926	2.087912	2.700390	3.325110	4.168160
10	2.15585	2.55821	3.24697	3.94030	4.86518
11	2.60321	3.05347	3.81575	4.57481	5.57779
12	3.07382	3.57056	4.40379	5.22603	6.30380
13	3.56503	4.10691	5.00874	5.89186	7.04150
14	4.07468	4.66043	5.62872	6.57063	7.78953
15	4.60094	5.22935	6.26214	7.26094	8.54675
16	5.14224	5.81221	6.90766	7.96164	9.31223
17	5.69724	6.40776	7.56418	8.67176	10.0852
18	6.26481	7.01491	8.23075	9.39046	10.8649
19	6.84398	7.63273	8.90655	10.1170	11.6509
20	7.43386	8.26040	9.59083	10.8508	12.4426
21	8.03366	8.89720	10.28293	11.5913	13.2396
22	8.64272	9.54249	10.8923	12.3380	14.0415
23	9.26042	10.19567	11.6885	13.0905	14.8479
24	9.88623	10.8564	12.4011	13.8484	15.6587
25	10.5197	11.5240	13.1197	14.6114	16.4734
26	11.1603	12.1981	13.8439	15.3791	17.2919
27	11.8076	12.8786	14.5733	16.1513	18.1138
28	12.4613	13.5648	15.3079	16.9279	18.9392
29	13.1211	14.2565	16.0471	17.7083	19.7677
30	13.7867	14.9535	16.7908	18.4926	20.5992
40	20.7065	22.1643	24.4331	26.5093	29.0505
50	27.9907	29.7067	32.3574	34.7642	37.6886
60	35.5346	37.4848	40.4817	43.1879	46.4589
70	43.2752	45.4418	48.7576	51.7393	55.3290
80	51.1720	53.5400	57.1532	60.3915	64.2778
90	59.1963	61.7541	63.6466	69.1260	73.2912
100	67.3276	70.0648	74.2219	77.9295	82.3581

표 5. (계속)

Degrees of Freedom	$x^2_{0.100}$	$x^2_{0.050}$	$x^2_{0.025}$	$x^2_{0.010}$	$x^2_{0.005}$
1	2.70554	3.84146	5.02389	6.63490	7.87944
2	4.60517	5.99147	7.37776	9.21034	10.5966
3	6.25139	7.81473	9.34840	11.3449	12.8381
4	7.77944	9.48773	11.1433	13.2767	14.8602
5	9.23635	11.0705	12.8325	15.0863	16.7496
6	10.6446	12.5916	14.4494	16.8119	18.5476
7	12.0170	14.0671	16.0128	18.4753	20.2777
8	13.3616	15.5073	17.5346	20.0902	21.9550
9	14.6837	16.9190	19.0228	21.6660	23.5893
10	15.9871	18.3070	20.4831	23.2093	25.1882
11	17.2750	19.6751	21.9200	24.7250	26.7569
12	18.5494	21.0261	23.3367	26.2170	28.2995
13	19.8119	22.3621	24.7356	27.6883	29.8194
14	21.0642	23.6848	26.1190	29.1413	31.3193
15	22.3072	24.9958	27.4884	30.5779	32.8013
16	23.5418	26.2962	28.8454	31.9999	34.2672
17	24.7690	27.5871	30.1910	33.4087	35.7185
18	25.9894	28.8693	31.5264	34.8053	37.1564
19	27.2036	30.1435	32.8523	36.1908	38.5822
20	28.4120	31.4104	34.1696	37.5662	39.9968
21	29.6151	32.6705	35.4789	38.9321	41.4010
22	30.8133	33.9244	36.7807	40.2894	42.7956
23	32.0069	35.1725	38.0757	41.6384	44.1813
24	33.1963	36.4151	39.3641	42.9798	45.5585
25	34.3816	37.6525	40.6465	44.3141	46.9278
26	35.5631	38.8852	41.9232	45.6417	48.2899
27	36.7412	40.1133	43.1944	46.9630	49.6449
28	37.9159	41.3372	44.4607	48.2782	50.9933
29	39.0875	42.5569	45.7222	49.5879	52.3356
30	40.2560	43.7729	46.9792	50.8922	53.6720
40	51.8050	55.7585	59.3417	63.6907	66.7659
50	63.1671	67.5048	71.4202	76.1539	79.4900
60	74.3970	79.0819	83.2976	88.3794	91.9517
70	85.5271	90.5312	95.0231	100.425	104.215
80	96.5782	101.879	106.629	112.329	116.321
90	107.565	113.145	118.136	124.116	128.299
100	118.498	124.342	129.561	135.807	140.169

표 6. F분포(α=0.05)

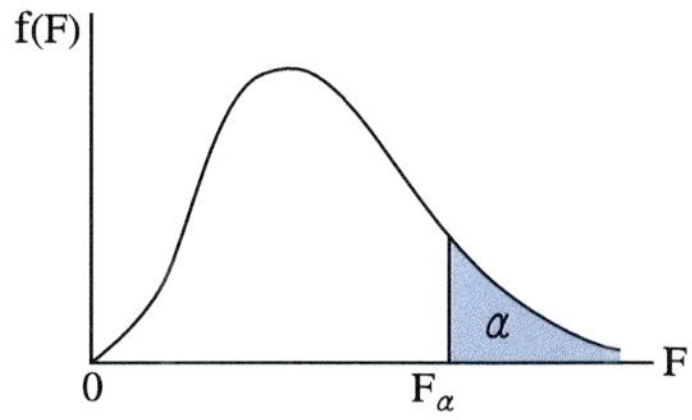

v_2 \ v_1	1	2	3	4	5	6	7	8	9
1	161.4	199.5	215.7	224.6	234.0	234.0	236.8.	238.9	240.5
2	18.51	19.00	19.16	19.25	19.30	19.33	19.35	19.37	19.38
3	10.13	9.55	9.28	9.12	9.01	8.94	8.89	8.85	8.81
4	7.71	6.94	6.59	6.39	6.26	6.16	6.09	6.04	6.00
5	6.61	5.79	5.41	5.19	5.05	4.95	4.88	4.82	4.77
6	5.99	5.14	4.76	4.53	4.39	4.28	4.21	4.15	4.10
7	5.59	4.74	4.35	4.12	3.97	3.87	3.79	3.73	3.68
8	5.32	4.46	4.07	3.84	3.69	3.58	3.50	3.44	3.39
9	5.12	4.26	3.86	3.63	3.48	3.37	3.29	3.23	3.18
10	4.96	4.10	3.71	3.48	3.33	3.22	3.14	3.07	3.02
11	4.84	3.98	3.59	3.36	3.20	3.09	3.01	2.95	2.90
12	4.75	3.89	3.49	3.26	3.11	3.00	2.91	2.85	2.80
13	7.67	3.81	3.41	3.18	3.03	2.92	2.83	2.77	2.71
14	4.60	3.74	3.34	3.11	2.96	2.85	2.76	2.70	2.65
15	4.54	3.68	3.29	3.06	2.90	2.79	2.71	2.64	2.59
16	4.49	3.63	3.24	3.01	2.85	2.74	2.66	2.59	2.54
17	4.45	3.59	3.20	2.96	2.81	2.70	2.61	2.55	2.49
18	4.41	3.55	3.16	2.93	2.77	2.66	2.58	2.51	2.46
19	4.38	3.52	3.13	2.90	2.74	2.63	2.54	2.48	2.42
20	4.35	3.49	3.10	2.87	2.71	2.60	2.51	2.45	2.39
21	4.32	3.47	3.07	2.84	2.68	2.57	2.49	2.42	2.37
22	4.30	3.44	3.05	2.82	2.66	2.55	2.46	2.40	2.34
23	4.28	3.42	3.03	2.80	2.64	2.53	2.44	2.37	2.32
24	4.26	3.40	3.01	2.78	2.62	2.51	2.42	2.36	2.30
25	4.24	3.39	2.99	2.76	2.60	2.49	2.40	2.34	2.28
26	4.23	3.37	2.98	2.74	2.59	2.47	2.39	2.32	2.27
27	4.21	3.35	2.96	2.73	2.57	2.46	2.37	2.31	2.25
28	4.20	3.34	2.95	2.71	2.56	2.45	2.36	2.29	2.24
29	4.18	3.33	2.93	2.70	2.55	2.43	2.35	2.28	2.22
30	4.17	3.32	2.92	2.69	2.53	2.42	2.33	2.27	2.21
40	4.08	3.23	2.84	2.61	2.45	2.34	2.25	2.18	2.12
60	4.00	3.15	2.76	2.53	2.37	2.25	2.17	2.10	2.04
120	3.92	3.07	2.68	2.45	2.29	2.17	2.09	2.02	1.96
∞	3.84	3.00	2.60	2.37	2.21	2.10	2.01	1.94	1.88

표 6. (계속)

v_2 \ v_1	10	12	15	20	24	30	40	60	120	∞
1	241.9	243.9	245.9	248.0	249.1	250.1	251.1	252.2	253.3	254.3
2	19.40	19.41	19.43	19.45	19.45	19.46	19.47	19.48	19.49	19.50
3	8.79	8.74	8.70	8.66	8.64	8.62	8.59	8.57	8.55	8.53
4	5.96	5.91	5.86	5.80	5.77	5.75	5.72	5.69	5.66	5.63
5	4.74	4.68	4.62	4.56	4.53	4.50	4.46	4.43	4.40	4.36
6	4.06	4.00	3.94	3.87	3.84	3.81	3.77	3.74	3.70	3.67
7	3.64	3.57	3.51	3.44	3.41	3.38	3.34	3.30	3.27	3.23
8	3.35	3.28	3.22	3.15	3.12	3.08	3.04	3.01	2.97	2.93
9	3.14	3.07	3.01	2.94	2.90	2.86	2.83	2.79	2.75	2.71
10	2.98	2.91	2.85	2.77	2.74	2.70	2.66	2.62	2.58	2.54
11	2.85	2.79	2.72	2.65	2.61	2.57	2.53	2.49	2.45	2.40
12	2.75	2.69	2.62	2.54	2.51	2.47	2.43	2.38	2.34	2.30
13	2.67	2.60	2.53	2.46	2.42	2.38	2.34	2.30	2.25	2.21
14	2.60	2.53	2.46	2.39	2.35	2.31	2.27	2.22	2.18	2.13
15	2.54	2.48	2.40	2.33	2.29	2.25	2.20	2.16	2.11	2.07
16	2.49	2.42	2.35	2.28	2.24	2.19	2.15	2.11	2.06	2.01
17	2.45	2.38	2.31	2.23	2.19	2.15	2.10	2.06	2.04	1.96
18	2.41	2.34	2.27	2.19	2.15	2.11	2.06	2.02	1.97	1.92
19	2.38	2.31	2.23	2.16	2.11	2.07	2.03	1.98	1.93	1.88
20	2.35	2.28	2.20	2.12	2.08	2.04	1.99	1.95	1.90	1.84
21	2.32	2.25	2.18	2.10	2.05	2.01	1.96	1.95	1.87	1.81
22	2.30	2.23	2.15	2.07	2.03	1.98	1.94	1.89	1.84	1.78
23	2.27	2.20	2.13	2.05	2.01	1.96	1.91	1.86	1.81	1.76
24	2.25	2.18	2.11	2.03	1.98	1.94	1.89	1.84	1.79	1.73
25	2.24	2.16	2.09	2.01	1.96	1.92	1.87	1.82	1.77	1.71
26	2.22	2.15	2.07	1.99	1.95	1.90	1.85	1.80	1.75	1.69
27	2.20	2.13	2.06	1.97	1.93	1.88	1.84	1.79	1.73	1.67
28	2.19	2.12	2.04	1.96	1.91	1.87	1.82	1.77	1.71	1.65
29	2.18	2.10	2.03	1.94	1.90	1.85	1.81	1.75	1.70	1.64
30	2.16	2.09	2.01	1.93	1.89	1.84	1.79	1.74	1.68	1.62
40	2.08	2.00	1.92	1.84	1.79	1.74	1.69	1.64	1.58	1.51
60	1.99	1.92	1.84	1.75	1.70	1.65	1.59	1.53	1.47	1.39
120	1.91	1.83	1.75	1.66	1.61	1.55	1.50	1.43	1.35	1.25
∞	1.83	1.75	1.67	1.57	1.52	1.46	1.39	1.32	1.22	1.00

표 7. F분포(α=0.01)

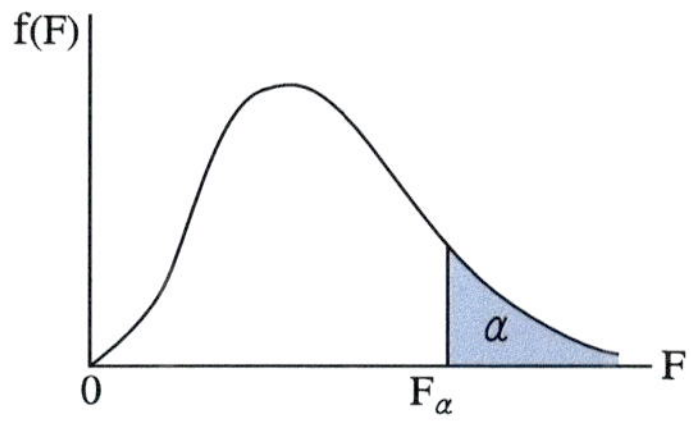

v_2 \ v_1	1	2	3	4	5	6	7	8	9
1	4,052	4,99.5	5,403	5,625	5,764	5,859	5,928	5,982	6,022
2	98.50	99.00	99.17	99.25	99.30	99.33	99.36	99.37	99.39
3	34.12	30.82	29.46	28.71	28.24	27.91	27.67	27.49	27.35
4	21.20	18.00	16.69	15.98	15.52	15.21	14.98	14.80	14.66
5	16.26	13.27	12.06	11.39	10.978	10.67	10.46	10.29	10.16
6	13.75	10.92	9.78	9.15	8.75	8.47	8.26	8.10	7.98
7	12.25	9.55	8.45	7.85	7.46	7.19	6.99	6.84	6.72
8	11.26	8.65	7.59	7.01	6.63	6.37	6.18	6.03	5.91
9	10.56	8.02	6.99	6.42	6.06	5.80	5.61	5.47	5.35
10	10.04	7.56	6.55	5.99	5.64	5.39	5.20	5.06	4.94
11	9.65	7.21	6.22	5.67	5.32	5.07	4.8	4.74	4.63
12	9.33	6.93	5.95	5.41	5.06	4.82	4.64	4.50	4.39
13	9.07	6.70	5.74	5.21	4.86	4.62	4.44	4.30	4.19
14	8.86	6.51	5.56	5.04	4.69	4.46	4.28	4.14	4.03
15	8.68	6.36	5.42	4.89	4.56	4.32	4.14	4.00	3.89
16	8.53	6.23	5.29	4.77	4.44	4.20	4.03	3.89	3.78
17	8.40	6.11	5.18	4.67	4.34	4.10	3.93	3.79	3.68
18	8.29	6.01	5.09	4.58	4.25	4.01	3.84	3.71	3.60
19	8.18	5.93	5.01	4.50	4.17	3.94	3.77	3.63	3.52
20	8.10	5.85	4.94	4.43	4.10	3.87	3.70	3.56	3.46
21	8.02	8.78	4.87	4.37	4.04	3.81	3.64	3.51	3.40
22	7.95	5.72	4.82	4.31	3.99	3.76	3.59	3.45	3.35
23	7.88	5.66	4.76	4.26	3.94	3.71	3.54	3.41	3.30
24	7.82	5.61	4.72	4.22	3.90	3.67	3.50	3.36	3.26
25	7.77	5.57	4.68	4.18	3.85	3.63	3.46	3.32	3.22
26	7.72	5.53	4.64	4.14	3.82	3.59	3.42	3.29	3.18
27	7.68	5.49	4.60	4.11	3.78	3.56	3.39	3.26	3.15
28	7.64	5.45	4.57	4.07	3.75	3.53	3.36	3.23	3.12
29	7.60	5.42	4.54	4.04	3.73	3.50	3.33	3.20	3.09
30	7.56	5.39	4.51	4.02	3.70	3.47	3.30	3.17	3.07
40	7.31	5.18	4.31	3.83	3.51	3.29	3.12	2.99	2.89
60	7.08	4.98	4.13	3.65	3.34	3.12	2.95	2.82	2.72
120	6.85	4.79	3.95	3.48	3.17	2.96	2.79	2.66	2.56
∞	6.63	4.61	3.78	3.32	3.02	2.80	2.64	2.51	2.41

표 7. (계속)

v_2 \ v_1	10	12	15	20	24	30	40	60	120	∞
1	6,056	6,106	6,157	6,209	6,235	6,261	6,287	6,313	6,339	6,366
2	99.40	99.42	99.45	99.45	99.46	99.47	99.47	99.48	99.49	99.50
3	27.23	27.05	26.69	26.69	26.60	26.50	26.41	26.32	26.22	26.13
4	14.55	14.37	14.02	14.02	13.93	13.84	13.75	13.65	13.56	13.46
5	10.05	9.89	9.55	9.55	9.47	9.8	9.29	9.20	9.11	9.02
6	7.87	7.72	7.40	7.40	7.31	7.23	7.14	7.06	6.97	6.88
7	6.62	6.47	6.16	6.16	6.07	5.99	5.91	5.82	5.74	5.65
8	5.81	5.67	5.36	5.36	5.28	5.20	5.12	5.03	4.95	4.86
9	5.26	5.11	4.81	4.81	4.73	4.65	4.57	4.48	4.40	4.31
10	4.85	4.71	4.41	4.41	4.33	4.25	4.17	4.08	4.00	3.91
11	4.54	4.40	4.10	4.10	4.02	3.94	3.86	3.78	3.69	3.60
12	4.30	4.16	3.86	3.86	3.78	3.70	3.62	3.54	3.45	3.36
13	4.10	3.96	3.66	3.66	3.59	3.51	3.43	3.34	3.25	3.17
14	3.94	3.80	3.51	3.51	3.43	3.35	3.27	3.18	3.09	3.00
15	3.80	3.67	3.37	3.37	3.29	3.21	3.13	3.05	2.96	2.87
16	3.69	3.55	3.26	3.26	3.18	3.10	3.02	2.93	2.84	2.75
17	3.59	3.46	3.16	3.16	3.08	3.00	2.92	2.83	2.75	2.65
18	3.51	3.37	3.08	3.08	3.00	2.92	2.84	2.75	2.66	2.57
19	3.43	3.30	3.00	3.00	2.92	2.84	2.76	2.67	2.58	2.49
20	3.37	3.23	2.94	2.94	2.86	2.78	2.69	2.61	2.52	2.42
21	3.31	3.17	2.88	2.88	2.80	2.72	2.64	2.55	2.46	2.36
22	3.26	3.12	2.83	2.83	2.75	2.67	2.58	2.50	2.40	2.31
23	3.21	3.07	2.78	2.78	2.70	2.62	2.54	2.45	2.35	2.26
24	3.17	3.03	2.74	2.74	2.66	2.58	2.49	2.40	2.31	2.21
25	3.13	2.99	2.70	2.70	2.62	2.54	2.45	2.36	2.27	2.17
26	3.09	2.96	2.66	2.66	2.58	2.50	2.42	2.33	2.23	2.13
27	3.06	2.93	2.63	2.63	2.55	2.47	2.38	2.29	2.20	2.10
28	3.03	2.90	2.60	2.60	2.52	2.44	2.35	2.26	2.17	2.06
29	3.00	2.87	2.57	2.57	2.49	2.41	2.33	2.23	2.14	2.03
30	2.98	2.84	2.55	2.55	2.47	2.39	2.30	2.21	2.11	2.01
40	2.80	2.66	2.37	2.37	2.29	2.20	2.11	2.02	1.92	1.80
60	2.63	2.50	2.20	2.20	2.12	2.03	1.94	1.84	1.73	1.60
120	2.47	2.34	2.03	2.03	1.95	1.86	1.76	1.66	1.53	1.38
∞	2.32	2.18	1.88	1.88	1.79	1.70	1.59	1.47	1.32	1.00

찾 아 보 기

저자 약력

· 고려대학교 통계학과 졸업
· 미국 Iowa State University 통계학과 졸업(통계학 석사)
· 미국 Oklahoma State University 통계학과 졸업(통계학 박사)
· 현재 한신대학교 컴퓨터공학부 교수

도서출판 그 린

데이터처리입문 개정판

초판 발행일 ▶	2003년 12월 10일
개정판 발행일 ▶	2015년 2월 28일
개정판 2쇄 발행 ▶	2019년 2월 28일
저 자 ▶	한 근 식
발행처 ▶	도서출판 그린
발행인 ▶	윤 덕 우
출판등록 ▶	제8-161호(1995. 5. 3.)
주 소 ▶	경기 파주시 가람로116번길 107 운정한강듀클래스 411호 (우) 10896
전 화 ▶	02)333-2574, 2575
F a x ▶	02)333-2561
E-mail ▶	greenpress@greenpress.co.kr
Homepage ▶	http://www.greenpress.co.kr

정가 : 16,000원
ISBN : 978-89-5727-230-5 93310